Für Regula,

Herzlich,

Ruth

Petra

viceversa literatur 16

Jahrbuch der Schweizer Literaturen
»Wildwege«

Zu Gast: Marie-Hélène Lafon

Porträts: Christoph Geiser, Silvia Ricci Lempen, Tommaso Soldini

Inédits: Flurina Badel, Matteo Ferretti und Marino Neri,
Rebecca Gisler, Alexandre Lecoultre, Douna Loup, Julia Weber

Übersetzen: Carte blanche für Andreas Grosz, Rosie Pinhas-Delpuech,
Anna Rusconi

Zeichnungen von Tom Tirabosco
Fotografien von Yvonne Böhler

Herausgeber Service de Presse Suisse

Rotpunktverlag
Zürich

Herausgeber und Verlag danken folgenden Institutionen für die großzügige
finanzielle Unterstützung:
Bundesamt für Kultur
Pro Helvetia, Schweizer Kulturstiftung
Loterie Romande
Fondation Jan Michalski
Fondation Leenaards
Oertli-Stiftung
Centre de traduction littéraire de Lausanne (CTL)
Stadt Bern
Kanton Bern
Kanton Genf
Republik und Kanton Tessin / Unterstützung des Bundes für die italienische
Sprache und Kultur
Kanton Waadt
Stadt Zürich

Die Redaktion bedankt sich bei folgenden Personen und Institutionen für ihre
Unterstützung und ihre wertvollen Hinweise:
Autorinnen und Autoren der Schweiz (A*dS), Dumenic Andry, Valeria Martina
Badilatti, Patrick Bornoz, Rico Valär.
Ein großer Dank gebührt auch den Autorinnen und Autoren sowie den Über-
setzerinnen und Übersetzern, den Künstlern und der Fotografin, die für
Viceversa schrieben, übersetzten, zeichneten und fotografierten:
Flurina Badel, Yvonne Böhler, Matteo Ferretti, Christoph Geiser, Rebecca
Gisler, Andreas Grosz, Marie-Hélène Lafon, Alexandre Lecoultre, Douna Loup,
Marino Neri, Rosie Pinhas-Delpuech, Silvia Ricci Lempen, Anna Rusconi,
Tommaso Soldini, Tom Tirabosco, Julia Weber und allen Übersetzerinnen und
Übersetzern der Beiträge.

Redaktorin der deutschen Ausgabe von Viceversa: Ruth Gantert
Redaktorin der französischen Ausgabe von Viceversa: Claudine Gaetzi
Redaktorin der italienischen Ausgabe von Viceversa: Natalia Proserpi

Der Service de Presse Suisse betreibt eine dreisprachige Website zu den
Literaturen der Schweiz: www.viceversaliteratur.ch
Kontakt: ruth.gantert@viceversaliteratur.ch

Umschlagbild: Tom Tirabosco
Lithografie: Widmer & Fluri, Zürich
Druck und Bindung: Friedrich Pustet, Regensburg

ISSN 1662-0380
ISBN 978-3-85869-941-1

1. Auflage 2022

Editorial

Zu Gast

Editorial

»Oh Wildnis, oh Schutz vor ihr!«, ruft Christoph Geisers Erzähler auf einem venezianischen Vaporetto angesichts zweier böser Buben, die einander gegen das Schienbein treten und ihre Großmutter auf den Kopf schlagen und die er am liebsten über Bord werfen würde. Braucht er Schutz vor dem ungesitteten Benehmen der anderen oder vielmehr vor den eigenen wilden Gedanken und Wünschen? Die Faszination für das Wilde und das Grauen, das es hervorruft, halten sich in seinem von Elfriede Jelinek entlehnten Satz die Waage. Viele Texte der diesjährigen *Viceversa*-Ausgabe teilen die Sehnsucht nach der Wildnis, aber auch das Entsetzen vor ihr – je nachdem, wie und wo sie sich zeigt. Ihren Garten mögen manche mit Überzeugung verwildern lassen, die eigenen Kinder eher nicht.

An seinen Besuch in der Kunststadt Venedig erinnert Christoph Geisers Erzähler sich anhand eines Notizbuchs, mitten in seinem überwucherten Stadtgarten. Tommaso Soldinis Alter Ego wiederum zieht es von der Stadt aufs Land: Über ein Internetportal mietet er eine Hütte im Centovalli, um ungestört zu schreiben. Der ironische Gegensatz zwischen Zivilisationsabhängigkeit und dem Wunsch nach einem naturnahen Leben zieht sich ebenso durch diesen Band wie die Begegnung zwischen Mensch und Tier. Den besonderen, magischen Moment einer solchen Begegnung erzählt die französische Autorin Marie-Hélène Lafon: Eine Pariserin mit Zweitwohnsitz in der Provinz folgt im Hochland den Spuren zweier Rehe im Schnee. Im tänzerischen Hin und Her zwischen Wildnis und Zivilisation eröffnet sich die Möglichkeit »akuter Zauberei«. Auch Silvia Ricci Lempen bewegt sich zwischen wilden und zivilisierten Welten, die allerdings nicht der Waldrand, sondern eine riesige Zeitspanne trennt: Sie beschreibt einen Tag im Leben des Affenmenschen Alma. Was unterscheidet die Homo-Sapiens-Autorin von ihrer Protagonistin in der afrikanischen Savanne?

»Natürlich« und »künstlich«, »wild« und »kultiviert« – was wir darunter verstehen, ist alles andere als eindeutig und vorbestimmt, dies bezeugen die unveröffentlichten Texte aus allen Sprachregionen. Flurina Badel, Matteo Ferretti, Rebecca Gisler, Alexandre Lecoultre, Douna Loup und Julia Weber verschieben auf je eigene Art die Grenzen zwischen festgefahrenen Vorstellungen und verschmelzen vermeintliche Gegensätze: Haut verwandelt sich in Fell, Geschlechterordnungen verschwimmen, Satzzeichen lösen sich aus dem Schriftbild und bevölkern die Welt, Gedanken werden zu Bildern, Gebäude zu Treibsand und Poesie zu Prosa und wieder zu Poesie, denn, so Matteo Ferretti, »das Wilde ist Verwandlung«.

»Wilde Wege« widerstehen nicht nur der Zähmung und Eingrenzung, sie führen auch in unbekannte Gebiete. Häufig tun sie das auf Umwegen, im Wildwuchs der Assoziationen und Digressionen. Manche der hier beschriebenen, beschrittenen Pfade führen in den Text und andere aus dem Text heraus – viele Wege führen von einem Text zum anderen. Wer wüsste dies besser als die Übersetzerinnen und Übersetzer? Andreas Grosz, Rosie Pinhas-Delpuech und Anna Rusconi übertragen unterschiedliche Texte ihrer Wahl aus dem Französischen, dem Hebräischen und Englischen. Andreas Grosz zeichnet im fulminanten Anfang von Marguerite Audoux' Roman *De la ville au moulin* eine Familie, die wegen überbordender oder fehlender Gefühle zu zerbrechen droht. Rosie Pinhas-Delpuech präsentiert Ronit Matalons humorvollen Artikel über den Rabin-Platz in Tel Aviv und beleuchtet einen brandaktuellen Aspekt der »Verwilderung«. Dabei erklärt sie auch, weshalb sie niemals einen Text zum zweiten Mal übersetzen würde – und weshalb sie es in diesem Fall dennoch tut. Anna Rusconi schließlich entdeckt die Kühnheit in Helen MacDonalds Essay »Tekels Park« und bemerkt dabei, wie oft die Übersetzerin »ergebnislos auf abenteuerlichen Wegen wandelt«. Gemeinsam zeigen alle drei, dass es beim Übersetzen nicht *einen* richtigen Weg gibt und dass die kürzeste Strecke manchmal über die größten Umwege führt.

In einem Hin und Her zwischen den Kulturen bewegen sich mehrere Autorinnen des diesjährigen *Viceversa*, zwei davon schreiben regelmäßig in zwei Sprachen: Silvia Ricci Lempen hat ihren Beitrag parallel auf Französisch und Italienisch verfasst, Rebecca Gisler den ihren auf

Französisch und Deutsch. Und wie wäre Douna Loups neue und wilde Sprache zu bezeichnen? Sie verlangt ihren Übersetzern besondere Lösungen ab – in den Worten der Autorin: »Je m'exile sauvage.«

Ein Dialog entspannt sich nicht nur zwischen den Sprachen und Texten, sondern auch zwischen Text und Bild: Marino Neri antwortet auf Matteo Ferretti, und Tom Tiraboscos Zeichnungen im ganzen Band geben der bedrohten Natur ihre wilde Kraft zurück. Die Tier- und Pflanzenwelt des Genfer Künstlers bemächtigt sich der Menschen und scheint sie sich langsam einzuverleiben. Yvonne Böhlers Fotografien hingegen zeigen die porträtierten Autorinnen und Autoren in einem sicheren, selbst gewählten Raum.

Viceversa 16 heißt in der französischen Ausgabe »La part sauvage«, auf Italienisch »Per sentieri selvaggi«. Auf verschlungenen, überwucherten oder verborgenen Wegen entdecken wir wilde Anteile in anderen, aber auch in uns selbst. So stieß ich kürzlich im Wald hinter Morges auf ein eigenartiges Objekt. Jemand hatte es an einen Baumstamm gehängt. Offenbar handelt es sich um einen im französischen Sprachraum bekannten Scherzartikel: Es ist ein Holzbrett mit einem aufgenagelten Tierfell. Über der Nagelleiste stehen die Worte: »La bête est sous la peau«. Wer das Fell anhebt, blickt in einen darunter verborgenen Spiegel. Vielleicht geht es Ihnen ähnlich beim Wenden der Seiten unseres »wilden« *Viceversa*?

Ruth Gantert

Zu Gast

Marie-Hélène Lafon ist eine Grenzgängerin zwischen zwei Welten:
dem rauen, abgeschiedenen Hochland des Cantal in der Auvergne,
wo sie auf einem Bauernhof aufgewachsen ist, und der Großstadt
Paris, wo sie studiert hat und wo sie schreibt und unterrichtet. Der
Blick in zwei Welten charakterisiert auch diesen kurzen Text mit
seinen tänzerischen Bewegungen zwischen den Jahreszeiten und
den Lebensaltern, zwischen hier und da, zwischen Mensch und Tier
»am Rand der Wildbahn«.

Marie-Hélène Lafon

Marie-Hélène Lafon, 1962 in Aurillac im Cantal geboren, lebt heute in Paris. Sie unterrichtet Französisch, Latein und Griechisch am Gymnasium. 2001 erschien ihr erster Roman, *Le Soir du chien* (Paris: Buchet/Chastel), der mit dem Prix Renaudot des lycéens ausgezeichnet wurde. Es folgten im gleichen Verlag u. a. *Sur la photo* (2003), *Mo* (2005), *Les Derniers Indiens* (2008), *L'Annonce* (2009), *Les Pays* (2012), *Joseph* (2014) und *Nos vies* (2015). Für ihr Werk erhielt Marie-Hélène Lafon zahlreiche Auszeichnungen, so den Prix Goncourt de la nouvelle für *Histoires* (Paris: Buchet/Chastel 2015) und den Prix Renaudot für *Histoire du fils* (Paris: Buchet/Chastel 2020). Auf Deutsch erschienen in der Übersetzung von Andrea Spingler im Rotpunktverlag (Edition Blau) *Die Annonce* (2020) und *Geschichte des Sohnes* (2022).

Marie-Hélène Lafon
Rehe im März

Das Licht flirrt und flackert, der Wind peitscht und schneidet es. Der Wind schneidet.

Im Hochland schneidet der Wind.

Das lebhafte Violett des Silberblatts trumpft auf, die Tulpen setzen sich in Szene. Ich hoffe auf die Schwertlilien spätestens Ende April, in einem Monat; die Schwertlilien, ihre schüchternen Erregungen, ihre eigenwilligen Windungen, ihr vornehmes Getue zerknitterter Diven.

Der Frühling wird das letzte Wort haben. Die Zeit wird das letzte Wort haben.

Am Sonntagabend, bevor es dunkel wurde, bin ich den Spuren zweier Rehe im Schnee gefolgt. Ich kann ihre Spuren nicht lesen, aber ich habe die Rehe gesehen. Ich bin buchstäblich in ihre Fußstapfen getreten und habe verstanden, warum das Jagen verboten ist, wenn es schneit. Der Schnee öffnet die Gehölze, das Dickicht, das Gestrüpp, wo die Tiere lagern, er stöbert sie auf, er verrät sie, und sei es einem so wenig geübten Auge wie dem meinen. Die Tiere haben keine Zuflucht mehr. Ich bin in hohem, dichtem, zerzaustem rotbraunem Farn versunken. Es ist eine Kehrseite der Welt, zwei Schritte von unseren gemütlichen, vernetzten, herausgeputzten Häusern, zwei Schritte von unseren Büchern, unseren Lampen, unseren Blumensträußen entfernt. Ich bin stehen geblieben, habe der Kälte, der Stille nachgespürt, dort am Rand der Wildbahn, am Waldsaum. Ich habe die Zehen in meinen grünen Stiefeln bewegt. Ich habe mich erinnert, dass meine Handschuhe und der dazu passende Schal, sehr warm, sehr weich, mir vor über dreißig Jahren von meinem Schwiegervater geschenkt worden waren, der schon lange tot ist.

Ich habe kehrtgemacht. Ich bin in meinen menschlichen Bau zurückgekehrt.

Am Dienstag, beim Erwachen, unter dem Fenster meines Schlafzimmers, vor dem Haus, genau in der Sonne, ein Reh.

Zitternd. Erschienen.

Steif steht es vor dem Auto meines Neffen. Umkreist es mit kleinen Schritten, schnuppert daran, reckt die Schnauze, streift den Rückspiegel. Was sieht das Reh des Hochlands im Rückspiegel des Pariser Autos meines Neffen? Welcher Schauder überläuft es beim Berühren der glatten, reglosen, ungewohnten Oberfläche? Ich lauere hinter meinem Fenster, das ich nicht öffne, bloß nicht, das würde es verjagen. Der Körper des Rehs ist kräftig, sein Fell graubraun, fast moiriert im neuen Licht, seine Beine sind dünn, sein Hinterteil ist unverschämt weiß, von einem fleischigen Weiß, das seine Anwesenheit und zugleich seine Flucht anzeigt, wenn man es in der Dämmerung auf einer Wiese oder an einer Wegbiegung überrascht. Es streicht am Auto entlang, bleibt wieder stehen, unentschlossen, vielleicht ratlos. Ich weiß nichts über die Ratlosigkeit der Rehe. Terra incognita.

Schließlich dreht es sich um, würdevoll, es zeigt Größe, es lässt ab von dem Auto und seinem Gepränge, es möchte lieber nicht, es verzichtet, es geht, verzieht sich, sucht das Weite, kehrt zurück in die Wildbahn, verschwindet aus meinem Blickfeld, ich rühre mich nicht. Es verschwindet, es ist verschwunden.

Später am Tag habe ich mich dem linken Rückspiegel des Autos meines Neffen genähert, habe mich vorgebeugt, nur meine eigene menschliche Schnauze gesehen, mich wieder zurückgezogen, beinahe enttäuscht und wie in flagranti ertappt bei akuter Zauberei.

Heute Nachmittag sind Freunde zum Tee gekommen mit ihrem Enkel. Es ist ein dreijähriger Junge, lebhaft und anmutig, freundlich, mit stämmigem Körper, der sich nach seiner Mousse au Chocolat mit Papier und Buntstiften am kleinen Schreibtisch meiner Neffen niedergelassen hat. Wir, die Erwachsenen, die Weißhaarigen, saßen am Tisch vor dem Kamin und gegenüber dem Fenster, das auf die Wiese hinter dem Haus geht, ein Auge beim Kind, ein Auge beim Feuer, bei der Wiese und dem gleißenden Licht eines diesigen und milden Spätnachmittags unmittelbar vor dem Regen. Plötzlich habe ich sie im Fensterviereck gesehen, die beiden, das eine, das zweite deutlich kleiner als das andere, ihre klaren Umrisse im Profil, mitten auf der Wiese stehen geblieben, Nüstern gebläht, Hälse nach links gereckt, zum Haus, zu seinem menschlichen Mief, seinen offenen Läden, seinen in der anbrechenden Dämmerung brennenden Lampen. Die Rehe, habe ich gesagt, nur diese beiden Wörter; wir sind aufgestanden, meine Freunde und ich, das Kind hat sich zu uns gesellt, seine Großmutter hat es auf den Arm genommen, wir sind ans Fenster getreten, ohne zu sprechen, ohne unangebrachte Gebärden. Mit beherrschtem, wiegendem, zugleich sicherem und leichtem, beinahe tanzendem Schritt durchquerten die Rehe vollends die Wiese in ihrer ganzen Breite. Überrascht, gepackt, sanft überwältigt haben wir sie verfolgt. Eine Parenthese hatte sich im Alltäglichen geöffnet. Das erste Reh, das robustere sprang über die Umzäunung, um auf dem Hohlweg zu landen, der unterhalb der Wiese entlangführt; das zweite kam, zögernd, beugte sich nieder, ging ein paar Schritte rückwärts, während das erste vor unseren weit aufgerissenen Augen mit einem meisterlichen Sprung zu ihm zurückkehrte. Dreimal wiederholte sich das Hin und Her, das furchtlose springend, das schüchterne zaudernd. Schließlich folgte das zweite dem Beispiel des ersten, und der Weg verschluckte sie. Sie waren nicht mehr da. Die Parenthese hatte sich wieder geschlossen.

In Paris wohne ich seit dreiundzwanzig Jahren in der Rue Victor Chevreuil Nr. 1, in der Straße des Sieges der Rehe, die mich im Winter der Städte nicht verlassen.

Aus dem Französischen von Andrea Spingler

Visuell

Tom Tirabosco

Tom Tirabosco hat an der Genfer École des Beaux-Arts studiert. Er ist freier Künstler und unterrichtet an der École supérieure de bande dessinée et d'illustration de Genève (ESBDI). Für seine Arbeit erhielt er zahlreiche Auszeichnungen, u. a. den Großen Preis der Stadt Siders 2003 für *L'Œil de la forêt* (Bruxelles: Castermann) und den Töpffer-Preis 2013 für den Band *Kongo* (Szenario von Christian Perrissin, Paris: Futuropolis). Er arbeitet für Printmedien in der Schweiz und in Frankreich und zeigt seine Werke regelmäßig in nationalen und internationalen Ausstellungen. Er ist auch Autor von Kinderbüchern, die im Genfer Verlag La Joie de lire erscheinen. Seine neueste geschriebene und gezeichnete Geschichte *Femme sauvage* (Paris: Futuropolis, 2019) handelt von einer Ökofeministin in einer Welt, die aus den Fugen gerät. 2020 widmete ihm das Cartoonmuseum Basel eine große Einzelausstellung. Tom Tirabosco ist kein Zeichner von Städten, sondern von Wäldern und Landschaften. Sein Lieblingsmotiv ist die wilde Natur und der Mensch in seiner Beziehung zu ihr.

Für *Viceversa* zeichnet er Zwischenwesen: Mensch und Tier oder Mensch und Pflanze, in Verwandlung, in Umarmung oder im Kampf. Insekten krabbeln über sie und Pilze sprießen in ihrer Nähe – Organismen, die den Menschen überleben werden. Was bleibt uns anderes übrig, als, wie das Paar auf einem der Bilder, David Abrams *Becoming Animal* zu lesen?

Porträts

Christoph Geiser, Silvia Ricci Lempen und Tommaso Soldini begegnen der Wildheit an sehr unterschiedlichen Orten. Geisers Erzähler kehrt mithilfe seiner Notizen zurück zu einer Venedig-Reise, auf der ihm das Schlimmste und das Schönste, was Menschen tun können, begegnet. Silvia Ricci Lempens Protagonistin hingegen befindet sich in einer Wildnis jenseits von Gut und Böse. Tommaso Soldinis schreibendes Alter Ego trifft auf Tiere in der Tessiner Bergwelt, zu denen er in besondere Beziehung tritt. In Literatur, Kunst, Philosophie, Geschichte und Politik finden sich wichtige Bezugspunkte für alle drei Autor:innen. Im Gespräch geben sie Auskunft über ihren Werdegang, über Themen und Aspekte ihres Schreibens und auch über Um- und Wildwege in ihrem Werk.

Christoph Geiser

Christoph Geiser wurde 1949 in Basel geboren. Nach der Matura am Humanistischen Gymnasium und einem abgebrochenen Soziologie-studium arbeitete er als Journalist, seit 1978 ist er freiberuflich Schriftsteller. Sein Werk umfasst über zwanzig Bände mit Roma-nen, Erzählungen, Gedichten, politisch-journalistischen Schriften und ästhetischen Essays. 1968 erschien sein erster Prosa- und Lyrikband *Bessere Zeiten* (Zürich: Regenbogen), auf den weitere Bände mit Lyrik und Kurzprosa folgten. Geiser wirkte als Kultur-redaktor der kommunistischen Parteizeitschrift *Vorwärts* und saß für seine Militärdienstverweigerung mehrere Monate im Gefängnis, wo die Gedichte *Mitteilung an Mitgefangene* (Basel: Lenos, 1971) entstanden. Der Durchbruch gelang mit dem Generationenroman *Grünsee* (Zürich: Benziger, 1978), der den Preis der Schweizerischen Schillerstiftung erhielt. Geiser erhielt zahlreiche weitere Preise, u. a. 1983 den Kunstpreis des Lions Club Basel, 1984 den Basler Literaturpreis, 1992 den Literaturpreis der Stadt Bern für das Ge-samtwerk, 2018 den Großen Literaturpreis von Stadt und Kanton Bern und 2019 den Schweizer Literaturpreis für *Verfehlte Orte* (Ber-lin: Secession). Ab Herbst 2022 erscheint eine zwölfbändige Werk-ausgabe im Verlag Secession. Christoph Geiser lebt in Bern und Berlin.

Christoph Geiser
Umwege, Auswege
Coda, für Roman

Eigentlich wollten wir ja gar nicht auf dem Friedhof enden, oder *mit* dem Friedhof, nachdem wir uns naturgemäß entsetzlich verirrt hatten, nicht nur auf dem Friedhof, darum fanden wir ja – oder erfanden – die falsche Tote hinterm Grabstein, die uns den Weg wies. Hinaus! Aber es gelang uns nicht. Nicht den Ausweg aus dem Friedhof zu finden, war schlussendlich das Problem, sondern den Rückweg in den *Text*. Zu unserem akademischen Freund. Dabei wär's doch die Lösung gewesen. Mit dem falschen Vaporetto zurück, andersrum um die Lagunenstadt, als wär's schier aufs offene Meer hinaus …

Wir wollten uns doch eigentlich in Venedig gar nicht mit Venedig befassen. Wir hatten die eigens für uns angefertigte Fotografie einer von uns im Kupferstichkabinett Berlin aufgespürten Zeichnung Adolph Menzels, einen nackt hingestreckten Knaben darstellend, eingepackt, um uns abermals mit Menzels Realismus zu befassen, Menzels Kunst habhaft zu werden, Menzel zu bewältigen, Menzel zu fassen, an Menzel immer und immer wieder scheiternd, als wäre die *Kleine Exzellenz* zu groß für uns. Schamhärchen, die Ratte am Gully, das offene Maul des toten Feldmarschalls Keith (als riefe der angesichts des Todes kleinlaut in alle Ewigkeit *uäh!*), die halbnackten Leichen der im *Deutschen Krieg* gefallenen Soldaten auf dem uringelben Stroh in der Scheune, die uns, wegen des Anblicks der erschlafften Glieder zwischen den gespreizten Schenkeln, an die Leichenberge in den Karren des befreiten Konzentrationslagers Buchenwald gemahnten, oder die *Berlin-Potsdamer Bahn* von 1847 im Vergleich mit William Turners *Great Western Railway* von 1844, das Verschwinden der Wirklichkeit im zunehmenden Licht der Moderne, so dass noch das letzte Häschen in Panik davonläuft, der Weg in die Abstraktion, oder die quasi nüchterne, realistische Feststellung, dass der Qualm aus dem Schlot der Potsdamer Dampflok die umliegenden Felder versengt und verseucht, Rauch oder Licht, Physik oder Metaphysik …

Ob man nun will oder nicht, man kann in Venedig die christliche Kunst nicht meiden. Kreuzigungen, Märtyrer, Heilige, Madonnen, das Abendmahl, die Hochzeit von Kanaan; Tiepolo, Tizian, Tintoretto... Selbst wenn wir in *Santa Maria della Salute*, wie wir unserem Notizheft, einem schwarzen Pressspanheft, das wir berndeutsch *Sudu* nennen, weil es eigentlich ein Sudelheft ist, entnehmen, offenbar länger vor Tizians Sebastian verweilten, dem Pestheiligen in der Pestkirche, der, wie wir notierten, in heiliger Gesellschaft, heißt in der Gesellschaft anderer Heiliger, die alle mit beredten Händen aufeinander und auf ihn deuten, kokett und trotzig an seiner Säule, den Pfeil in der Flanke, naturgemäß die Hände hinterm Steiß verborgen, weil daran gebunden, wegschaut, beiseite, schamhaft die Lider gesenkt, als wolle er nicht gedeutet sein – denn er wäre in seiner einzigen Nacktheit unter Gekleideten schon deutlich genug –, selbst wenn wir in *San Polo*, dem Kreuzweg-Oratorium daselbst, unserem Sudelheft zufolge, offenbar vom Kreuzweg des Tiepolo berührt waren, *sehr berührender Kreuzweg des Tiepolo*, steht da zu lesen, *das Gesicht Jesu ist so präsent, kein verklärtes Leiden, sehr menschlich,* vor allem die drei Stürze haben uns, wie's scheint, erschüttert, *dreimal bricht er zusammen, immer schlimmer, sehr ergreifend,* selbst wenn uns das Flehen im Gesicht des Stürzenden ergriff und der nackte Junge, bloßgestellt zwischen den Drapierten, bemerkenswert schien, selbst wenn uns überdies *die faltigen Schenkel der Putte* auf der Gewitterwolke in einem Gemälde Tizians, bei dem es sich, wie wir eben im Netz recherchiert haben, um die *Pesaro Madonna* in der Kirche *Santa Maria Gloriosa dei Frari* handeln muss, auffielen und eines Notates würdig schienen, in Hinteransicht überdies, wie wir grad feststellen, die faltigen Schenkel der Putte im Netz suchend, eine schiere Obszönität – *faltige Schenkel* ist ja noch ästhetisch gesagt, ein schierer Euphemismus angesichts dieser grausigen Fettwülste unter der Arschbacke – eigentümlich grob schien uns diese christliche Kunst, vergröbernd, repetitiv, redundant, zu viel Bedeutung, zu viel Drama, als genüge ein nackter Junge nicht, ein flehendes Gesicht, Fettwülste?

Ein Zuviel von allem. Zu viel Glas, zu viele Masken, zu viele Dinge, die in den Schaufenstern vorhanden, aber nicht zuhanden sind. Zu viele Tauben, zu viele Möwen, zu viele Leute. Die Lemminge fielen uns ein, aber das war im Grunde später, im Bahnhof von Mailand, auf der Rückreise schon, an jenem verlängerten Wochenende von Mariä irgendwas, Himmelfahrt oder Empfängnis, mit der wir ja eigentlich unseren Text beenden wollten, dieser Vision eines Terroranschlags wie damals im Bahnhof von Bologna, ein Bombenanschlag mitten im Dichtestress, und unsere Erkenntnis dabei, dass wir über Leichen gehen könnten, zumindest über deren Füße, bei unserer Flucht über Koffer und Kinder und Kinderwagen hinweg aufm falschen Bahnsteig zu unserem reservierten Cisalpino: heim! Unter den Alpen hindurch. Als wär's im Grund Menzels Flucht von der *Piazza d'Erbe* in Verona, als kleiner Wicht aus der erdrückenden Masse, diesem Wimmelbild, seinem letzten!, mit der Sehnsucht nach der freien Mitte: Denn deren Leere wär' uns kein Verlust. Ein eiserner Pflock im Pflaster und ein einzelner Handwerker, am Boden sitzend, konzentriert auf nichts als sein Werk.

Bis Venedig kam Menzel nie.

Im Grund hatten wir ja einfach das falsche Dampferchen erwischt; die Linie außenrum, und plötzlich: der Ausblick ins Offene. Der Horizont leer, ohne Bedeutung, nur graugrün. Die Wellen drängen von weit her an – kein aufgeregtes Gekräusel mehr. Woher es heranwogt und andrängt? Wir konnten noch nicht einfach ins Offene hinaus – denn was wäre uns dort? Es wäre eine vorzeitige Flucht gewesen – das Dampferchen entern, literarisch. Die beiden entfesselten Buben im Bug, Brüder wohl, vielleicht sieben, acht Jahre alt, die abwechselnd einander mit Fußtritten gegen das Schienbein traktierten und ihrer in Duldsamkeit erstarrten Nonna auf den Kopf hauten, böse Kinder, bösartig grinsend, vorzeitig gealtert, verwüstete Gesichter, als wären's schon vorzeitige Junkies, dringend des Ritalins bedürftig – oh Wildnis, oh Schutz vor ihr! –, über Bord werfen!, mitsamt ihrer sträflich duldsamen Nonna, und: hinaus!, nichts als kippende Horizonte vor uns – eine Flucht, als Lemming, vor den Lemmingen, vor den Märtyrern, den Kreuzigungen, den Bettlerinnen, den Tauben, den Rollkoffern, den Dingen … Wir mussten doch zu Menzel zurück, zu unserem akademischen Freund, und eigentlich hätten wir unseren Text auch nicht beenden dürfen, ohne im Ghetto gewesen zu sein.

Ein Kampfhund hätte es schier verhindert. Als Waffe gezüchtetes Tier. Ein Zerberus lag uns im Weg. Wir mussten ins Ghetto, das erste der

Welt, auf dem Gelände ehemaliger Gießereien angelegt, darum heißt's *Getto*, und es war Sonntag. Wir wollten uns Mut antrinken. Wir wussten ja: Der Gemeindevorsteher hatte die Liste nicht herausgeben wollen und sich entleibt; nur acht kehrten zurück. Eine Birreria, auf dem Plätzchen der *Fondamenta degli Ormesini,* wo die Einwanderer aus Hormus gewohnt hatten. Wir setzten uns ganz hinten an einen Tisch, im Schatten, geschützt, mit einem schlichten *vino bianco.* Alte Männer mit Mützen beim Aperitif. Da betritt ein dunkelhäutiger junger Mann die Schenke *(geiler Mulatte,* haben wir notiert, aber das ist ja rassistisch!) mit seinem Mädchen und diesem Tier: schwarz, hochbeinig, kalbsgroß, Killerkopf mit langen, spitzigen Ohren. Der lässt sich vor dem Ein- und Ausgang nieder und beschnuppert, die Ohren gespitzt, wer den Raum betreten oder verlassen will. Kieferknochen, die Stuhlbeine zerbrechen.

Wie sollten wir da ins Ghetto gelangen?

Eigentlich hatten wir nur unserem akademischen Freund zuliebe auch noch das oberste Stockwerk der *Ca' Pesaro* besucht. Allein wären wir, unserer Natur gemäß, wieder einmal bei der Kunst des 19. Jahrhunderts in den unteren Stockwerken hängen geblieben. Uns unbekannte Italiener. *Der Saal der Verarmten,* haben wir in unserem *Sudu* notiert, und *Der Saal der Verrückten.* Auch Menzel ist ja im Grund sozialkritisch, wie jeder Realist. Unser akademischer Freund aber ist japanophil. Vor Japan fürchten wir uns eigentlich. Dichtestress in einer insulären Situation… die Tokioter U-Bahn haben wir vor Augen. Harakiri. Kamikaze. Mishima, *Geständnis einer Maske.* Bonsai… doch, der Faszination dieser vom Menschen mit Scheren, Draht, Messerchen und anderen Instrumenten in die kleinstmögliche, möglichst ästhetische Form gezwungenen, auf Zimmergröße domestizierten Natur, der Faszination dieser vergleichsweise winzigen, womöglich in einem gewollten Wind windschief wachsenden Bäumchen haben wir uns nie entziehen können, als wär's die Faszination des genuinen Masochisten.

Was hast du eigentlich gegen Japan?

Die hölzerne Treppe, die ins *Museo d'Arte orientale* im obersten Stockwerk der *Ca' Pesaro* führt, auch unserem akademischen Freund bis dahin unbekannt, ist in unserer Erinnerung, wir können's nicht verifizieren, von historischen Stichwaffen gesäumt, als ging's zu einem geheimen Schatz. Wir fotografieren nicht, wir haben nie fotografiert, offenbar haben wir auch keine Postkarten des Museums gekauft, keinen Prospekt, eine Phobie vor Souvenirs aller Art – nur was Text wird, erinnern wir. *Die japanischen Vögel auf Seiden*, steht da in unserem Sudelheft, und: *Diese Liebe zur Natur! Wie sublim im Vergleich zu dieser brutalen, aufdringlichen christlichen Kunst…* als wär's eine Befreiung gewesen, eine Erlösung, die Lösung.

Es müssen Reiher gewesen sein, oder Kraniche. Die Hälse gestreckt, in sparsamem Röhricht. Wir können keine Abbildung mehr finden, nur alle möglichen anderen Ausstellungsobjekte auf der Webseite des Museums. Chinesische Jaden der Quing-Dynastie, Elfenbeinfigürchen, ein zieliertes Schachspiel – auch wiederum Dinge, die vorhanden, aber nicht zuhanden sind – und Holzschnitte, kolorierte und schwarzweiße, der Fuji, Hokusai. Aber das war es nicht. Es waren diese Seidenmalereien, Vögel auf Seiden. Realistisch genau und stilisiert zugleich und wie hinter einem Schleier aus Tau verschwindend, in einem silbrigen Licht.

Ja, denken wir in unserem heimischen Gärtchen wieder, auf der Blechkiste sitzend, die den Sockel unseres Grabmals enthält, eine Stele aus Nero assoluto, schwarzem Granit, ja, auch *Die große Befreiung* von Daisetz Teitaro Suzuki, ferne Erinnerung an die Irrwege unserer Adoleszenz, können wir in unseren Bücherregalen nicht mehr finden. Wahrscheinlich, denken wir im Malvenwald, in der Nische des Feigenbaums sitzend, der demnächst unsere Fenster zuwächst, so dass wir die Fensterläden nicht mehr schließen können gegen die Schlafzimmerräuber und die Unbill der Witterung, im Rosengarten, dem Gebüsch der Hortensien, zwischen den Farnen, dem Rosmarinstrauch und dem Lorbeer, dem fahl veilchenblau blühenden Hibiskus, zwischen kopulierenden Feuerwanzen auf unsrer Kiste, Bienchen in den Malvenblüten!, Vampire im Blumenbeet, du musst die Vampire ausreißen, mahnt uns die Russin, unsere Nachbarin, sie meint die Schlingpflanzen, Ackerwinden, Efeu, sonst erwürgen sie dich – wahrscheinlich sind's gar nicht die Vögel gewesen, ob nun Kraniche oder Reiher, sondern die Illusion eines Schleiers aus Tau und das Licht. Silbrig von der Seide reflektiert.

Christoph Geiser
Der Umweg als poetischer Ausweg
Von Julian Reidy und Moritz Wagner

Vom Romanerstling *Grünsee* bis zum aktuellen Romanprojekt mit dem
Arbeitstitel *Die Spur der Hasen* hat Christoph Geiser eine gewaltige
literarische Wegstrecke zurückgelegt, die zwar nicht als Umweg bezeichnet werden kann, aber sicherlich alles andere als geradlinig ver-
laufen ist. Zwar hat Geiser in diesen fünf Jahrzehnten immer wieder
seine Kernthemen variiert: den lebensprägenden, jüngst wieder auf-
gegriffenen Familienstoff; die von Tabuisierung, Lust und Ängsten
(Aids) geprägte Homosexualität; die Faszination für das Museum und
die Inspiration durch die Kunstgeschichte, die sich in immer neuen
Bildexegesen niederschlägt; die Position als Außenseiter und soge-
nannter Stiller im Lande sowie eine grundsätzliche »Ästhetik des Widerstands« als poetologische Programmatik. Dennoch würde man es
kaum für möglich halten, dass der Autor von *Grünsee* (1978) und den
Verfehlten Orten (2019) ein und dieselbe Person sein sollte. Geisers
stilistische Wandlung, um den eher wertenden Begriff der Entwicklung zu vermeiden, ist bemerkenswert. Wie also diesen proteischen
Autor in einem Kurzporträt fassen? Zum Glück hilft er uns selbst auf
die Spur.

Mit »Umwege, Auswege« betitelt Christoph Geiser nämlich die hier
erstmals abgedruckte Coda zu seiner Erzählung »Die falschen Toten
von San Michele« in *Verfehlte Orte*. »Umwege, Auswege«: ein aufzäh-
lender Titel, scheinbar lapidar, der jedoch weit über sich hinausweist
und zwei Kernaspekte benennt, die Geisers literarisches Œuvre im
Grunde seit *Zimmer mit Frühstück* (1975) entscheidend geprägt haben.
Mit seinen beiden Romanen *Grünsee* und *Brachland* (1980) gelangen
Geiser auf Anhieb große Publikumserfolge, die auch von der internationalen Kritik mit Begeisterung aufgenommen wurden. Geisers groß
angelegtes autobiografisches Schreibprojekt »Rückkehr zur Herkunft« dokumentierte zugleich die Suche nach einem literarischen
»Ausweg« aus ebendieser großbürgerlichen Herkunft: Die Familien-
romane überzeugen und erschüttern womöglich auch heute noch deshalb so sehr, weil die schonungslose Entkleidung dieses Milieus, an

deren Ende Enge, Kälte, Einsamkeit, Sprachlosigkeit, Fassadenhaftigkeit und Verdrängungssucht in aller Sichtbarkeit zutage liegen, sich gleichzeitig im maßvollen, vermeintlich kunstlosen Gewand nüchterner, realistischer Prosa vollzieht. Geiser erweist sich in diesen Frühwerken als erstaunlich reifer Stilist, der seiner schillernden, stets kritisch reflektierten Familiengeschichte so lebendige wie berührende Porträts abzugewinnen vermag: vom Vater, einem Basler Kinderarzt, über die Mutter, eine aus dem Berner Patriziat stammende ehemalige Schauspielerin, über die deutsche Haushälterin Judith bis hin zur Großmutter im Zermatt-Buch *Grünsee*.

Kein Roman erhellt den Weg hinaus, den Weg ins Freie aus der familiären Enge klarer als *Wüstenfahrt* (1984), der das literarische Coming-out als Homosexueller mit einem Roadtrip zweier Männer durch die Wüste Arizonas verknüpft und zugleich die Dominanz des Familienstoffs aufkündigt. Einen veritablen Ausweg indes bietet auch dieser Aus- und im doppelten Wortsinn zu verstehende Aufbruch nicht: Die Liebesbeziehung zerschellt am aporetischen Widerstreit von persönlichen Wünschen mit den gesellschaftlichen Konventionen im Bundesbern der 1970er und 80er Jahre.

In der Folge festigte Geiser durch nie abreißende Produktivität sowie inhaltliche und formale Experimentierfreudigkeit seinen Ruf als Sprachvirtuose. Über den wahrlich nicht naheliegenden »Umweg« schillernder Exponenten der Kunst- und Kulturgeschichte wie Caravaggio, Marquis de Sade, Johann Joachim Winckelmann oder Giovanni Battista Piranesi blieb der Autor in den Folgeromanen *Das geheime Fieber* (1987), *Das Gefängnis der Wünsche* (1992) und *Die Baumeister* (1998) seinen Themen treu, beschritt zugleich aber neues Terrain: Die künstlerischen Anverwandlungen an die genannten Figuren boten eine Alternative zum Familienstoff und erschlossen neue, weitläufige Assoziations- und Referenzräume, ohne dabei die persönlichen Themen auszublenden. Im Gegenteil: Die innere Zerrissenheit, die existentielle Selbst- und Weltbespiegelung und nicht zuletzt die anhaltende Ausbruchdynamik der geiserschen Erzählerfiguren finden in diesen Texten ihre konsequente Fortsetzung und zugleich radikale Zuspitzung bis an die Grenze auch der rhetorischen Ausweglosigkeit in den düster-enigmatischen Carceri der *Baumeister*.

Von den Familienromanen über die Künstlerromane und sprachspielerischen Assoziationsmonologe in *Über Wasser* (2003) bis hin zum diskurskritischen *Wenn der Mann im Mond erwacht* (2008, eigentlich *Desaster*) und zu den *Verfehlten Orten* zeugen seine Werke von der ungezügelten Lust am Tabubruch, an der Dekonstruktion von starren Denkmustern und sklerotischen Konventionen sowie am poetischen »Regelverstoß«. Dieser innere Glutkern verleiht den Texten zum einen eine unheimliche Lebendigkeit und authentische Dringlichkeit, aber auch eine, nicht zuletzt infolge der gerade in den Künstlerromanen beinahe leitmotivisch verhandelten Farb- und Lichtmetaphorik, wirksame Plastizität: Die Texte bieten keinen festen Grund, die Erzählwelt droht regelmäßig, um eine Metapher des Autors aufzugreifen, über den Rand hinaus zu kippen. Zum andern verlangt Geiser den Leserinnen und Lesern aber auch einiges ab, zumal mit der bisweilen penetranten Reflexion homosexueller Obsessionen, mit den Gewaltdarstellungen und ebenso mit der im Spätwerk merklich zunehmenden Neigung zum abschweifenden Erzählen. Womit wir neuerlich beim Umweg als weiterem poetischen Ausweg wären: Geiser schreibt sich mit seiner Digressionsrhetorik in eine Erzähltradition ein, die motivisch komplementiert wird durch die für den Autor zentrale Denkfigur des Rands und der Randständigkeit. Indem die Digression nämlich das vermeintlich Nebensächliche, Abseitige und im offiziellen System Störende in den Mittelpunkt rückt und das Nichtdazugehörige wieder ins Geschehen und in Erinnerung ruft, erweist sie sich als adäquate Erzählstrategie des Außenseiters. Vergegenwärtigt wird dabei oft auch – und ganz besonders in *Schöne Bescherung* (2013), einer einfühlsamen Auseinandersetzung mit dem Tod der Mutter – das Tabu, das Skandalon, *das* Verdrängte schlechthin, dem doch mit keinen Um- und Auswegen beizukommen ist: der eigene Tod. In der *Schönen Bescherung* nämlich tritt Geisers Wir-Erzähler (eine brillante narratologische Koketterie) infolge des Tods der Mutter erstmals als »Erbe« in Erscheinung, als aus »Abschied & Traktanden« gefallener »Rentner unter Rentnern«. Dieser kann sich eine im Wortsinn digressive Existenz leisten, kann in seiner Wahlheimat Berlin als Flaneur dem »Schaufensterln« frönen und stundenlang in seinen Stammkneipen Riesling trinken – und sieht sich doch oder gerade wegen der Befreiung von ökonomischem Druck und im Bewusstsein des eigenen Alterungsprozesses gezwungen, sein Verhältnis zur Welt und zu sich selbst neu auszutarieren. Eine Befriedung der eigenen Existenz und des eigenen Schreibens ist undenkbar; Umwege und Auswege müssen stolpernd gesucht, ertastet, erahnt werden, und sicher ist nur, dass der Erzählfluss nicht abreißen kann, nicht abreißen darf, wie paradigmatisch schon in *Wenn der Mann im Mond erwacht* zu lesen war: »Und wir reden, und reden [...], als wollten wir uns um Kopf und Kragen reden [...], sonst herrschte gnadenlos Stille. Schweigen.« Denn im Sinne geradezu einer *Ars Moriendi* »brauchen wir Sprache« und »brauchen wir Schrift«: »Bücher! Text! Erzählung, Geschichten. Die uns in die Binsen geleiten.« Und gäbe Geisers Wir-Erzähler dann wenigstens im »Prunksarg« »Ruhe«? Selbst das kann er nicht versprechen – und belässt die Möglichkeit augenzwinkernd im Konjunktiv II. Schließlich reißt sein Redefluss in »Umwege, Auswege« und in Geisers neuem Romanprojekt *Die Spur der Hasen* selbst auf seiner Grabkiste im Berner Marziliquartier nicht ab.

Um die Restitution des Verdrängten, um Ausgrenzung und Marginalisierung, aber auch um Identität und die neuerliche »Rückkehr zur Herkunft« geht es schließlich wiederum in *Die Spur der Hasen*, wo die Erinnerungsrecherche den Erzähler auf die Spur seiner russischen jüdischen Großmutter nach Belarus und mitten hinein ins Ostjudentum und in den Chassidismus führt. Seit den Anfängen eignet Geisers Texten sowohl eine Dynamik des kompromisslosen Einreißens, der Auflösung und Dekonstruktion als eben auch der Befreiung und der Erlösung durch die Kunst. Zum Provokateur, Regelbrecher, Wortbaumeister und Entfesselungskünstler gesellt sich der Außenseiter mit seiner Sympathie für das Randständige. So gesehen ist Geisers Werk nicht zuletzt das Zeugnis des Widerstands gegen die Einmittung der Kunst. Seine bis heute quicklebendige Entfesselungsprosa, seine eigenständige Gegenstimme zum Mainstream, die Parteinahme für die Marginalisierten, zu denen er sich freilich selbst rechnet, sind ein Gewinn für die Literatur.

Anders über anderes reden
Interview mit Christoph Geiser
Von Julian Reidy und Moritz Wagner

Die Coda »Umwege, Auswege« knüpft unmittelbar an den Venedig-Text Ihres letzten Erzählbands *Verfehlte Orte* an, der 2019 bei Secession erschien. Was sind verfehlte Orte? Handelt es sich um Orte, die man aufsuchen möchte, jedoch verfehlt? Oder sind es Orte der Verfehlung beziehungweise »Unorte des Glücks«, wie es im Band heißt?

»Unorte des Glücks« ist genauso vieldeutig wie »Verfehlte Orte«. Unort, Nicht-Ort, non-lieu? Glücksutopien sind gewiss nicht gemeint. Wenn ich mich recht erinnere, hat der etwas extravagante Kulturphilosoph Bazon Brock den Begriff vom »verzielten Glück« geprägt. Gemeint ist, dass man das Glück nur trifft, wenn man haarscharf daneben zielt. »Gehen bedeutet den Ort zu verfehlen«, heißt es bei mir … Das angestrebte Glück bestand beim Schreiben meiner Erzählungen im Gelingen einer Verirrung. Um Verirrungen geht es auf dem Weg zu einem Ziel, das womöglich Glück verheißen könnte, sich aber entweder als unzugänglich erweist oder als leer, als markierte Leerstelle, als Trümmer einer Utopie womöglich, oder sogar als Unglück. In der letzten meiner Erzählungen geht es um die Ermordung des Glücks. An zentraler Stelle im Buch steht Menzels berühmtes Balkonzimmer, oft als ein Bild stillen Glücks interpretiert, ein leerer Raum, ein Haschen nach Wind: Vanitas! Schließlich verirrt man sich auf dem Friedhof und muss sich den Ausweg weisen lassen, *aber: wo ist das Leben?* Da nützt aller Fingerzeig nichts.

Ein Ort der Glücksverheißung ist für Sie ganz offenkundig das Museum. Wir haben Ihren Texten zahlreiche inspirierende Gemäldeexegesen zu verdanken, sei es im Caravaggio-Roman, in *Über Wasser* oder in den Erzählungen. In Venedig beabsichtigt der Erzähler, Menzel zu »bewältigen«. Von Caravaggio zu Menzel ist es ein weiter Weg: Was fasziniert Sie als Autor und Kunstbetrachter des 21. Jahrhunderts an Adolph von Menzel? Was fasziniert Sie an der Form der Ekphrasis generell?

Gemälde wurden für mich Projektionsflächen von Geschichten, als ich selber keine Geschichte mehr hatte … Juni 1983, Berlin, der Aids-Schock, das »Leben« war unzugänglich geworden, denn ohne Sinnlichkeit gibt es kein Leben (und keine Liebe). Aus Ratlosigkeit eigentlich geriet ich in die Gemäldegalerie und begegnete Caravaggios Amor – *Amor vincit omnia* – im Museum! So blieb ich in den Museen hängen. In den Werken von Caravaggio entdeckte ich das Pathos, das mir im Leben (und auch in meinem Schreiben bis dahin) fehlte, die Rhetorik auch (die Gestik!), das rhetorische Pathos also, im Spannungsfeld von Eros und Thanatos. Im Falle von Caravaggio erwies sich die Verbindung der Geschichten, die die Bilder erzählen, mit der Künstlerbiografie als literarisch besonders fruchtbar. Auf Menzel stieß ich in einer womöglich vergleichbaren Situation: Befasst mit der *Schönen Bescherung*, anlässlich des Todes meiner Mutter, in der Auseinandersetzung folglich mit dem Sterben, mit Jenseitsvorstellungen, mit dem Vanitas-Begriff, blieb mein Blick, bei einem meiner regelmäßigen Besuche der Alten Nationalgalerie in Berlin, plötzlich am »Balkonzimmer« hängen. Ein Haschen nach Wind … ein menschenleerer Innenraum, und die Außenwelt ist nichts als ein Hauch, der die Vorhänge bauscht, ein Gerücht, der alttestamentarische *ruach* … und vom Balkonzimmer ausgehend entdeckte ich das Werk und die Wirklichkeit der *Kleinen Exzellenz*. Menzel, nur eins vierzig groß, für jede große Liebe viel zu klein (zu jener Zeit), wollte mit seinem ganzen künstlerischen Furor das sinnliche Leben, an dem er nicht teilhaben konnte, die haptische Wirklichkeit, die Realität der Außenwelt sich zeichnend aneignen. Menzel selber hat (im Gegensatz zu Caravaggio!) keine (Lebens-) Geschichte, aber sein Werk erzählt Geschichten auf beinahe allen denkbaren Ebenen, Weltgeschichte, Zeitgeschichte, Sozialgeschichte, die Geschichten der Dinge … meine Faszination für Menzel, mein Ringen mit seiner Kunst, hat wohl auch mit meinem eigenen Fetischismus zu tun. Die Erotik der Dinge, die vorhanden, aber nicht zuhanden sind. Damit (und mit Menzel) bin ich noch lange nicht fertig.

»Umwege, Auswege« bezeichnet ein poetologisches Kerncharakteristikum Ihres Schreibens, nämlich die Digression, oder wie es in *Über Wasser* heißt, die »Deviation«. Woher rührt diese Affinität für das abschweifende Erzählen?

Liegt letztlich nur im poetischen »Umweg« der »Ausweg«? Und woraus muss überhaupt ein Ausweg gefunden werden?

Passagiere auf Containerschiffen müssen eine »Deviationsversicherung« abschließen, die gibt's beim Schreiben nicht. Da irrt man ab vom rechten Weg auf die Gefahr hin, sich zu verlieren. Der Reiz der Abschweifung, ein großer syntaktischer Reiz auch, liegt zunächst einmal beim Schweifen; eine Geschichte erzählend lässt der Erzähler seinen Blick über andere Geschichten, andere Gegenstände schweifen und erreicht somit zunehmend Vielschichtigkeit, Komplexität und Ambivalenz, ja Bodenlosigkeit auch. Da erinnern wir uns doch wieder an Bazon Brocks verzieltes Glück… Ich war aufgrund meiner politischen Biografie natürlich am Anfang meines Schreibens auch mit den Gefahren der Ideologie konfrontiert. Das elementar Literarische aber ist ja gerade der Ausweg aus *allen* festgefügten Wertsystemen; das *andere* Sprechen, das *anders* Reden, auch *über anderes* Reden, die Diskursfallen vermeiden. Das Reden selbst wird zum Weg, der den Redenden führt, weiß Gott wohin… mögen es Holzwege sein.

Immer wieder haben Sie Exponenten der Kulturgeschichte wie Caravaggio, de Sade, Winckelmann oder Piranesi ins Zentrum Ihrer Texte gestellt und sich ihnen gleichsam künstlerisch anverwandelt, nachdem Sie mit *Grünsee* und *Brachland* zunächst den Familienstoff behandelt hatten. Bildeten auch diese Wunschautobiografien der mittleren Werkphase einen poetischen »Ausweg«?

Es geht hier nicht um »Wunschautobiografien«. Es geht allenfalls um den Ausweg aus der Autobiografie, ja aus dem biografischen Schreiben überhaupt… Meine autobiografische Welt ist geprägt von meiner unerschöpflichen, erschöpfenden Familiengeschichte. Dieser Stoff, so unerschöpflich er auch ist, ist determiniert durch bestimmte Themen, die immer wiederkehren. Bei Caravaggio und Sade, oder bei Piranesi, habe ich Themen gefunden, die die Zwangsjacke des Familienstoffes sprengen können – oder, anders gesagt: meine ureigenen Themen, die nicht mit den Mitteln des bürgerlichen Romans, die sich für die Bewältigung des Familienstoffes eignen, nicht *im* bürgerlichen Roman, zu bewältigen sind. So kann man durchaus von einem poetischen Ausweg sprechen: dem Weg zu einer Poetik jenseits des bürgerlichen Romans: in die *Carceri d'invenzione* des Giovanni Battista Piranesi, eines gescheiterten Baumeisters, dessen private Biografie mich nicht interessiert.

Ihre zunehmend digressive Schreibweise ist aufs Engste verknüpft mit Ihrem Interesse und Eintreten für das Marginalisierte. Ihre Preisrede anlässlich des Großen Literaturpreises von Stadt und Kanton Bern 2018 mündet in der Aussage:»Alles Literarische ist randständig geworden.« Können Sie das erläutern? Ist das nicht zu apodiktisch formuliert, und inwiefern ist das Literarische heute randständiger als noch vor zwanzig, dreißig Jahren?

Die Literatur ist schon seit geraumer Zeit kein Leitmedium mehr. Sie ist Bestandteil der Unterhaltungsindustrie, oder aber sie dient der Lebenshilfe oder der Verschönerung des Lebens, wie – laut Goethe – alle Kunst. Die Auseinandersetzung mit dem spezifisch Literarischen findet nicht mehr statt, man weiß gar nicht mehr, was das Literarische eigentlich ist. Das Lächeln der Katze im Baum ohne Katze und Baum … Ich müsste jetzt hier auf knappem Raum eine Definition des Literarischen geben können. Wahrscheinlich kommt man ihm am nächsten, wenn man es als ein System von Referenzen bezeichnet, ein Diskursgeflecht, ein Labyrinth von Texten und Subtexten, ein Palimpsest von Palimpsesten, Text über Text über Text … Schrift über Schrift über Schrift … Bedeutungsfeld über Bedeutungsfeldern …

Ihre 2018 geäußerte resignative Einschätzung zur Randständigkeit der Literatur kontrastiert mit Ihren frühen Erfolgen. Etwa damit, dass Sie schon sehr früh an Schulen gelesen haben und Ihr politisches Engagement durchaus wahrgenommen wurde. Wie haben Sie diese Zeit in den späten siebziger und frühen achtziger Jahren erlebt?

Ich hatte immer den Eindruck, die öffentliche Wahrnehmung meiner gesellschaftspolitischen Aussagen, das öffentliche Interesse an *Grünsee*, an *Brachland*, an der *Wüstenfahrt* auch, beruhe auf dem Erfolg meiner literarischen Verfahren … vielleicht war das ein bisschen naiv. Vielleicht waren halt doch die Themen ausschlaggebend für den Erfolg, für das Interesse, die Wahrnehmung. Die spektakuläre Familiengeschichte, der Typhus von Zermatt, das schwule Coming-out, zu einer Zeit, als das noch gar keine Selbstverständlichkeit war… Mein erster kleiner Kurzroman von 1975 hingegen, *Zimmer mit Frühstück*, ein an Beckett *(Das Ende)* orientierter Versuch, die hölzernen Gesten eines unbeholfenen Menschen auf seinem quasi vorprogrammierten Weg in den Selbstmord sprachgestisch nachzuzeichnen, wurde in der Schweiz kaum wahrgenommen, während man in der DDR, wo das Büchlein in einer grotesk aufwendigen Ausgabe erschien, die politische Brisanz dieser literarischen Clownerie einer Marionette durchaus verstand. Vielleicht ist meine fixe Idee von der zentralen Bedeutung von Literatur damals auch noch ein bisschen von meinen Erfahrungen mit der DDR-Literatur geprägt. Die, was die gesellschaftspolitische Relevanz betrifft, durchaus eine gewisse Affinität mit der Schweizer Literatur pflegte und umgekehrt. Denn am Anfang war das Wort…

In Ihren Werken, zumal in *Wenn der Mann im Mond erwacht*, ist die Rede von einer »Ästhetik des Widerstands«, die Ihr Schaffen seit jeher prägt. Gegen wen richtet sich dieser Widerstand, der auch mit einer Poetik der Grenzverletzung und des Tabubruchs einhergeht? Haben sich die Gegner im Laufe der Jahre geändert?

Das Schweigen der Mehrheit ist so laut geworden… Möglicherweise ist mein Widerstand heute stärker ästhetisch oder poetologisch begründet als früher. Mein Widerstand richtet sich heute expliziter gegen *Diskurse,* heißt gegen Sprachregelungen und Denkverbote. Denkmuster, Sprachmuster und die seuchenhafte Verbreitung derselben sind meine Gegner; nicht mehr unbedingt Parteigänger, Repräsentanten gesellschaftlicher Systeme, Institutionen. Das ist auch einfach eine Rückbesinnung auf die Möglichkeiten der eigenen Mittel: Als Literat bin ich zuständig für den gesellschaftlichen Überbau, marxistisch gesprochen.

Das Nachdenken über die eigene Endlichkeit bildet den Ausgangspunkt Ihres kommenden Werks. Die Familiengeschichte wird parallel geführt mit dem Erzähler, der auf einer Blechkiste im Garten sitzt, nämlich seiner Grabkiste, und sagt: »Wir sind die Letzten.« Es geht also offensichtlich auch um eine Art Vermächtnis des Erzählers selbst. Worin könnte dieses Vermächtnis bestehen? Wie verhält sich diese Memento-mori-Motivik zur Ars Moriendi, die Sie in *Schöne Bescherung* projektierten?

Einst bleibt von mir nur noch die Stimme... Kuno Raebers Zuversicht, als »Zikade«. Damit könnte man sich, als Autor von Sprache, trösten. Aber der Tod bleibt ein doppeltes Skandalon: einerseits der Skandal der Auslöschung. Ich bin nicht mehr ich. Mit diesem Skandal, somit auch mit Jenseitsvorstellungen als denkbare Perspektiven, habe ich mich in der *Schönen Bescherung* auseinandergesetzt und, getroffen vom fünftausend Jahre alten Blick jenes ägyptischen *Scribe accroupi* im Louvre, für mich die literarische Antwort gefunden, die *kein* Trost ist. Das zweite Skandalon wäre mein spurloses Verschwinden aus der Welt. Was bleibt? Ja, ja... die Stimme (seltsam auf den Tonträgern Toter!), die Bücher. Aber auch die Stimme schwindet, die Schrift verblasst, die Texte sind nicht mehr lesbar, werden nicht mehr verstanden... *es kann die Spur von meinen Erdentagen...* und: *ein Flügelschlag, und hinter mir Äonen...* Welche Vermessenheiten! Ein Haschen nach Wind. Vanitas. *Und ich kann bleiben wo der Pfeffer wächst. Und unverständlich wird mein ganzer Text* (klagt nicht nur Volker Braun). Es geht mir nicht um ein Vermächtnis, ich glaube nicht an Vermächtnisse. Ich denke, es geht schlicht um Geschichte – um Geschichtlichkeit. Um Kontinuität, um Zeugnis, schier als Selbstzweck. Der einundachtzigjährige Simon Dubnow, Autor einer *Weltgeschichte des jüdischen Volkes*, soll noch im Lastwagen, der die Bewohner des Ghettos von Riga in das Wäldchen von Rambula brachte, wo sie erschossen wurden, vor sich hingemurmelt haben: *Schraibt, Jidn! Schraibt es auf, Jidn! Schraibt Jidn!* Für wen? Dann wurden, in der berüchtigten Enterdungsaktion, auch noch die Spuren des Massenmords vernichtet. Grabschändung. Doppelter Tod. Das Schlimmste. Darum, vielleicht, ist mir ein Grabmal wichtig! Vor allem aber ist die Auseinandersetzung mit dieser Dinglichkeit gegen den Tod, dem Widerstand der Materie gegen den mächtigen *ruach* der Vanitas, ein eminent fruchtbares literarisches Thema. Voller Widersprüche. Voller Paradoxa. Vielleicht ist es aber auch ganz simpel: Erst, wenn niemand mehr von uns spricht, sind wir tot, sagt Brecht.

Mit dem Motiv der Blechkiste beziehungweise des Erzählers, der seinen eigenen Grabstein als Sitzgelegenheit nutzt, endet auch »Umwege, Auswege«: Was hat es damit auf sich?

Er sitzt ja in seinem üppigen, geradezu wild wuchernden Gärtchen auf seinem Grabstein und gedenkt der hochartifiziellen Naturdarstellungen der japanischen Seidenmalereien ... das ist doch ein ganz hübsches Paradoxon.

Die Todesmetaphorik ist literaturhistorisch freilich eng mit Venedig verwoben, bildet zugleich aber ein weiteres wichtiges Thema Ihres Werks, von *Zimmer mit Frühstück* über *Schöne Bescherung* bis zur *Spur der Hasen*. Dabei fällt auf, dass der Tod meist dialektisch und im Zusammenhang mit einer Vitalisierungs- und Kreativitätserfahrung thematisiert und das Motiv immer stärker in den eigenen Schaffensprozess eingebunden wird. Eros und Thanatos, Leid und Erlösung?

Kein (christliches) Leid und keine (christliche) Erlösung, nein. Loslösung eher, sich gehen lassen, sich hingeben, verwesen, wuchern und wesen, Georges Batailles *kleiner Tod*. Der Ich-Verlust im Wir. Die Bewusstseinstrübung zulassen, *unfeig*. Die Ohnmacht der Marquise von O. Dies ist aber nur der eine Aspekt – Nahtoderfahrung im Grund, noch lange nicht tot. Der andere Aspekt ist die Vernichtung. Die Auslöschung. Da gibt es keine Ambivalenz mehr. Da ist nur noch nichts.

Ein Genre, dem Sie sich sowohl in den *Mordsachen* als auch in den *Verfehlten Orten* zugewandt haben, ist das »True Crime«.

Dass es ein Genre mit dem Namen »True Crime« gibt, war mir beim Schreiben meiner »Mordsachen« gänzlich unbekannt. Die »Mordsachen« waren für mich die befreiende Entdeckung der Novelle. Als ich zufällig in einem Zeitungsbericht auf diesen Leipziger Knabenmord stieß, der zur ersten Geschichte meiner »Mordsachen« wurde, war der zündende Einfall ein rein literarischer, genauer ein struktureller. Die Tragödie beginnt *in* einer Straßenbahn der Linie 11 und endet *unter* einer Straßenbahn der Linie 11. Dazwischen ist eine panische Flucht in die Ausweglosigkeit. *A Streetcar Named Desire* oder

Jagdszenen aus Niederbayern… Im Übrigen aber ist die Geschichte bei Kleist und Büchner angesiedelt, Woyzeck war schließlich Leipziger (auch ein Fall von »True Crime« übrigens). Die Entdeckung dieser literarischen Form der Novelle für mein eigenes Schreiben war so beglückend, dass ich nach weiteren Morden suchte. Wahrscheinlich müssten es keine Morde sein, es könnte auch ein Erdbeben sein, das Erdbeben zu Chili, oder eine Vergewaltigung, die Marquise von O., aber wahrscheinlich ist meine Beschäftigung mit Mord eine Variante meiner Beschäftigung mit dem Tod, die spätestens seit der *Schönen Bescherung* zentral geworden ist. Überdies stehen ja alle Morde in meinen Geschichten im Zusammenhang mit Sexualität. Eros und Thanatos, das ist wohl schon eines meiner zentralen Themen. Die Entdeckung des Genres der Novelle führte dann zunächst zu anderen Verfehlungen, zu anderen wunderungswürdigen Begebenheiten, zu den Verfehlten Orten eben, bis die Mordsachen mich am Schluss dann doch wieder einholten – und in Rupperswil, dem verfehlten Ort per se, gewissermaßen ihren Kulminationspunkt fanden. In der Rupperswiler Mordsache kulminieren wohl fast alle meine Themen und finden ihre gesellschaftspolitische Relevanz (wieder), in der schlimmstmöglichen Wendung der bürgerlichen Lebenslüge.

Was bei all diesen Fragen von Tod, Tabu und »Desaster« nicht vergessen gehen darf, ist der Umstand, dass Ihren Werken, zumal seit *Über Wasser,* auch ein enormer sprachlicher Witz, Spieltrieb und Selbstironie innewohnen. Zu diesem Eindruck trägt die ungewöhnliche Wir-Erzählposition bei, die im Spätwerk vorherrscht. Warum dieser Übergang vom Ich zum Wir?

Selbstironie war für mich von allem Anfang an literarisch lebensrettend. Ich verzwerge mich nicht, wie Walser, meine Rolle wäre eher der Clown. Auf das Wir kam ich beim Schreiben des »Desasters« *(Wenn der Mann im Mond erwacht),* in der Auseinandersetzung mit Peter Weiss' *Ästhetik des Widerstands.* Zentral bei Peter Weiss ist ja das (Partei-)Kollektiv, das Wir meint immer ein Kollektiv, mein Erzähler aber ist aus jedem Kollektiv herausgefallen und sich dessen auch bewusst, so ist das Wir ein Witz! Der blanke Hohn. Nicht *nur* lustig. Das Wir dekonstruiert aber natürlich auch jede Illusion einer festgefügten Identität. *Wir sind doch so viele!* Und alle bin ich. So bin ich beim Wir geblieben.

Es gibt kaum Aussagen von Ihnen zu literarischen Vorbildern. Welche Autorinnen und Autoren haben Ihr Werk beeinflusst?

Die erlösende Schlussfrage... vergleichsweise einfach zu beantworten. Der *Faust*-Film von Gründgens, als Elfjähriger in Lörrach gesehen, in Basel durfte man ja noch nicht ins Kino – Gründgens als Mephisto war für mich sprachprägend: ein Sprechduktus. Die Wörter ausspucken wie der Teufel. Kafka mit zwölf. Nicht sehr originell, der kommt bei fast jedem vor. *Die Verwandlung.* Die Entdeckung des zweiten Bodens der Wirklichkeit, Absturzgefahr. (Viel später erst *Die Strafkolonie*, die sadomasochistische Schreibmaschine.) Dann – Brecht. Bis hin zur optischen Anverwandlung: Lederjacke, Sträflingsfrisur, Mützchen, Zigarre (Partagas), mit achtzehn. Alles gelesen. Band um Band der ersten, chaotischen Gesamtausgabe, wenn Schall & Rauch mal wieder einen Band (für Suhrkamp) freigaben. Brecht war für mich die Entdeckung der Schriftstellerexistenz als Lebensform und natürlich der Verbindung des Literarischen mit dem Politischen. Geblieben bis heute als Inspiration und Subtext sind die Gedichte. Geschichten. *Die Geschäfte des Herrn Julius Cäsar, Keuner, Der Mantel des Ketzers, Der Soldat von La Ciotat* (in der Diktion der Weigel). Überhaupt die Diktion, der Sprachgestus... Später Ingeborg Bachmann: *Drei Wege zum See.* Hohl: *Bergfahrt.* Bernhard: *Frost.* Alle drei direkt Subtexte für *Grünsee.* Schließlich und schlussendlich: Jelinek. Meine Schwester im Geiste Sades. *Als wüchse auf dem Komposthaufen der Geschlechtlichkeit das Gurkenbeet des reinen Wohlklangs.* Rhetorisches Pathos bis hin zum Grotesken, Surrealen. Vom Erhabenen zum Lächerlichen ist's nur ein kleiner Schritt... Was bei Sade zum Teil noch unfreiwillig komisch ist, wird bei Elfriede Jelinek hochartistisch. Ja, *diesen* Hochseilakt habe ich Frau Jelinek abgeguckt.

43

Bibliografie

Lyrik
Mitteilung an Mitgefangene. Lyrik. Basel: Lenos, 1971.

Prosa
Hier steht alles unter Denkmalschutz. Prosa. Basel: Lenos, 1972.

Lyrik & Prosa
Bessere Zeiten. Lyrik & Prosa. Zürich: Regenbogen, 1968.
Warnung für Tiefflieger. Lyrik & Prosa. Basel: Lenos, 1974.

Erzählungen
Zimmer mit Frühstück. Erzählung. Basel: Lenos, 1975.
Disziplinen. Erzählungen. Basel: Lenos, 1982.
Wunschangst. Erzählungen. Hamburg: Männerschwarmskript, 1993.
Da bewegt sich nichts mehr. Mordsachen. Zürich: Die Lunte im Spiegelberg, 2016.
Verfehlte Orte. Erzählungen. Zürich: Secession, 2019.

Erzählungen, Reden, Essays
Der Angler des Zufalls. Schreibszenen. Herausgegeben von Michael Schläfli.
Hamburg: Männerschwarm, 2009.

Romane
Grünsee. Roman. Zürich und Köln: Benziger, 1978.
Brachland. Roman. Zürich und Köln: Benziger, 1980.
   Terrain vague. Traduction de Martine Besse. Genève: Grounauer, 1983
      (ch-Reihe).
   Gerbidi. Romanzo. Traduzione di Silvia Mitteregger. Bellinzona: Casagrande,
      1984 (ch-Reihe).
Wüstenfahrt. Roman. Zürich und Frauenfeld: Nagel & Kimche, 1984.
Das geheime Fieber. Roman. Zürich und Frauenfeld: Nagel & Kimche, 1987.
Das Gefängnis der Wünsche. Roman. Zürich und Frauenfeld: Nagel & Kimche, 1992.
Kahn, Knaben, schnelle Fahrt. Eine Fantasie. Zürich und Frauenfeld: Nagel &
Kimche, 1995.
Die Baumeister. Eine Fiktion. Zürich und Frauenfeld: Nagel & Kimche, 1998.
Über Wasser. Passagen. Zürich: Ammann, 2003.
Wenn der Mann im Mond erwacht. Ein Regelverstoss. Zürich: Ammann, 2008.
Schöne Bescherung. Kein Familienroman. Zürich: Offizin, 2013.

Werkmaterialien

Rückkehr zur Herkunft: Archivmaterialien zu Christoph Geisers Romanen *Grünsee*
und *Brachland* (Zürich: Ammann, 2006), zusammengestellt und kommentiert
von Michael Schläfli. Eine CD-ROM des Schweizerischen Literaturarchivs (SLA)
der Schweizerischen Landesbibliothek (SLB).

In Vorbereitung

Die Spur der Hasen. Berlin: Secession.
Zwölfbändige Gesamtausgabe. Berlin: Secession.

Silvia Ricci Lempen

Silvia Ricci Lempen wurde 1951 geboren und wuchs in Rom auf. Nach einem Philosophiestudium in Rom und in Genf, das sie mit der Promotion abschloss, wurde sie Journalistin. Sie war Chefredaktorin von *Femmes Suisses* und Mitarbeiterin bei den Zeitungen *Le Temps* und *La Gazette de Lausanne*. Die militante Feministin, Theoretikerin und Essayistin war auch Gastdozentin für Gender Studies an der Universität Lausanne. Seit 1990 schreibt sie Romane auf Französisch und auf Italienisch, die mit zahlreichen Preisen ausgezeichnet wurden. Bereits ihr erster Roman *Un homme tragique* (Lausanne: L'Aire) bekam den Prix Michel-Dentan 1992. 2021 erhielt sie einen Schweizer Literaturpreis für *I sogni di Anna* (Trieste: Vita Activa) und den Prix Alice Rivaz für *Les Rêves d'Anna* (Lausanne: Éditions d'en bas).

Silvia Ricci Lempen
Ein Tag im Leben von Alma

Sie bewegt sich durch das Gelbgrün der Savanne, ihr Körper dicht behaart, hoch über ihr steht steinern die Sonne. Ich weiß nicht, hat sie ein Ziel, ist sie auf der Suche nach Wasser oder Nahrung, flieht sie vor einem Raubtier oder hat sie einfach im Leben nichts weiter zu tun, als von einem Punkt zum nächsten zu wandern? Auch weiß ich nicht, ob sie irgendwo wohnt, zusammen mit den anderen Vertretern ihrer Spezies, die ich irgendwo im Gesträuch erahne, oder ob sie und ihre Artgenossen ohne Obdach durch die Savanne schweifen. Sich fortpflanzen. Sterben, ohne den Tod zu begreifen.

Ich höre das Rascheln der Gräser, die sich unter dem Gewicht ihrer Gliedmaßen biegen, und das Zittern der Blätter, wenn die ehemalige Baumbewohnerin sich mit ihren langen Armen akrobatisch an den Ästen hangelt. Bisweilen hält sie inne, scharrt im Boden, reißt Wurzeln, Knollen oder einen Pilz heraus, verschlingt ihren Fund sogleich, dass die Fasern knirschen, und schnauft befriedigt. All das höre ich in der ursprünglichen Stille, die, wie es heißt, zu Anbeginn der Menschheit herrschte, doch das ist romantische Erfindung der Erzählerin, selektives Lauschen der Dichtung.

Die Savanne ist laut, sie wimmelt nur so von Tieren, die zehn-, hundert-, tausendmal größer sind als meine Protagonistin, die ich mir von kindhaftem Wuchs vorstelle. Die Savanne ist erfüllt vom ohrenbetäubenden Lärmen aus unterschiedlichsten Geräuschen, stürmendes Hufeklappern, Flügelschlagen, die Turbulenzen unsichtbarer Leiber unter Wasser, schrille Schreie von variabler Höhe und Lautstärke, und jedes hat seine Bedeutung. Grunzen, Keuchen, Paarungslaute. Biologische Proliferation, das unendliche Überschießen des Lebens.

Dann und wann kommen Brände, die Angst und Schrecken verbreiten, dröhnende Schwaden roter Todesvögel, in den Augen beißender Rauch, der die Nasenlöcher verbrennt. Oder ein Aufreißen der Berge. Wassersäulen, die aus dem Bauch des Himmels auf die Savanne herabschießen. Und dort oben ein Krater aus Hitze und Licht, der regelmäßig verschwindet, um Dunkel und Kälte zurückzulassen. Doch die Natur schläft nicht, und kein lebendes Wesen fürchtet, die Sonne könne irgendwann einmal nicht mehr zurückkehren.

Jetzt steht sie am Himmel, verschärft die Gerüche, vielleicht hat meine Protagonistin irgendwo in der Nähe den Gestank eines nur halb verzehrten toten Tieres gerochen. Das höhnische Lachen der Hyäne gehört, über den Bäumen die langsam schwebenden Spiralen der Geier bemerkt. Ich versuche, ihrem Maul zu folgen, wie es mit ihren Bewegungen im Gras, Gebüsch oder Laubdach auftaucht und verschwindet. Ihre Reaktionen auf sensorische Signale, die plötzlichen Fältchen auf ihren Wangen bei jedem unergründlichen Knistern ihrer Neuronen. Eines Tages werden Paläontologen die Bruchstücke ihres Kiefers untersuchen, falls sie denn mit viel Glück gefunden wurden, und man wird versuchen, aus ihrer Größe und Form sowie der Anordnung der Zähne darauf zu schließen, ob meine Protagonistin von ihrer Anatomie her in der Lage war, rohes Antilopenfleisch zu kauen. Doch die Fragmente ihres Schädels, der vor oder nach ihrem Tod in Stücke ging – sei es nach einem Sturz oder Angriff oder weil ein Dickhäuter zehntausend Jahre später daraustrat, ohne auch nur ein Knacken zu vernehmen –, werden keine Hinweise auf die Aktivität ihrer drei Schöpflöffel voll grauer Substanz geben.

Die graue Substanz ist verschwunden, sie ist verderblich, deshalb muss man sie ganz frisch aus dem Schlachthof essen, jene graue Substanz des Kälbchens, das für immer Vierbeiner geblieben ist, in Butter ausgebacken mit etwas Zitrone und Petersilie. Knochen verdirbt längst nicht so rasch, wenn auch schneller als Diamant. Die von ihrem Nervensystem erzeugten Blitze dagegen sind weder verderblich noch unverderblich, und in den Archiven hinterlassen sie keine materiellen Spuren. Niemand wird je erfahren, ob meine Hauptfigur sich eine Strategie überlegt hat, um den Aasfressern ein bisschen Fleisch zu stibitzen – bevor sie es dann doch bleiben lässt, weil sie an ihrem Leben hängt.

Ich habe nicht vor, meine Protagonistin Lucy zu nennen, wie die berühmteste Äthiopierin der prähistorischen Wissenschaften. In meinem denkenden Kopf habe ich sie von Anfang an Alma genannt, denn im Italienischen jener Zeiten, da man noch in Postkutschen reiste, bedeutete *alma* »Seele«, und die muss sie ja gehabt haben, wenn ihre Geschichte der Beginn meiner eigenen ist. Das wiederum ist alles andere als sicher, zudem ist es durchaus möglich, dass ihre Nachkommenschaft in einer Sackgasse der Evolution erloschen ist – und Sackgassen wird es noch einige geben, denn die Evolution hat alle Zeit der Welt. Sie hatte, hat und wird sie haben: Zeit in unbegrenzter Menge für all ihre unabsichtlichen Experimente in Vergangenheit, Gegenwart und Zukunft.

Das Gehirn wird das militärische Schlachtfeld der Zukunft sein, heißt es in einer Zeitung, die ich als späte Homo sapiens und damit Angehörige einer gefährdeten Art zu lesen imstande bin. Die Mächte dieses Planeten werden sich vor allem im Bereich der neurowissenschaftlichen Technologien voneinander abheben, von denen manche bereits mit Erfolg darauf getestet wurden, ob sie die kognitiven Fähigkeiten dessen, was gemeinhin als die menschliche Spezies bezeichnet wird, erweitern oder mindern können, das heißt, ob sie Erinnerungen auslöschen oder falsche erschaffen, unsere Emotionen kontrollieren und damit unsere Entscheidungen beeinflussen können.

Ich versuche, Almas Schnauze zu beobachten, zu erahnen, was hinter den kleinen Fenstern ihrer Augen vor sich geht, die unter buschigen Wülsten verschwinden, vom glasig gallertigen Schleier verhangen, undurchdringlich. Unentwegt zieht sie Grimassen wie die Neugeborenen, deren Sapiens-Eltern darin ein erstes Lächeln zu erkennen meinen. Das unendlich langsame Abrutschen der überbordenden Zeit, der Zeit, die keinem Ziel zuzustreben scheint. Ich bin die Einzige, die denkt, dass der Nachmittag vorrückt, wenn er die Schatten der lebenden und nicht lebenden Dinge länger werden lässt – aber ich zähle nicht, ich stehe außerhalb des Bildes, in zwei, drei Millionen Jahren Entfernung.

Hunger, Durst, Angst, Müdigkeit, der Drang, sich zu entleeren – Letzteres tut sie so schnell, wie sie die am Wegesrand gefundenen Knollen, Beeren oder Insekten verschlingt. Durst. Eine Trockenheit in Kehle und Mund, ein Hingezogensein zum Spiegeln des kleinen Teiches. Almas Gedächtnis. Es enthält kein Gestern, diesen Tag, der vor dem Heute war, und auch nicht das Zerrinnen der vielen Tausend Tage davor, die ihre Lebensspanne ausmachen. Dafür enthält es den exakten Ort jener Wasserstelle, an der Tiere wie Hominiden in der Abenddämmerung gemeinsam ihren Durst löschen – und vielleicht sogar den Grad des Lichteinfalls, der vom baldigen Einbruch der Nacht kündet?

Alma ist durstig, sie ändert ihren Kurs, und mit dem primatenhaften Gang ihrer kurzen Beine geht sie auf den Teich zu und hockt sich ans Ufer. Sie ist so durstig, dass sie ihren Kopf mit einem Ruck ins Wasser taucht und gierig schlürft und schlürft und schlürft, dass es aus dem Wasser nur so blubbert und weit aufspritzt. Dann lässt ihr Durst nach, und ihre Schlucke werden weniger hastig, je stärker sich der Lehm ihres Körpers mit Wasser tränkt. Als ihr Durst ganz gelöscht ist, hebt sie den Kopf aus dem Teich und fixiert ein, zwei Sekunden lang das Tier, welches sie von der Oberfläche des Wassers her in aller Ruhe betrachtet. Sie erkennt es wieder, es ist immer da, wenn sie trinken geht, es ist ganz still und überhaupt nicht bedrohlich – nichts im glasigen Gallert seiner Augen lässt darauf schließen, dass es sie gern zur Beute machen würde. Unter der Schädelrinde ein elektrisches Zittern. Sie dreht ihm den Rücken zu, und ohne dass sie es bemerkt, tut das Tier es ihr nach.

Das Licht verflüchtigt sich über der Savanne, Almas Gestalt gleitet nun durch die Schatten, genau wie die ihrer Schwestern, Brüder und Cousins aus ihrer Spezies. Bald werde ich sie aus den Augen verlieren, dann, wenn die Dunkelheit dieser wilden Zeiten ohne Lagerfeuer sie verschlucken wird. Es ist die Stunde, da die Menschen der Sehnsucht nachgeben, wie Dantes Matrosen auf hoher See, denen es weh ums Herz wird, weil Familie, Freunde und das Land ihrer Geburt in weiter Ferne sind. Ich denke an Almas Herz, das dem meinen organisch ähnlich sieht. Ist auch ihr Herz so gemacht, dass es wild galoppiert, wenn etwas sie erschreckt, wie die nahen Raubtiere in der Nacht? Meine eigene Angst kennt zahlreichere und vielfältigere Anlässe als ihre.

Die Sehnsucht. Jenes Verlangen nach dem, was man gekannt hat, das nicht mehr da ist und das man wiederzufinden hofft. Eine Schicht Blätter als Lager in dieser finsteren Nacht, ein Schutzdach aus Ästen und Zweigen, eine zitternde Flamme, einem Vulkan gestohlen, um die Ungeheuer fernzuhalten. Doch das kommt erst ein paar Hunderttausend Jahre später, sobald das Nervensystem dazu in der Lage ist, den Plan zu fassen, noch nicht existierende Werkzeuge zu erschaffen, einen Auerochsen auf eine Höhlenwand zu zeichnen, das Vergehen der Zeit zu empfinden.

Schlaflos in der tiefen Nacht ohne Feuer, sehe ich Alma nicht mehr, aber ich glaube nicht, dass sie wirklich schläft. Mag sein, dass sie sich auf dem bloßen Boden zusammengerollt hat, neben einigen ihrer Artgenossen, und auf das Rascheln der Gräser, das gelegentliche Brüllen in der Ferne horcht. Vielleicht hat sie sich zum Ausruhen auf einen Stein gesetzt, ihre gallertigen Augen auf das dunkle Tuch gerichtet, das sich über die Erde gelegt hat. Nun, wenn ich beschlossen habe, sie Alma zu nennen, dann, weil mein großes Gehirn imstande ist, sich alles Mögliche vorzustellen. Künstliche Analoga zu erfinden, um das Gehirn meiner Mitmenschen aus dem Tritt zu bringen. Imstande, sich zu fragen, wie es hat geschehen können, dass die Hominiden irgendwann eine Seele bekamen.

Es ist eine mondlose Nacht. Ich habe diesen Himmel schon einmal gesehen, nicht auf Sansibar während meiner einzigen Reise ins subsaharische Afrika, sondern auf der letzten Seite einer alten Ausgabe der Geschichte von Babar aus dem Jahr 1939, die ich meinem jüngsten Enkel mindestens zehnmal vorgelesen habe. Nachdem ein böser Jäger Babars Mama getötet hat, geht der kleine Elefant in die Stadt, wo er allerlei Abenteuer erlebt. Als er nach Hause zurückkehrt, heiratet er seine Cousine Céleste, und die beiden werden König und Königin der Elefanten. In der Hochzeitsnacht, als alle Gäste wieder fort sind, träumen die frisch Verliebten von ihrem Glück und schauen in einen sternenbestickten Himmel wie von altem Silber, der sich endlos über die Savanne spannt.

Aus dem Französischen von Katja Meintel

Silvia Ricci Lempen
Der Komplexität menschlicher Wirklichkeit ins Auge sehen
Von Claudine Gaetzi

Geschichten erzählen und Ideen erproben

Silvia Ricci Lempen, von Haus aus Philosophin, war Chefredaktorin der Monatszeitschrift *Femmes Suisses* sowie Kulturjournalistin und Kolumnistin für das *Journal de Genève* beziehungweise die *Gazette de Lausanne* und *Le Temps.* Als feministische Aktivistin und Gendertheoretikerin hat sie zahlreiche wissenschaftliche Texte veröffentlicht und an der Universität Lausanne gelehrt. In Rom geboren und in einer italienischen Familie aufgewachsen, kam sie im Alter von drei Jahren auf die französische Schule von Rom, weswegen sie von sich selbst sagt, sie wisse gar nicht so genau, welches ihre Muttersprache sei. Seit ihrem 24. Lebensjahr wohnt Silvia Ricci Lempen in der Westschweiz. Sie hat, wie sie selbst sagt, ein »dringendes, existenzielles Bedürfnis zu schreiben«*. Fünf Romane hat sie auf Französisch und einen auf Italienisch veröffentlicht, ihr letzter Roman erschien parallel auf Französisch und Italienisch.

Von April 2016 bis Januar 2022 führte sie auf der Website der Zeitung *Le Temps* den Blog *Imaginaires,* auf dem sie eine große Bandbreite soziologischer und politischer Themen behandelte, bisweilen Anekdoten aus ihrem Leben erzählte, aber auch – und das soll uns hier interessieren – Fragen zum Engagement und zur Ästhetik stellte, die man in Bezug zu bestimmten Beweggründen ihres Romanschreibens sehen kann. Zum einen vertritt sie die Ansicht, dass Literatur politische Ideen verfechten kann, zum anderen betont sie, dass ein neues Bewusstsein und Veränderungen, die von Büchern angestoßen werden, vor allem mittels eines besonderen Umgangs mit der Sprache zustande kommen, durch den es gelingt, »in unserem Bewusstsein etwas, nein alles in Bewegung zu bringen«**. Darüber hinaus unter-

---

* www.silviariccilempen.ch/qui-je-suis (aufgerufen am 12.12.2021).
** »C'est quoi au juste une écrivaine engagée«, April 2016. Diese und die folgenden Fuß-

streicht sie die Bedeutung der Emotionen, die in einen Dialog mit der Vernunft treten müssen und das sind, »was uns mit der Welt verbindet, was uns Freud und Leid beschert, uns begehren und lieben lässt, aber auch das, was uns zum Lernen und Denken antreibt«*: Erst die Emotionen geben unserer Existenz einen Sinn.

Unsere Vorstellungswelt verändern?

Seit Jahrhunderten wird die Welt überwiegend aus einem männlichen Denken, einer männlichen Perspektive dargestellt, die allenthalben für universell gehalten werden. Wie Silvia Ricci Lempen sagt, müssen wir lernen, anders zu sehen, wenn sich unser symbolisches Universum verändern soll. Sie hat die Hoffnung, dass »die unterdrückte Vorstellungswelt der Frauen [eines Tages] ebenso viel Autorität erlangen wird wie die der Männer«** und dass uns dies dazu führen wird, neue Wege einzuschlagen. Doch die Dekonstruktion von Stereotypen und die Darstellung befreiter Frauen ist offenkundig nicht die Hauptstoßrichtung ihrer Romane, denn getragen wird ihr literarisches Projekt in erster Linie von den vielfältigen Aspekten des Abenteuers Menschsein, von den Beziehungen in Familie und Gesellschaft oder zwischen Liebenden, vom Sinn, den wir unserem Tun geben, sei es bei der Arbeit, beim kreativen Schaffen oder anderswo. Silvia Ricci Lempens Romane verleugnen die feministische Ideologie nicht, vielmehr fließt diese in ihr fiktionales Werk unaufdringlich ein, wohingegen sie sich in ihren theoretischen Texten voll entfaltet. Diese Bandbreite unterschiedlicher Zugänge stellt einen unverkennbaren Reichtum dar. In ihrem Blog definiert die Autorin den Feminismus als »ein gewaltiges Reservoir vielschichtiger Reflexionen, aus dem man schöpfen muss, wenn man die Zukunft neu erfinden will«***. Dies zeigt in aller Deutlichkeit, dass sie den Feminismus als ein offenes Konzept versteht, das immer wieder neu auf den Prüfstand gestellt werden muss, damit es zum Motor des gesellschaftlichen Wandels werden kann.

Die Trennung von literarischem Schreiben und anderen Textgat-

noten verweisen auf Silvia Ricci Lempens Blogbeiträge; der entsprechende Link findet sich am Ende der Bibliografie.
* »Les émotions et les tripes, ne pas confondre«, November 2016.
** »Merci, Laure Adler, l'imaginaire, il n'y a que ça!«, Januar 2019.
*** »Le féminisme, boîte à outils pour penser l'avenir«, Dezember 2020.

tungen wird auch beim Thema inklusive Schreibweise sichtbar. Silvia Ricci Lempen hält diese in Verwaltungstexten für sinnvoll, in einem fiktiven Werk oder einem Gedicht hingegen würde die Doppelung weiblicher und männlicher Pronomen und Endungen, wie sie meint, die Aufmerksamkeit unnötig stark auf die äußere Form lenken, und dies auf Kosten der eigentlichen Botschaft. Sie bedauert, dass die Sprache »an sich schon sexistisch« sei, hat aber das Gefühl, man könne sie nicht »durch einen Willensakt und schiere Hartnäckigkeit« ändern. Sie selbst greift in die »erzählerische und stilistische Trickkiste«, wenn sie beispielsweise den Eindruck erwecken will, dass eine Gruppe aus Männern und Frauen besteht, ohne dies explizit auszudrücken. Sie hofft jedoch, dass gewisse Entwicklungen eine Bestätigung erfahren werden: »Würde ein so einfacher und eleganter Neologismus wie *ielles* [sier] in den Wörterbüchern anerkannt, so würde es möglich, einen Keil in jenes Denkmal des Patriarchats zu treiben, welches die französische Sprache ist.«*

Einzelschicksale und kollektive Geschichte

Silvia Ricci Lempen wusste bereits mit acht Jahren, dass sie schreiben wollte. Ihre Karriere als Schriftstellerin begann sie mit der autobiografischen Erzählung *Un homme tragique* (1991). Klarsichtig erzählt sie darin von ihrem Leiden angesichts eines Vaters, der sie »rücksichtslos« umformen wollte, »um jenes phantasmagorische Gebäude zu errichten, dessen Pläne er allein entworfen hatte«. Angesichts dieser im Namen der Liebe ausgeübten Tyrannei analysiert sie das Netz, in dem sich die ganze Familie verstrickt fand. Um eine bestimmte Lebensweise verständlich zu machen, beschreibt sie ihren sozioökonomischen Kontext und zeigt dabei auf subtile Weise, wie kollektive Geschichte und individuelles Schicksal ineinandergreifen. Die komplexe, nicht chronologische Zeitstruktur lässt uns nachempfinden, wie stark die Vergangenheit noch immer auf die Gegenwart einwirkt. Es brauchte viele Jahre – und den Tod des Vaters –, bis es der Tochter gelang, ihr Trauma zu beschreiben und jenes heimtückische Zerstörungswerk beim Namen zu nennen. Ob dies jedoch ein echter Befreiungsschlag

---

* »Plaidoyer pour ielles, beau pronom inclusif«, Februar 2021.

war, bleibt ungewiss. Bereits in jungen Jahren scheint Silvia Ricci Lempen bewusst gewesen zu sein, dass das väterliche Ideal unerreichbar war, dass es allerdings zu riskant gewesen wäre, *nicht* so zu tun, als entspräche sie ihm. Doch Selbstverleugnung hinterlässt Spuren: Nüchtern berichtet die Erzählerin, wie sie über lange Zeit mit der Hilfe eines Psychiaters die »Überlebenstechniken« verlernen musste, die sie sich »im Angesicht großer Gefahr angeeignet« hatte.

Le Sentier des éléphants (1996) folgt dem Lebensweg der brillanten Intellektuellen Alissa, die nach dem Tod eines Klassenkameraden ihrer Tochter von grenzenlosem Schmerz überwältigt wird. Ihr wird klar, dass sie in ihrem Leben ihre Gefühle bislang verdrängt hat. Sie beginnt eine Psychotherapie, in deren Verlauf sie lernt, »wieder ein psychisches Gegengewicht zum Leiden zu finden«. Währenddessen experimentiert sie, allein oder zusammen mit anderen, mit den verschiedensten Empfindungen und Gefühlen, was sie mit Humor und einem Hauch Spott beschreibt. Sie lernt dabei nicht etwa, dem Leiden auszuweichen, sondern vielmehr, sich ihm zu stellen, ohne sich von ihm vernichten zu lassen. Sie ist jetzt nicht mehr von sich selbst abgeschnitten, sie empfindet Freude und Lust, kann Bindungen eingehen und zugleich ihre Unabhängigkeit bewahren. Über ihre familiären und außerfamiliären Beziehungen entspinnt sich ein Nachdenken über die Liebe und die unterschiedlichen Formen, die sie anzunehmen vermag.

Ihr dritter Roman, *Avant,* handelt von David, der in einer Einrichtung für Sterbende arbeitet, und seiner Freundin Mathilde, die unter starken Schmerzen leidet, für die keine physiologische Ursache gefunden werden kann. Hier nun spürt die Autorin dem Thema Grenzen nach: Kann man sich eine Trennlinie vorstellen zwischen Gesundheit und Krankheit, zwischen Vernunft und Wahnsinn, Leben und Tod, dem (insbesondere künstlerischen) Schaffen und der Zerstörung, Wirklichkeit und Fiktion? Der Roman spielt auch mit den Perspektiven, dies geschieht zum einen in Passagen, die entweder auf Mathilde oder auf David fokussieren, sowie in einigen mit »Die anderen« überschriebenen Kapiteln, in denen verschiedene Figuren auftreten. Diese Konstruktion macht die Grenzen der Kommunikation wahrnehmbar: Was können wir über einen Menschen und das, was er fühlt, jemals wissen? Und wie interpretieren wir seine Worte, sein Schweigen, seine Taten?

Silvia Ricci Lempens erste zwei Werke konzentrieren sich unter anderem auf die psychologische Entwicklung der Protagonistin. Das dritte erweitert die Perspektive und befasst sich mit den Lebenswegen gleich mehrerer Figuren, wobei grundlegende philosophische Fragen in die Erzählung einfließen. Ihr nächster Roman, *Une croisière sur le lac Nasser* (2012), erforscht das Innenleben und mitunter auch die ganz banalen Sorgen der Passagiere in einem Moment, da sie von der realen Welt abgeschnitten sind. Während der fünf Tage dauernden Reise entfaltet sich die Erzählung über die inneren Monologe von vier der sechs Hauptfiguren. Paare trennen sich, erotische Spannungen finden keine Auflösung, liebevolle Bande werden geknüpft. Die soziologische und psychologische Analyse dieser zufällig zusammengewürfelten Menschen schwankt zwischen Ironie und Zärtlichkeit und zeugt von scharfer Beobachtungsgabe.

Mit der Verschränkung mehrerer intradiegetischer Erzählerstimmen und der Verschachtelung der Erzählungen ist *Ne neige-t-il pas aussi blanc chaque hiver?* (2013) nach einem Muster aufgebaut, das sich am Diskos von Phaistos inspiriert – jenem Objekt, das im Roman zum Faszinationspunkt zweier Figuren wird. Auf den beiden Seiten der antiken Scheibe befinden sich 242 rätselhafte Zeichen in spiralförmiger Anordnung und ohne jeden Hinweis darauf, wo der Text beginnt oder endet. Nach diesem Roman, in dem die Autorin einen *effet de réel* (Wirklichkeitseffekt) erzeugt, den sie jedoch sogleich als Kunstgriff markiert, macht sie sich, parallel auf Französisch und Italienisch schreibend, an *Les Rêves d'Anna / I sogni di Anna* (2019). In diesem ambitionierten Roman geht es, über ein Jahrhundert in der Zeit zurückschreitend, um fünf Frauen auf der Suche nach Befreiung, deren individuelle Schicksale über die kollektive Geschichte einen Kontext erhalten. Im Mittelpunkt steht hier der Eintritt junger Frauen ins Erwachsenenleben. Die Protagonistinnen beenden mutig ungesunde Beziehungen, treffen interessante berufliche Entscheidungen, lieben Männer oder Frauen, leiden fürchterlich, wenn ihre Liebe durch die Engstirnigkeit und Grausamkeit ihrer Umwelt verhindert wird, beweisen bei Missbrauch ihre Resilienz, bieten ihre Freundschaft an, opfern sich für ihre Mitmenschen auf, ohne dabei ihre Identität zu verlieren. Eine von ihnen, Anna, hat außergewöhnliche Träume, es ist eine Gabe, ebenso wie das Erfinden literarischer Fiktionen eine Gabe ist. Dass Letzteres aber auch Arbeit und Engagement bedeutet, davon zeugen Silvia Ricci Lempens Romane sowohl mit ihrer Themenwahl als auch ihren stilistischen Qualitäten.

Aus dem Französischen von Katja Meintel

»Das Denken ist, was im Innern des Lebens pulsiert«
Interview mit Silvia Ricci Lempen
Von Claudine Gaetzi

Was hat Sie dazu gebracht, Philosophie zu studieren?

Ich habe eine echte Leidenschaft für Ideen. Das Aufregendste an der menschlichen Existenz ist für mich das Denken. Ich hatte schon immer den Ehrgeiz, Dinge zu verstehen, zu argumentieren. Dieses Erbe meines Studiums habe ich auch in mein literarisches Schreiben hineingetragen. Das bedeutet, ich möchte das, was ich erlebt und gefühlt habe, mit der darunterliegenden Schicht von Gedanken zusammenbringen. Mein literarisches Projekt besteht darin, wahrnehmbar zu machen, wie diese beiden zu Unrecht getrennten Dimensionen miteinander verbunden sind. Das Denken ist, was im Innern des Lebens pulsiert, und das versuche ich wiederzugeben.

Welche Bedeutung, welche Rolle haben Emotionen für Sie?

Meine Emotionen sind sehr intensiv, in meinen Romanen möchte ich diese Erfahrung vermitteln. Emotionen speisen sich aus dem Denken, und umgekehrt nähren sie dieses und verleihen ihm Sinn; Emotionen und Denken sind nicht voneinander getrennt. Die Vorstellung vom Menschen als einem rationalen Wesen, das seine niederen Instinkte ertragen oder gar unterdrücken muss, wurde durch Denker wie Nietzsche, Marx und Freud zunichte gemacht.

Mein ganzes Werk ist vom Thema Zeit geprägt. Die Zeitlichkeit ist die Dimension par excellence, in der Emotionen stark wahrgenommen werden, denn der Gedanke an die menschliche Endlichkeit ist sehr schmerzhaft, ja verstörend – der größte Schmerz unserer Existenz besteht darin, dass sie einmal enden muss. Das Denken an die Endlichkeit gibt dem Erleben der Endlichkeit einen Sinn, und dadurch lässt sich ein Denken entwickeln, das nicht steril ist, sondern das Wesentliche spüren lässt.

Haben Sie die Hoffnung, dass die Art, wie wir die Welt betrachten, durch über Literatur vermittelte Emotionen verändert werden kann?

Ja, jede Veränderung geschieht über Emotionen. Erst die durch Emotionen hervorgerufene innere Erschütterung macht es möglich (oder zumindest einfacher), dass wir unseren Blick auf die Welt neu ausrichten. Emotionen sensibilisieren uns für Ungerechtigkeiten und Ungleichheiten. Die Empathie, also das Teilnehmen an den Emotionen anderer, verändert unsere Sicht auf die Welt. In Paolo Sorrentinos Film *Youth* erklärt eine Figur: »Emotionen sind alles, was wir haben.«

Sie sind zweisprachig. In ihrem Elternhaus wurde Italienisch gesprochen, das Französische haben Sie als kleines Kind in der Schule gelernt. Wie Sie sagen, ist das Französische die Sprache des Wissens, des Intellekts und der Sozialisierung, das Italienische hingegen die Sprache der Affekte – und des Leidens. In diesen zwei Sprachen finden wir die beiden Dimensionen wieder, die wir zu Beginn des Interviews angesprochen haben: das Denken und die Emotionen ...

Ich bin in einer italienischen Familie aufgewachsen, zu Hause haben wir Italienisch gesprochen, ein Italienisch mit römischem Akzent. Bezeichnenderweise ist das Italienische eher die Sprache meiner Beziehung zu meinem Vater und weniger die zu meiner Mutter, sodass ich das Italienische tatsächlich als meine Vatersprache empfinde. Auf der französischen Schule in Rom habe ich gelernt, mich in dieser neuen Sprache auszudrücken und zu denken. Und so habe ich ganz selbstverständlich begonnen, auf Französisch zu schreiben. Zum Italienischen als Schriftsprache bin ich erst spät zurückgekehrt. Da war ich schon über fünfzig und versuchte gerade, *Cara Clarissa* zu schreiben, deren nicht autobiografische Geschichte in den 1960er Jahren spielt, vor dem Hintergrund meiner Jugendzeit in Rom. Ich hatte mit einiger Mühe auf Französisch angefangen, aber so wollte es nicht klappen, es war einfach nicht gut. Und da dachte ich mir, ich müsse mir jene Sprache wieder aneignen, die ich bis dahin etwas beiseite geschoben hatte, weil es eine Sprache war, die wehtat, die Sprache einer unglücklichen Kindheit. Mit meiner Mutter, meinem Bruder und meiner Familie in Rom hatte ich sie natürlich weiterhin benutzt, aber nie habe ich literarische Absichten mit ihr verbunden. Es war ein wichtiger Moment, als ich mir eingestand, dass ich außerstande war, die Atmosphäre im Rom der 1960er Jahre auf Französisch wiederzugeben. Also fing ich von vorne an, diesmal auf Italienisch. Die Dimension von Gefühltem und Gedachtem, von der ich vorhin sprach, bei meinem Schreiben auf Italienisch vorzufinden, war aufregend und sehr bewegend, intellektuell wie emotional.

Bei meinem letzten Roman *Les Rêves d'Anna / I sogni di Anna* schrieb ich parallel zwei nicht identische Originalversionen und gönnte mir so das Vergnügen, voll aus meinen beiden Sprachen, meinen beiden Kulturen zu schöpfen.

Könnten Sie etwas über Ihr feministisches Engagement sagen, darüber, wie es in Ihr Leben trat und was es verändert hat?

Mein feministisches Bewusstsein habe ich im Alter von 24, 25 Jahren entwickelt. Das kam gleichzeitig mit meiner Mutterschaft. Damals wurde mir klar, dass mein Leben nun eine ganz andere Richtung einschlagen würde als das meines Mannes, denn seine Berufstätigkeit würde durch die Elternschaft überhaupt nicht beeinträchtigt werden. Bis dahin hatte ich nie darüber nachgedacht, dass sich mein Leben mit der Geburt des Kindes, das wir uns so sehr gewünscht hatten, radikal verändern und unser beider Lebenssituationen auseinanderdriften würden. Später wurde mir bewusst, dass mich die Erfahrungen, die ich in meiner Kindheit unter dem beherrschenden Einfluss eines patriarchalischen Vaters gemacht hatte, eigentlich auf diese Erkenntnis hätten vorbereiten müssen. Verschiebungen im Weltbild gehorchen aber nicht immer der Logik, sondern folgen meist den Emotionen. Doch die Emotionen, die mich schon viel früher zum Feminismus hätten bringen können, habe ich zurückgehalten, versteckt und unterdrückt. Sie sind in dem Moment aufgebrochen, als mir klar wurde, wie stark mein Leben als junge Erwachsene davon bestimmt wurde, dass ich Frau war und jetzt Mutter wurde.

Das feministische Engagement ist in meinem Leben aus vielen Gründen sehr wichtig, unter anderem aus Gründen der politischen Positionierung. Das größte Geschenk des Feminismus ist jedoch, dass er mich meinen Mitmenschen nähergebracht hat, also jenen

Frauen, die wie ich diese Veränderung des Bewusstseins erlebt und wie ich gelernt hatten, die Welt zu analysieren. Trotz unserer Unterschiede verstanden wir uns ohne große Worte, denn der Feminismus ist eine facettenreiche und sich weiterentwickelnde Denkform. Beziehungen sind gesellschaftlich konstruiert, die Festschreibung von Frauen auf bestimmte Rollenbilder ist keineswegs in der Natur verankert. Soziale Gleichheit zwischen den Geschlechtern ins Auge zu fassen, stellt einen gewaltigen Schritt dar, aber das Ziel ist noch lange nicht erreicht, auch wenn sich tatsächlich schon vieles geändert hat.

Schwesterlichkeit … Ich hatte ein außerordentliches Privileg, ich hatte stets Menschen an meiner Seite und habe sie auch jetzt noch, mit Anfang siebzig. Diese Bande innigen Verständnisses habe ich immer gehabt, wir konnten gemeinsam lachen und uns über dieselben Dinge mokieren, ohne etwas erklären zu müssen.

Sie sprechen vom Feminismus weniger als einem Kampf denn als einem Akt des Teilens und des stillschweigenden Verstehens…

Dabei ist die Dimension des Kämpfens bei mir durchaus präsent. Ich war lange Zeit Chefredaktorin der Zeitschrift *Femmes Suisses,* für die ich äußerst militante Leitartikel schrieb, ich habe als Journalistin sehr viele Artikel verfasst und auch zahlreiche Texte zu Sammelbänden beigesteuert. Natürlich habe ich an Demonstrationen teilgenommen, aber vor allem habe ich mit Worten und Ideen gekämpft. Die Kämpfe sind noch lange nicht gewonnen, doch mein persönlicher Gewinn besteht darin, dass ich sie gemeinsam mit anderen Frauen geführt habe. Ich werde auch weiterhin mit Worten kämpfen, allerdings mit einem Gefühl der Ernüchterung, was die Fähigkeit der Gesellschaft betrifft, ihre Strukturen zu ändern, um Männer und Frauen gleichzustellen, Stichwort Vaterschaftsurlaub beim Thema Kindererziehung.

Hatten Sie auch vor, mir eine Frage über das Verhältnis von Feminismus und Schreiben zu stellen? Nein? Darüber möchte ich gerne sprechen, denn ich bin es ein wenig leid, andauernd als feministische Schriftstellerin abgestempelt zu werden. Dazu ist eines zu sagen: Ich bin Schriftstellerin, *und* ich bin Feministin. Der Feminismus definiert mich als Schriftstellerin nicht. Als wäre die Tatsache, dass ich in *Les Rêves d'Anna* Geschichten über Frauen geschrieben habe, schon ein Akt des Engagements. Dem ist nicht so. Ich schreibe mit dem, was ich bin, mit allem, was ich bin, und innerhalb dessen, was ich bin. Feministin zu sein, ist wichtig, aber es ist nicht Teil meiner Identität – ich mag dieses Wort nicht –, sondern Teil meiner Art, auf der Welt zu sein, ebenso wie mein Herz links schlägt, ich in Rom und nicht in Oslo geboren wurde, Französisch und nicht Chinesisch spreche, 1,55 Meter und nicht 1,80 Meter groß bin – all diese Dinge bestimmen meine Position in der Welt, und ich könnte jetzt noch lange fortfahren ... So wurde ich zum Beispiel in einer bürgerlichen Familie geboren, die Lebenswirklichkeit einer Arbeiterfamilie kenne ich nicht und habe mich deswegen auch immer davor gehütet, mich zu diesem Thema zu äußern.

In der Literatur und in der Kunst werden Frauen seit Jahrhunderten vor allem von Männern dargestellt. Auch wenn Sie sagen, dass es kein Akt des Engagements war, sind Ihre Protagonistinnen in *Les Rêves d'Anna* doch weiblich.

In den meisten Bildungsromanen sind die Protagonisten junge Männer. Wie eine junge Frau ins Leben tritt, wird nur selten aus ihrer eigenen Sicht dargestellt. Das zu tun, finde ich wichtig. Inzwischen gibt es bereits ein paar Beispiele, wie Elena Ferrante oder Bernardine Evaristo, aber da ist durchaus noch Luft nach oben. Trotzdem habe ich den Eindruck (oder stelle mir zumindest die Frage), dass, wenn Frauen in der Literatur über sich selbst oder andere Frauen sprechen, sie andere Dinge sagen, eine andere Ästhetik verwenden, eine Ästhetik, die sich von der männlichen Sicht, von diesem Universellen unterscheidet, das als etwas Männliches konstruiert wurde. Dieses Thema wäre einmal eine Untersuchung wert.

Warum trägt Ihr jüngster Roman den Titel *Les Rêves d'Anna* (Annas Träume)?

Anfangs hieß er noch *Annas Traum*. Ich wollte die Geschichte mehrerer junger Frauen aus verschiedenen Generationen erzählen, und ich wollte einen roten Faden, ein Bild, das in jeder Geschichte wiederkehrt, während man in der Zeit zurückgeht. Erst dachte ich an eine Aufschrift in weißer Kreide auf einem schwarz gestrichenen Gartentor, die ich einmal bei einem Aufenthalt in Wales gesehen hatte: »I don't want to die tonight.« Diese Idee habe ich dann aber wieder verworfen, weil sie dem Buch einen viel zu düsteren Ton gab, sie passte nicht zu dem Wechsel von Traurigkeit, Schmerz und auch Freude. Zu der Zeit besuchte ich eine Retrospektive der Art-Brut-Künstlerin Aloïse, und dort fand ich das Bild, das ich gesucht hatte. Es kommt jetzt sogar in den Geschichten vor, deren Figuren es eigentlich gar nicht gesehen haben können, ganz im Sinne des jungschen kollektiven Unbewussten. Während ich an Annas Persönlichkeit arbeitete, wurde mir klar, dass diese junge Frau eine große Begabung zum Träumen hat und dass sie nicht nur diesen einen Traum hat. Mit dem Plural wollte ich das An- und Abschwellen der Zeit andeuten, das die Träume mit sich nimmt und in unterschiedlichen Vorstellungswelten ablagert.

In dem hier publizierten Text »Ein Tag im Leben von Alma« beschwören Sie die Anfänge der menschlichen Spezies herauf, und Sie sprechen von einem natürlichen, einem wilden Zustand als einem Zustand in ferner Vergangenheit, den man nur herbeifantasieren oder erträumen kann, zu dem man nur mittels kultureller Filter Zugang findet. Geht es hier um einen gewissermaßen verlorenen Zustand?

Ich bin mit Ihrer Interpretation nicht ganz einverstanden. Es geht nicht um einen verlorenen Zustand, sondern um einen Zustand, der unbekannt, undefinierbar ist. In meinem Text gibt es keine Nostalgie. Zunächst einmal denke ich, dass der Naturzustand nicht existiert und auch nie existiert hat. Die gesellschaftliche Überformung setzt sofort ein. Zurzeit begeistere ich mich für Fragen der Evolution. Das Thema fasziniert mich, ich habe viel gelesen, über die Funktionsweise des Gehirns oder über den Erwerb des *Ichbewusstseins*, den ich in Alma mit dem Blick in den Spiegel symbolisiere. Anthropologen und Paläontologen sagen, man könne nicht wissen, wie das genau vonstattengegangen ist. Man kann Veränderungen der Schädelform beobachten, welche die Entwicklung bestimmter Hirnregionen, wie zum Beispiel des Sprachzentrums, ermöglicht haben. Ein Teil der Geschichte bleibt jedoch im Dunkeln, ein Geheimnis, und das wollte ich in meinem Text zum Ausdruck bringen. Es gibt darin weder die Idealisierung eines natürlichen Zustandes noch ein Bedauern über sein Verschwinden, wohl aber die verblüffte Faszination darüber, wie die Evolution dieses außerordentlich leistungsstarke Gehirn, über das wir jetzt verfügen, hervorgebracht hat.

Mit dem Begriff des verlorenen Zustands meinte ich, dass es hier um einen unbekannten Zustand geht, einen, zu dem wir keinen Zugang mehr haben.

Ja, er ist das Äquivalent zu unserem Unwissen darüber, was jenseits unseres Universums liegt. Außerdem ist da noch die schwindelerregende Vorstellung von der Unendlichkeit, zeitlich wie räumlich. Ich bin immer wieder überrascht, wenn Astrophysiker über den Urknall sprechen, so als wäre das etwas, das wir begreifen könnten. Woher kommt die Materie? Warum gibt es das Sein und nicht nichts? Das ist die große philosophische Frage, die man über den Ursprung unserer Existenz stellen kann: Wie konnte es geschehen, dass es Menschliches gibt? Laut einer Hypothese der Neurowissenschaften unterscheidet sich der Begriff des Ichbewusstseins von dem der Intelligenz. Es gibt Tiere, die sehr intelligent sind. Aber wie mir scheint, bedeutet Ichbewusstsein, dass man es weiß, wenn man etwas verstanden hat, und dass man sich selbst gegenüber dies auch formulieren kann, wenngleich nicht unbedingt mit Worten. Aber solche Überlegungen möchte ich lieber in Form einer Erzählung statt in einem Essay Leben einhauchen. Genau das tue ich übrigens auch in dem Buch, an dem ich derzeit schreibe und über das ich nicht weiter sprechen möchte.

Gibt es eine Kunstgattung, die sie zu Ihrem Bedauern nicht ausüben, oder einen Beruf, den Sie gerne ergriffen hätten?

Ich fürchte, für die anderen Künste habe ich keine Begabung. In meiner Kindheit hat man versucht, mich an die Musik heranzuführen, später habe ich das Malen ausprobiert, aber auch das war nicht so meine Sache ... Theater habe ich dagegen als junges Mädchen mit großer Leidenschaft gespielt, beim Schauspielen war ich gut. Mich in verschiedene Figuren hineinzuversetzen, war wie eine Vorwegnahme meines Schreibens. Das Theater ist die einzige andere Kunstform, der ich mich nahe fühlen könnte, aber ich bedaure nichts. Ich habe ja auch nie fürs Theater geschrieben, dazu fühle ich mich außerstande, ich hänge am Konzept des allwissenden Erzählers. Was andere Berufe angeht … Schon die Schriftstellerei ist ja kein Beruf, von dem man leben könnte. Dass ich das Schreiben, den Journalismus gewählt habe, ergab sich ganz von selbst, es passte einfach zu mir. Wenn ich aber jetzt an meine Faszination für das Phänomen Zeit denke, gibt es schon auch wissenschaftliche Berufe, die mich interessieren würden, wie Astrophysikerin oder Paläontologin, Berufe, die uns zurück zu den Ursprüngen führen. Und manchmal denke ich, vielleicht hätte ich das schon ganz gerne gemacht. Nur braucht man für diese Berufe mathematische Fähigkeiten, und ob ich die hätte entwickeln können, da bin ich mir nicht so sicher.

Aus dem Französischen von Katja Meintel

Bibliografie

Romane
Un homme tragique. Lausanne: L'Aire, 1991 [Vevey: L'Aire bleue, 2010].
Una famiglia perfetta. Aus dem Französischen von Alessandra Quattrocchi. Roma: Iacobelli, 2010.
Le Sentier des éléphants. Vevey: L'Aire, 1996.
Avant. Vevey: L'Aire, 2000.
Une croisière sur le lac Nasser. Vevey: L'Aire, 2012.
Cara Clarissa. Roma: Iacobelli, 2012.
Ne neige-t-il pas aussi blanc chaque hiver? Lausanne: Éditions d'en bas, 2013.
Les Rêves d'Anna. Lausanne: Éditions d'en bas, 2019.
I sogni di Anna. Trieste: Vita Activa, »Trame«, 2019.

Ausgewählte Artikel
»Le roman que je voudrais avoir écrit«, in: *Paroles de romanciers. La Revue de Belles-Lettres*, 1/2012, S. 143–148.
»Pour ma mère«, in: *Tu es la sœur que je choisis.* Lausanne/Genève: Éditions d'en bas/ Le Courrier, 2019, S. 41–44.
»La Faim d'écrire«, im Gespräch mit Céline Cerny, in: *Alice Rivaz (Le chardon bleu). La Cinquième saison* 14 (2021), S. 35–43.

Essayistik
Tu vois le genre? Débats féministes contemporains. Gemeinsam verfasst mit Martine Chaponnière. Lausanne: Éditions d'en bas, 2012.

Im Internet
www.silviariccilempen.ch
https://blogs.letemps.ch/silvia-ricci-lempen

Tommaso Soldini

Tommaso Soldini wurde 1976 in Lugano geboren. Er studierte Literatur an der Universität Freiburg. 2004 erschien sein erster Lyrikband *Ribelle di nemico privo* (Lugano: Alla chiara fonte). Es folgten die Kurzgeschichten *L'animale guida* (Bellinzona: Casagrande, 2009) und die Gedichte *Lato east* (Bellinzona: Sottoscala, 2011). 2013 veröffentlichte er seinen ersten Roman *Uno per uno* (Bellinzona: Casagrande) und 2020 den zweiten Roman *L'inguaribile* (Milano: Marcos y Marcos). Außerdem schrieb er weitere Kurzgeschichten für Anthologien und Zeitschriften. Er war Mitbegründer und von 2009 bis 2013 Redaktor der Tessiner Zeitschrift *Ground Zero*, die sich in fünf themenzentrierten Ausgaben der zeitgenössischen Literatur- und Kunstszene widmete. Tommaso Soldini lebt in Bellinzona, wo er seit 2004 an der Kantonalen Handelsschule Italienisch unterrichtet.

Tommaso Soldini
Ganz zu schweigen von den Helikoptern

Den Sommer 2021 habe ich in einer Hütte im Centovalli verbracht, wenige Kilometer von Dimitris Palast und wenige Meter von seinem ehemaligen Haus in den Bergen entfernt. Auch wenn ich inzwischen gelernt habe, Dimitri, dem Clown, Dmitri von den Karamasows vorzuziehen. Den ersten habe ich als Kind öfter in Verscio gesehen, einem Dorf, das für mich immer eine Art schwyzerdütsche Enklave gewesen ist, obwohl er einer war, der in allen Sprachen der Schweiz zu denken wusste. Im Nachhinein betrachtet und nachdem ich zwei Monate lang dieselbe Morgendämmerung geatmet habe, scheint mir sogar, er verkörperte jenen Teil von uns, der davon überzeugt ist, dass Kunst auch Entwicklungshilfe ist. Dmitri dagegen habe ich erst etwas später getroffen und besser kennengelernt, als die Liebe, der Alkohol und ein vor die Hunde gegangenes Leben mir unerlässliche Bestandteile des Wissens zu sein schienen. Mit der Literatur ist es häufig so – die Überschneidungen sind seltsam, krankhaft, bezeichnend. In der Primarschule hatte ich einen Klassenkameraden, der sich Mitja nannte. Er ging schief, hatte tausend Allergien und wenige Freunde. In uns Gleichaltrigen löste er so etwas wie Abscheu gewürzt mit Schuldgefühlen aus, denn seine Absonderlichkeit schrie nach Ausgrenzung, Bosheit. Doch er war nun mal auch hilflos und schlüpfrig, schwitzig und schuldlos. Dick und aufgedunsen, immer ein Stofftaschentuch an der Nase, Falsettstimme, mit zehn Jahren schon ein zotteliger Bart, vielleicht hervorgerufen von den Medikamenten, die ihn auf den Beinen hielten. Seine Mutter hatte ihn nach der weltlichsten Figur der *Brüder Karamasow* benannt, diesem hitzigen und verzweifelten jungen Mann, klüger als Aljoscha, intelligenter als Iwan, leidenschaftlich wie sein Vater. Und dem Scheitern geweiht. Vielleicht trieb Mitja, mein Klassenkamerad, diese letzte Eigenschaft in neue Höhen, und das machte ihn abstoßend für mich, aus einem Urinstinkt heraus, der uns dazu bringt, das abzulehnen, was wir selbst in uns zu haben fürchten.

Meine Hütte, gefunden auf tutti.ch und zu einem vernünftigen Preis gemietet, entpuppte sich sogleich als ein zauberhaft schrecklicher Ort. Was den Ausschlag gegeben hatte, sie zu mieten, war ihre Abgelegenheit, die Ruhe, die Möglichkeit zu schreiben, mich von der Familie abzusondern, den Freunden, der Oberflächlichkeit, die den Dingen von Dauer so sehr schadet. Die Vorstellung eines Sommers in der Natur, weit weg von Städten, Dörfern, selbst der Straße, faszinierte mich und schien genau das Richtige zu sein, um den Dmitri in mir zu besänftigen. Ich würde schreiben, lesen, wandern, den Lärm und die falschen Prioritäten vergessen können. Die Dreiviertelstunde, die ich bis zur Abzweigung ins Centovalli brauchte, war somit der unabdingbare Ablass, um mich von allem loszulösen. Hinter Intragna bog ich auf der Höhe des nach Calezzo weisenden Schilds nach rechts ab und fuhr dann zehn Minuten das Serpentinensträßchen hinauf bis zu der Schranke vor der Forststraße. Barrieren, die sich *für dich* heben, haben immer etwas Magisches, sie sperren mögliche Welten auf und gewähren *dir und keinem anderen* Zugang zu einem Weg, der zwischen Weiden und Nadelbäumen in den Zauber der Berge hineinführt. Ich fuhr weiter mit meiner Vespa im Stil von *Caro Diario* und klappte das Visier hoch, um die Aura des Walds zu genießen, mit der gleichen zynischen Melancholie wie Moretti, Fellini, Sorrentino. Und wie sie sah ich Tiere. Vor allem nachts, wenn Dmitris Wahnsinn sich legte, der mich allzu oft dazu verleitete, in die Ebene hinunterzufahren, wo die Bars Flüsse waren und das Leben auf Grund lief. Danach kehrte ich auf die Höhe zurück, zu mir selbst, um mich angeregt mit Fantasiegestalten zu unterhalten. Auf der Strecke zwischen der Schranke und dem Schotterweg, der als Parkplatz diente, trug es seine zeitlosen Früchte, ein Zentaur zu sein. Einmal trabte eine junge Hirschkuh, dabei überrascht, wie sie zarte Gräser am Rand der Forststraße äste, zwei lange Minuten vor mir her. Beinahe hatten wir am Ende keine Angst mehr. Eine merkwürdige Wehmut blieb in mir zurück, als sie ins hohe Gras sprang und verschwand. Ein anderes Mal sah ich mich zwanzig Hirschen gegenüber, die bergab liefen, um unten im Tal zu trinken. Mit einem Satz gaben sie die Straße frei, und ich, nachdem ich den Schreck überwunden hatte, musste Himmel und Hölle in Bewegung setzen, um die Vespa herumzureißen, sie aufzudrehen, damit der Scheinwerfer mehr Licht gab, und die Füße auf den Boden zu stemmen, um nicht in den Abgrund zu stürzen. Die Hirsche rannten, mit einem Meter Abstand voneinander, weiter abwärts.

Was mir aber immer noch im Kopf herumschwirrt, ist dieser Augenblick mit dem Wolf. Wir begegneten uns um zwei Uhr morgens, der Mond hoch am Himmel, sodass ich sofort dachte, es könnte meine Lektorin sein, die in Erscheinung trat, weil ich nichts Gescheites schrieb. Er stand mit dem Körper im Gras und dem Kopf auf der Straße, ich saß mit dem Kopf und dem Körper flach auf den Sattel gedrückt. Automatisch bremste ich, starr und röhrend, wartete darauf zu merken, ob ich die richtige Entscheidung getroffen hatte. Wir fixierten uns. Zwei Stunden, zwei Sekunden, wer weiß? Ich sah einem Wolf in die Augen. Ich spürte das Gewicht der Jahrhunderte, die Treibjagden, um ihn aus unseren Bergen zu vertreiben, die uralte Angst, die Faszination der grauen Bestie, die angreifen kann, aus welchem Grund auch immer.

Sonst brauchte ich, bei Nacht oder Tag, etwa eine Viertelstunde von der Schranke bis zum Parkplatz. Von dort weitere zwanzig oder dreißig Minuten, je nach der Last der Lebensmittel in meinem Rucksack, für den Weg hinauf zum Monte Calascio. Diese Strecke konnte ein märchenhafter Spaziergang sein, ein leichtes Auf und Ab mit weitem Blick auf den Lago Maggiore an den sonnigsten Stellen. Oder eine Qual wie bei dem einen Mal, als ich den Fuß auf einen Stein setzte, der wegrutschte und mir eine Verstauchung des rechten Knöchels bescherte, dass die Wölfe erschraken. Auch die Umtriebe der Wildschweine belebten die nächtlichen Wanderungen. Pass auf, hatte man mir gesagt, es gibt eine Menge davon dieses Jahr, deshalb ist der ganze Berg mit Elektrozaun umspannt, denn wenn die reinkommen, zerstören sie alles. Doch man hatte mich nicht davor gewarnt, dass ich auf dem Heimweg unter den Sternen den Albtraum einer Begegnung mit einer Familie der borstigen Schweine erleben würde: Frischlinge samt der Mama, die entschlossen war, sie mit ihrem Leben zu verteidigen. Und so hielt ich, wenn ich im Lichtschein des Handys nach Hause ging, einen Stein oder Stock in der freien Hand, spitzte die Ohren und stampfte mit den Füßen auf dem Weg auf, bereit, die Flucht zu ergreifen oder eine Buche hinaufzuklettern. Die Angst verpuffte bei der kleinen Brücke, die den Berg vom Wald trennte. Ich stieg über den gelben Draht hinweg, und da war ich, beinahe zu Hause. Calascio ist eine hobbitartige Lichtung, ein Mittelerde, ein Ort, an dem die Dinge wachsen und Leben haben. Das wissen die Deutschschweizer genau, die in den achtziger und neunziger Jahren ein gutes Stück davon gekauft haben, Höfe verstreut im Nirgendwo, die sie gewöhnlich kenntnisreich restaurieren, dabei eine halbe Million Franken hineinstecken, um dann zwei, höchstens drei Wochen im Juli oder August dort zu verbringen. So kommen einem, wenn man in den Bergen wandert oder wie ich das Fernsein von denen sucht, die man am meisten Lust hat zu sehen, alle Häuser bildschön vor, sowohl die verfallenen, die man sofort instand zu setzen und dabei die Schönheit der umgebenden Schöpfung zu bewahren wüsste, als auch die bereits bildschönen mit Steinziegeldach und allem, einer Steinmauer, wie man sie nur bei uns findet, einem Gärtchen, das eigens für den Grill angelegt wurde.

Auch ich hatte in meinem auf tutti.ch gefundenen Häuschen einen Grill. Den ich so oft wie möglich zu benutzen versuchte, obwohl eine recht lange und mühsame Prozedur damit verbunden war. Ich musste das Feuer schon gegen vier Uhr nachmittags anmachen, unter der sengendsten Sonne, mit mittelgroßen Holzscheiten, und dann, wenn die Flammen munter und anhaltend brannten, konnte ich ein, zwei große Scheite auflegen, die gut zwei Stunden brauchten, um die richtige Glut zu erzeugen und ein optimales Garen zu ermöglichen. Der Rauch wehte, auch dank der spektakulären Aussicht vom Garten, was hieß, dass er mindestens drei Winden ausgesetzt war, in alle Richtungen. Also musste ich, wenn ich grillen wollte, daran denken, die Küchentür und die Schlafzimmertür zu schließen, weil ich sonst innerhalb von wenigen Minuten eine schwarze Rauchdecke in allen Zimmern hatte. Das Ganze wurde dadurch erschwert, dass ich nur einen einzigen kleinen Solarkollektor zur Verfügung hatte, mit dem man zwar das Handy, aber keinen laufenden Computer laden konnte und ich ohne vorherige akribische Planung der Ladevorgänge fast nie Musik hören konnte. Dazu muss man wissen, dass die auf tutti.ch zu einem bescheidenen Preis gefundene Hütte nur an sehr wenigen Stellen im Garten Internetempfang hatte. Weshalb ich, wenn ich die Radionachrichten hören wollte, die richtige Stelle suchen musste, um das Hotspotsignal vom Handy auf den Computer übertragen und mich übers Netz mit dem Radiosender verbinden zu können. Wenn dann in der Zwischenzeit das Feuer knisterte, füllte sich die Küche mit Rauch. Dennoch gab es verzauberte Momente, in denen es mir möglich war, wenigstens eine Stunde lang an dem Steintisch zu arbeiten, Radio Swiss Jazz leise im Hintergrund, das Handy auf dem Mäuerchen, wo ich zwei Balken hatte, während die Sonne mir die Füße und die Arme wärmte, ohne mich zu blenden. Der Lago Maggiore leuchtete dort unten, jenseits der kurz geraspelten Wiesen.

Zu einer gewissen Stunde schenkte ich mir ein Glas Rotwein ein und rückte näher ans Feuer, genoss die Wärme, die der Dunkelheit entgegenwirkte. So aß ich, die Vorderseite fast glühend und die Hinterseite kalt wie die Berge. Das Mondlicht konnte zuweilen den ganzen Berg streicheln und kurze nächtliche, höchst vergnügliche Ausflüge ermöglichen, innerhalb des Elektrozauns und während der ausgeschaltete Computer am Solarpanel hing. Das war allerdings auch die Stunde der vier Mäuschen, die zusammen mit mir und vielleicht mit mehr Berechtigung die auf tutti.ch gefundene Hütte gemietet hatten. Sie kamen aus dem Holzstapel hervor und suchten schamlos den Fußboden nach Essen ab. Sie kletterten die Wände bis zum Waschbecken hinauf, um zu trinken oder den Schwamm anzuknabbern, den Kochlöffel, alles Mögliche. Ihre Anwesenheit zwang mich, immer alles Geschirr abzuwaschen, abzutrocknen und in den Küchenschrank zurückzustellen, wenn ich nicht ihre kleinen schwarzen Andenken auf den Tellern oder im Glas finden wollte. Heißes Wasser jedoch gab es nicht, weshalb mindestens einmal am Tag der im Wohnzimmer stehende Sparherd angezündet werden musste, um einen Topf Wasser für die Teller und die Kochtöpfe vom Mittagessen und Abendessen heiß zu machen. Die umfassenden Hygienemaßnahmen erforderten es auch und vor allem, sämtliche Abfälle sicher zu verwahren, andernfalls würde ich, wie es mir am ersten Morgen passiert war, ein süßes gestresstes Mäuschen antreffen, das gerade aus dem Mülleimer mit Klappdeckel springen wollte.

Das Eichhörnchen, das nicht weit von dem Walnussbaum am Ende des kleinen Gartens im Wald lebte, brauchte eine Weile, um sich an mich zu gewöhnen. Jeden Morgen kam es die Treppe hinauf, die vom Weg zur Küche führte, lief am Grill vorbei und sprang zu dem Baum, kletterte auf den Ast, der die meisten Früchte trug, schnappte sich eine und lief zu dem Bach ein Stück weiter weg, um in der Sonne zu trinken und zu fressen. Ich schlürfte meinen Kaffee, während ich darauf wartete, dass es sich zeigte, gewiss, dass seine Gegenwart, genau wie die der anderen Tiere meines Sommers, einen Sinn in sich barg, den ich und Dmitri nur von Zeit zu Zeit erhaschten. Das sind die Momente, in denen Schreiben und Leben sich gleichen, einem zufallen wie eine auf einem Stein geknabberte Nuss, Mittel und Wege finden wie die hungrigen Hirsche, die einsamen Wölfe, die Mäuse.

Aus dem Italienischen von Karin Diemerling

Tommaso Soldinis fantasievolle Erfindungsgabe

Von Natalia Proserpi

Angefangen bei der Lyrik über die Kurzgeschichte bis hin zur Roman-
prosa erkundet Tommaso Soldini verschiedene Literaturgenres und
schafft dabei jedes Mal andere sprachliche und erzählerische Welten.
In seinem vielfältigen Kosmos gibt es allerdings einen roten Faden, der
sich durch alle Bücher zieht: Seien es die einsamen, ruhelosen, un-
steten Figuren der ersten Erzählungen oder der denkwürdige Protagonist seines jüngsten Romans mit all seinen Ticks und Unsicherheiten,
Soldinis Figuren sind meist von einem Gefühl der Krise durchdrungen,
einem Zustand der Orientierungslosigkeit, der auf eine tiefgehende
und höchst menschliche Zerbrechlichkeit hinweist. Diese inhärente
Fragilität, die mit unterschiedlichen Haltungen thematisiert wird –
von der Ernsthaftigkeit der Erzählungen bis hin zum ironisch-amü-
sierten Ton des neuesten Buchs –, scheint die Triebfeder seines
Schreibens zu sein. Noch mehr als die geschickt konstruierte Handlung oder ein zu überraschenden Wendungen führender Einfallsreichtum bildet das Interesse am Menschen und dessen Schwächen den
Ursprung von Soldinis Romanen und Kurzgeschichten, einhergehend
mit einer Faszination für Ereignisse und Entscheidungen, die unser
Schicksal und unseren Lebensweg bestimmen.

Bereits in den ersten, den Prosatexten vorausgehenden und sie be-
gleitenden Gedichtsammlungen ist das Gefühl von Krise und Unruhe
auszumachen, das später im Zentrum seiner Erzählkunst stehen wird.
In seinem Debütband aus dem Jahr 2004 mit dem Titel *Ribelle di nemico privo* bringt Soldini die Verwirrung und Einsamkeit eines autobiografischen lyrischen Ichs zum Ausdruck. Die Stimme des Dichters bedient sich einer Sprache, die bewusst frei und kantig sein will, die sich
der Dimension des Prosaischen und Umgangssprachlichen öffnet und
kreativ mit Rhythmus und Klang spielt, wobei sie Ausdrücke, Dialog-
einschübe und verschiedenste Anstöße aus dem Alltag aufnimmt und
so dichte Assoziationsfelder aus Objekten und Figuren schafft, die in
ihrer Uneinheitlichkeit zum Nachdenken über den allgemeinen Man-
gel an Sinn führen.

Der Leitgedanke der Krise taucht in der zweiten Gedichtsammlung verstärkt wieder auf, die von einer weniger dichten Bildhaftigkeit und einer weniger grellen und geschichteten Sprache gekennzeichnet ist. Während eines längeren Aufenthalts in New York geschrieben, skizzieren die Gedichte in *Lato east* Begegnungen, Szenen und Gedanken, welche aus Beobachtungen der großstädtischen, auch durch die Nennung von Straßenecken und Vierteln präsenten Wirklichkeit hervorgegangen sind. Die Gedichte sind Zeugen eines in einer bestimmten Zeit und an einem bestimmen Ort verankerten Erlebens und zugleich Ausdruck einer Rastlosigkeit, die sich im ziellosen Umherschweifen des lyrischen Ichs manifestiert und eng mit der geschichtlichen Realität, in der es sich bewegt, verbunden ist.

Die gleiche Unruhe durchdringt die vier Geschichten in *L'animale guida*, dem ersten Erzählband, der 2009 bei Casagrande erschienen und ebenfalls, was Entstehungszeit und Einfluss betrifft, eng mit den New Yorker Erfahrungen verbunden ist. Die Protagonisten dieser Geschichten schwanken zwischen gegensätzlichen Antrieben und durchleben Krisen, die sie in den Wahnsinn, die Einsamkeit, den Liebesverlust führen. So wie Vittorio in »Primo impiego«, ein Informatiker, der sich den engen Maschen des kapitalistischen Systems entziehen möchte und letztlich in einen Zustand geistiger Verwirrung verfällt, in dem er sich von allem und jedem isoliert. Mit seiner Darstellung verschiedener Themen, Situationen und Entwicklungen verweist Soldini – auch durch den Wechsel zwischen der Schweiz und Amerika – auf eine psychische Verfassung der Haltlosigkeit, die einer ganzen Generation gemeinsam zu sein scheint, auf eine fortschreitende Erschütterung und Beunruhigung, welche in der letzten, titelgebenden Geschichte ihren Höhepunkt findet. Dieser Text erzählt in kurzen Abschnitten vom Umzug eines jungen Paares in ein Tessiner Tal. Die Stimmen der beiden Hauptfiguren überschneiden sich und ergeben ein ganz und gar nicht harmonisches Bild von ihrer Beziehung, die mal als Ausweg für Geldprobleme, mal als Möglichkeit zur Überwindung früherer Einsamkeit angesehen wird. In diesem Geflecht widersprüchlicher Perspektiven, in dem die Informationen nur bruchstückhaft preisgegeben werden, verstärkt die aufwühlende Gegenwart eines Hirsches noch den Eindruck der Entfremdung.

Neben dem Fokus auf das menschliche Subjekt nimmt *Uno per uno*, der erste Roman des Autors, auch die Erzähltechnik der alternierenden Gesichtspunkte wieder auf und lässt eine Reihe von Figuren zu Wort kommen, die durch ihre pure Menschlichkeit bestechen. Sie folgen in kurzen, sich zu einer raffinierten Erzählstruktur formenden Kapiteln aufeinander – acht Personen erzählen ihre persönliche Geschichte in fragmentarischer, immer wieder unterbrochener Rede, wobei sich nach und nach die Traumata und Verletzungen ihres Lebens enthüllen. Auf diesen ersten Teil, der durch eine Abfolge von Porträts die fragile Existenz des Menschen offenbart, folgt ein zweiter, eher romanhafter, in dem die Figuren dazu gedrängt werden, ihr Schicksal in die eigene Hand zu nehmen. In ein Marokko von geradezu sagenhaften Farben versetzt, müssen sie sich ihren Ängsten stellen und die Wunden heilen, die sie daran hindern zu leben. Genau dann, in dem Moment, in dem sie eine Entscheidung zu treffen haben, passiert es meist, dass »die Krise einsetzt«, wie Soldini zeigt.

Mit seinem jüngsten Roman nun betritt der Autor ganz neues Terrain. Im Gegensatz zu der Figurenvielfalt der ersten beiden Prosabücher wird in *L'inguaribile* von den Abenteuern eines einzelnen Helden erzählt, eines verunsicherten Mannes, der mit der Unterstützung von Lewis Carolls Grinsekatze und der ersehnten »Leichtigkeit« von Calvinos Helden Pin durchs Leben geht. Knall auf Fall von seiner Frau verlassen, ohne dass er Zeit gehabt hätte, irgendwelche Warnzeichen aufzufangen, kann Miché sich den Grund für die Trennung nicht erklären und versinkt in einem depressiven Zustand, in dem er fast zwanghaft um diesen Bruch kreist. In den Schicksalsschlag sind andere, merkwürdige Ereignisse verwoben: die mit der Figur Roby Ratter verbundenen Nachforschungen zu einem einige Jahre zuvor im Tessin geschehenen Fall von Betrug und Mord, den Miché, der Lokalberichterstatter, mit einer ganz und gar nicht journalistischen Herangehensweise rekonstruiert, sowie die surreal, fast märchenhaft anmutenden Abenteuer, die er in einem Swingerclub namens »La Petite Princesse« erlebt. Diese sich überlappenden, von der Hauptfigur Michele zusammengehaltenen Handlungsstränge nähern Wirklichkeit und Fantasie einander stetig an. Dabei entspricht *L'inguaribile* in seiner sprachlichen Ausgestaltung der Einbildungskraft der Protagonisten und überlässt sich einem überraschenden Einfallsreichtum.

Auch wenn in den Geschichten stets ein lebhaftes und anhaltendes Interesse für alles Menschliche erkennbar ist, sind Soldinis Bücher nicht einfach nur psychologische Porträts. Was ihn reizt, ist ebenso die schriftstellerische Komponente, die fantasievolle Erfindung, wie sie in den beiden Romanen zentral wird. In *Uno per uno* zum Beispiel kommt der zweite Teil des Buchs mittels eines typischen romantechnischen Kniffs in Gang. Orfeo Bandini, der die verschiedenen anderen Figuren ausfindig macht und ihnen Hilfe bei der Lösung ihrer Probleme verspricht, trägt keinerlei realistische Züge und dient in erster Linie der Erzählung, um den Einleitungsteil abzuschließen und eine klar romanhafte Entwicklung einzuleiten. In *L'inguaribile* verbindet sich diese Dimension mit dem Märchenhaften und entfaltet sich vor allem in den Parallelgeschichten zu Micheles Erlebnissen. Um die Ereignisse im Zusammenhang mit Roby Ratter – alias »das weiße Kaninchen« – herum spinnt der Protagonist ein wunderliches Netz aus Geschichten und Gedanken, indem er auf der Romanebene reale Fakten und Personen mit Mutmaßungen und aberwitzigen Erfindungen überlagert, sodass wahr und falsch am Ende nicht mehr zu unterscheiden sind. Auf diese Weise wird der Swingerclub, Schauplatz von Michés labyrinthischen Ermittlungen, bald zur Bühne für ritterliche Aventüren und homerische Begegnungen, in einer Abfolge von Szenen, in denen das Märchenhafte sich mit dem Mythischen und dem Surrealen verbindet. Diese Vervielfachung von Geschichten und Ebenen wird durch die eigenwillige Verwendung von Fußnoten noch gesteigert. Die Fußnoten bieten einen zusätzlichen Raum, um die Geschichte mittels Exkursen über Personen und Orte sowie der Einfügung kleiner Anekdoten und Episoden voranzubringen. So tragen sie zu der vielschichtigen Struktur bei, die den Wirbel der Ereignisse und das Sichkreuzen von verschiedenen Welten und Dimensionen widerspiegelt.

Soldinis fantasievolle Erfindungsgabe macht nicht vor der Sprache halt, die sich ebenfalls in Richtung höchst origineller Ergebnisse entwickelt. Entsprechend den verwendeten Erzählformen ist sie freier und öffnet sich mehr der Umgangssprache oder gibt sich einheitlicher und kontrollierter, bedient sich immer wieder eines Spektrums von Möglichkeiten, das die erdachten Geschichten gekonnt begleitet. Nahe am Mündlichen in *L'animale guida*, homogener und flüssiger und zugleich diversifizierter durch die individuelle Sprechweise der Figuren in *Uno per uno*, bereichert sich die Sprache in *L'inguaribile* durch eine Reihe von Neuschöpfungen und gewinnt damit eine einzigartige Prägung, mit der sie die mentale Unordnung der

Hauptfigur und ihr ständiges Kreisen um dieselben Betrachtungen perfekt wiedergibt. Voll von Neologismen, unvollendeten Sätzen, bizarren Gedankenassoziationen und Wortspielen, konstruiert sich die Sprache hier als eine überreiche, labyrinthische Wirklichkeit, in der sich die Leserinnen und Leser, wie auf den Wegen und Irrwegen der Hauptfigur, verlieren und wiederfinden.

Aus dem Italienischen von Karin Diemerling

Porträts **Tommaso Soldini**

»Auf diese Weise leben die Figuren nicht nur innerhalb des Texts«
Gespräch mit Tommaso Soldini
Von Natalia Proserpi

Im Jahr 2004 haben Sie mit dem Gedichtband *Ribelle di nemico privo* debütiert. Sind Sie über die Lyrik zum Schreiben gekommen?

Nein, über die Lyrik bin ich zum Veröffentlichen gekommen, aber nicht zum Schreiben. Zum Schreiben bin ich mit den Kurzgeschichten gekommen. Schon während des Studiums habe ich regelmäßig Geschichten geschrieben und in einer Luganer Zeitschrift namens *La città* veröffentlicht. Dann, gegen Ende meiner Universitätszeit, habe ich mich der Lyrik angenähert, indem ich mich quasi in die poetische Sprache verliebte, was aber außerhalb der akademischen Welt passiert ist. Irgendwann fing ich an, zeitgenössische Dichtung zu lesen, und das hat mich mit dieser Art des Schreibens versöhnt, woraufhin ich selbst angefangen habe, Lyrik zu schreiben.

Schon mit Ihrem zweiten Buch, *L'animale guida*, kehren Sie zur Prosa zurück. Wie sind die ersten Erzählungen entstanden?

Ich habe mich immer mehr als Erzähler denn als Dichter gefühlt, vielleicht vor allem aus musikalischen Gründen. Bei einer Verszeile muss man sich so sehr auf Klang und Rhythmus konzentrieren, dass man riskiert, weniger zu sagen, wohingegen ich das Klangliche der Belletristik als passender für mich empfinde, als natürlicher oder jedenfalls näher an meiner Art und Weise, Geschichten zu erdenken. Während einer Krisenzeit nach der Uni war ich in New York. Ich hatte viel Freizeit und habe viel geschrieben, sowohl Prosa als auch Lyrik. In New York habe ich meinen zweiten Gedichtband verfasst und auch die Erzählungen, die später in *L'animale guida* publiziert wurden. Vielleicht war das meine Lehrzeit, ein Jahr, in dem das Schreiben mir das Leben gerettet und mir geholfen hat zu verstehen, dass das meine Welt ist.

Es ist ein bisschen wie bei Manzoni, wenn er Renzos Aufenthalt in Mailand während des Brotaufstands beschreibt. Im Leben kommt es hin und wieder vor, sagt er, dass die eigene existenzielle Erfahrung sich mit der der Welt überschneidet und man an ein und demselben Tag eine Häufung von Erlebnissen hat, die einen tief innerlich verändern, sodass sich zwei Krisen miteinander verschränken – Krise dabei nicht nur im negativen Sinn verstanden, sondern als ein Infragestellen von allem. Ich war ein halbes Jahr nach dem Einsturz der Zwillingstürme in New York, mit einem Examen in der Tasche, mit dem ich nichts anzufangen wusste – auch hier haben sich zwei Krisen überschnitten. Ich ging durch die Straßen einer Stadt, die noch ein Jahr zuvor das Traumziel Tausender von Menschen war, während jetzt, nach diesem Angriff auf Amerika, an jeder Ecke Militär stand. Diese Erfahrung hat eine neue Sensibilität erzeugt, hat dazu geführt, dass meine persönliche Krise zum Spiegel dessen wurde, was um mich herum geschah. Insofern ähneln mir die Figuren meiner Erzählungen, gleichen mir aber nicht. Das waren die Jahre, in denen wir nicht mehr wussten, worum es ging, wo das Gute, wo das Böse war, welche Rolle wir einnehmen sollten, was es bedeutete, aus dem Westen zu sein, wie schwer die Frage des Geldes in unserem Leben wog. Meine Figuren stellen sich diese Fragen. Sie sind gezwungen, über das Verhältnis von Geld und Liebe nachzudenken, darüber, wie sehr das Geld das Gefühlsleben beeinflusst und umgekehrt. Es hat ein bisschen was davon, aber das mag überzogen sein, den leopardischen Geist zu erneuern, für den Liebe und Tod praktisch synonym waren.

Ich glaube, es war Dacia Maraini, die mal gesagt hat: »Mich interessiert der Mensch in der Krise.« Im Grunde erwächst Literatur immer aus einer Krise, es ist das Drama, das eine Geschichte in Gang setzt. Meine Denkweise, zumindest bis *Uno per uno*, beruhte auf dem Eindruck, dass Krise und Fragilität nicht mehr mit den Ideologien verknüpft waren, die unsere Welt zuvor geprägt hatten. Ich verstand, dass unsere Zerbrechlichkeit immer vorhanden ist. Die am Boden, von denen ich spreche, sind deshalb nicht notwendigerweise sozial am Boden. In diesem Sinn war *Uno per uno* ein gezieltes Experiment, um die Vorstellung von einer Fragilität zu schaffen, die in jedem zu finden ist. Tatsächlich gibt es darin Figuren aus allen sozialen Schichten und verschiedener Ethnien. Was sie in ihrer Vielfalt vereint, ist eine Art zutiefst menschliche Verzweiflung, gegen die keine herrschende Ideologie mehr Hilfe bietet.

Von der Pluralität der Geschichten und Figuren in *Uno per uno* nun zu der Geschichte eines einzelnen Protagonisten in *L'inguaribile*. Wie ist die Figur des Miché entstanden, und wie sah Ihre Arbeit an Ihrem neuesten Buch aus, das so anders ist als Ihr erster Roman?

Zwischen dem ersten und dem zweiten Roman gibt es tatsächlich einen großen Sprung. Doch ich denke, dass ich mir meinen Blick bewahrt habe. Bevor ich mit der Arbeit an *L'inguaribile* begonnen habe, erinnere ich mich, saß ich in meinem Arbeitszimmer, dachte nach und schrieb dann in einem Zug vierzig Seiten. Grundlage meiner Überlegungen war, dass es zwei Bereiche gibt, den des Verlagswesens und des literarischen Konsums und den des Schreibens. Und sie kommunizieren nicht immer gut miteinander. Möglicherweise beeinflusst die Welt des Verlagswesens heutzutage die der Literatur zu sehr. Ein Gedanke, der mich schmerzte. Ich weiß noch, wie ich nach der Veröffentlichung von *Uno per uno* ständig an die Erwartungen des Publikums dachte, und das frustrierte mich. Schließlich, unter anderem dank meiner Entdeckung von David Foster Wallace, der mir nur aus einem inneren Bedürfnis heraus zu schreiben schien, habe ich mir gesagt, dass ich mich davon freimachen muss. Statt mehr in Richtung Kontrolle zu gehen, bestand mein Weg eher darin, dieselbe Energie anders zu nutzen und weitestmöglich freizusetzen. Was vielleicht schwieriger ist, weil man nicht weiß, wohin es führt. Passiert ist dann, dass ich großen Spaß dabei hatte, eine intensive Freude empfand, und das hat mich überzeugt, auf diese Art weiterzumachen. Ich wusste nicht, wie die Geschichte ausgehen würde, und gerade das hielt mein Interesse und meine Wissbegier wach.

Es gab also einen Willen zur Befreiung, der eine schrittweise Konzeption des Romans zur Folge hatte. Wie führt man bei einem solchen Schreibprozess den Dialog mit anderen Stimmen ein, die in *L'inguaribile* sehr präsent sind?

Auch die ganze literarische Dimension des Romans stellt eine Befreiung von dem Bedürfnis dar, die eigenen Literaturkenntnisse unter Beweis zu stellen oder dass man richtig zitieren kann. Ich habe einfach auf die Seite geknallt, was mir gelungen und notwendig vorkam. Da gibt es Ariost, es gibt Homer, die Großen der Literaturgeschichte, aber es kommen auch Künstler vor, Zeichentrickfilme... Etwas, das mir am *Decamerone* immer gefallen hat, ist dieser geniale Ansatz, eine Welt neu zu erschaffen und dabei das einzubeziehen, was von der vorigen Welt bewahrenswert ist. So kommt es, dass Boccaccio in aller Seelenruhe eine Novelle aus dem *Novellino* nehmen und umschreiben kann. Heute würde er des Plagiats bezichtigt, doch wir haben ihm sehr viel zu verdanken. All diese Geschichten zu nehmen und den Leuten neu vor Augen zu führen, heißt, sie bekannt zu machen. Dadurch hatte ich auch weniger Angst vor diesem großen Autor.

Neben dieser literaturhistorischen Ebene spielen in *L'inguaribile* Erfindungsreichtum und Fantasie eine große Rolle – man denke nur an Michés Zwiegespräche mit der Grinsekatze oder an seine sonderbaren Ermittlungen zu der Figur des Roby Ratter, die ebenfalls ein reales Vorbild hat. Wie haben Sie zu dieser speziellen Mischung aus Wirklichkeit und Fiktion gefunden?

Für meine Antwort rufe ich Dante auf den Plan, aber auch Machiavelli. Eigentlich gibt es viele Autoren, die mich zum Nachdenken über diesen Aspekt angeregt haben. Wenn man zum vierten Gesang des *Inferno* kommt, begegnet man Homer und Aeneas, das heißt sowohl historischen als auch mythologischen Figuren, Helden der Literatur. Diese literarische Entscheidung hat mir immer eingeleuchtet, denn wenn ich von mir selbst ausgehe, so gibt es Figuren in den großen Romanen, die für mich von größerer Bedeutung sind als viele Menschen, denen ich begegnet bin. Das wahre Leben, wo spielt es sich ab? Miché ist ein Opfer desselben Mechanismus, er sieht die Grinsekatze wirklich, und ich zweifele nicht daran, dass sie eine reale Weggefährtin für ihn ist. Ich glaube, es ist Teil des Reichtums der Literatur, dass sie uns manchmal Freunde finden lässt, denen zwar der Autor, die Autorin eine Stimme gibt, die aber weiter mit uns sprechen, solange wir ihnen Fragen stellen. Auf diese Weise leben die Figuren nicht nur innerhalb des Texts.

Auch die Sprache des Romans ist eine überaus reiche, voller Erfindungen, Wortspiele, ausgefallener Kombinationen, origineller Mittel – zum Beispiel die Idee, manche Sätze nicht zu beenden und so den Leserinnen und Lesern die Freiheit zu lassen, sich selbst auszudenken, wie sie enden. Oder Ortsnamen ohne den Anfangsbuchstaben anzuführen. Wie sind Sie auf diese Einfälle gekommen?

Neben Foster Wallace habe ich in den vergangenen Jahren viele Romane gelesen, die im Original nicht auf Italienisch verfasst sind. Das hatte ich zwar schon immer gemacht, doch je mehr man sich von der Universität entfernt, desto mehr auch von dem abkapselnden Bedürfnis, sich im geschützten Schoß der Muttersprache aufzuhalten. Irgendwann wurde mir bewusst, dass die Sprache des Romans nicht notwendigerweise die Sprache italienischer Autoren war. Zuvor hatte ich tatsächlich ein wenig so gedacht, zum Beispiel war Goffredo Parise lange das absolute Vorbild für mich. Ich schulde ihm jetzt nicht weniger, aber mir ist klar geworden, dass die Sprache, die wir heute verwenden, sich überall bedient, denken wir nur an Übersetzungen. Welche Autorinnen und Autoren kommen heute noch von einer klassischen Bildung her? Wir benutzen so viel Sprache aus fremden Welten. Das war ein Augenöffner für mich, vor allem, dieses Phänomen bei amerikanischen und britischen Autoren zu beobachten. Ich glaube, es war Calvino, der den Begriff vom Nabelschaustil aufgebracht hat, in dem wir teilweise immer noch feststecken, auch wenn wir uns langsam daraus befreien. Ich habe versucht, einen Sprung nach vorn zu machen. Es hat mir großes Vergnügen bereitet, mich in dieser bizarren Dimension aufzuhalten, auch weil ich nicht wirklich etwas erfunden habe. Doch ich hatte das Gefühl, im Einklang mit einer Literatur zu sein, die ich mag, egal, in welcher Sprache sie verfasst ist.

In der in dieser Ausgabe von *Viceversa* veröffentlichten Geschichte fällt die Rückkehr in einen »Naturzustand« mit dem wiedererwachenden Schreibbedürfnis zusammen. Am Ende steht: »Das sind die Momente, in denen Schreiben und Leben sich gleichen, [...] Mittel und Wege finden wie die hungrigen Hirsche, die einsamen Wölfe, die Mäuse.« Inwiefern führt die Naturerfahrung zu einer Deckungsgleichheit von Leben und Schreiben?

Naturnah zu leben, ist wunderbar und anstrengend. Dieser Kontrast, glaube ich, ist es, der meine Neugier weckt. Es versetzt einen außerdem in ein Universum, in dem man mit größerer Intensität die Schwachstellen und Widersprüche unseres friedlichen, bequemen Wohlstandslebens im Westen erfasst. Dieser Zustand, nämlich der der Intensität, ist es, in dem Schreiben und Leben sich decken. Der Akt des Schreibens stellt, zumindest für mich in dieser Lebensphase, einen Moment der Befreiung von etwas dar, das gesagt werden muss, etwas, das in mir gärt und so einen Kanal findet. Dabei geht es eher um größere Klarheit als darum, sich Luft zu machen. Das Schreiben, scheint mir, muss aus einer Haltung der Aufmerksamkeit heraus erwachsen oder davon geleitet werden, eine Aufmerksamkeit auf Dinge und auf Menschen, die sich soziologischen Studien und psychologischen Evaluationen entzieht und in eine Wirklichkeit eintaucht, die nach Bedeutung verlangt und sich mittels Gesten, Bewegungen, Worten, Gefühlen ausdrückt.

Die Vorstellung von der »Wildnis« scheint jedoch nur teilweise erfahrbar zu sein und ist durchsetzt mit Verweisen auf die Stadt und die digitale Realität. Dieses Nebeneinander von Natur und städtischer, »künstlicher« Umgebung erinnert mich an einige Zeilen des Gedichts am Schluss Ihres ersten Lyrikbands *Ribelle di nemico privo:* »piccoli gesti piccoli bimbi / lasciati crescere in giardino / metà selvaggi metà urbani / ma mai lupi solitari che alla luna / piangono e sanno«. (»kleine Gesten kleine Kinder / im Garten herangewachsen / halb Wilde, halb Städter / doch nie einsame Wölfe, die den Mond / anheulen und wissen«). In welchem Verhältnis stehen diese beiden Welten zueinander?

Ich glaube nicht, dass wir uns auf schmerzfreie Weise aus dem Klammergriff des digitalen Kapitalismus befreien können. Dort in den Bergen habe ich tragisch verstärkt die freiwillige Knechtschaft im Land des Internetsurfens wahrgenommen, zwischen all seinen Sirenen, den Atollen, den unendlichen Möglichkeiten, sich nicht vom Fleck zu bewegen. Es ist viel die Rede von der Abhängigkeit der Jugend von ihren Smartphones, aber manchmal erscheinen mir die Eltern viel besorgniserregender, weil sie eine andere Lebensweise kennen und diese trotzdem ohne großes Bedauern zumindest teilweise aufgegeben haben. Im vergangenen Sommer ist es zu einem manischen Bedürfnis für mich geworden, stets einen geladenen Computer zu haben, worunter sich gewiss etwas Haarsträubendes verbarg. Zumal ich all meine Bücher vorwiegend mit der Hand geschrieben habe und eigentlich hätte froh sein sollen, mal ohne Stromnetz zu sein. Dieses zeitweise Abgeschnittensein von den anderen faszinierte mich genauso, wie es mich beängstigte, es erlaubte mir, genüsslich am Feuer zu sitzen, und zugleich drängte es mich, aus irgendwelchen fadenscheinigen Gründen in die Stadt zu fahren. Zu wissen, dass ich überall sein und zu allen Kontakt haben kann, ein funktionierendes Telefonnetz und Internet zu haben, ist eine Art Gefängnis der unbegrenzten Möglichkeiten, eine Steigerung der Angst vor dem Verschwinden, denn wenn ich telefoniere, chatte, surfe, bin ich. Ich weiß nicht, wo man sein muss, wie man sein muss, um sich wirklich außerhalb der Zeit zu fühlen, frei von den Fesseln des Alles-und-sofort.

Aus dem Italienischen von Karin Diemerling

Bibliografie

Romane und Kurzgeschichten
L'animale guida. Bellinzona: Casagrande, 2009.
»L'animal guide«. Übersetzung einer Erzählung von Christian Viredaz, in: *Le Courrier*, Dezember 2009.
Uno per uno. Bellinzona: Casagrande, 2013.
»Simon«. Übersetzung eines Kapitels von Babara Sauser, in: *Schweizer Monat*, Dezember 2011.
L'inguaribile. Milano: Marcos y Marcos, 2020.

Lyrik
Ribelle di nemico privo. Viganello: Alla chiara fonte, 2004.
Lato east. Bellinzona: Sottoscala, 2011.

Kinderbuch
La vera storia della scarlattina. Lugano: Cascio Editore, 2014.

In Zeitschriften und Anthologien veröffentlichte Texte
»È davvero piccolo il mondo«, in: *Viceversa Letteratura 4*, 2010, S. 88–93.
»La bottega dell'ora rubata«, in: Giorgio Orelli: *I giorni della vita*. A cura di Pietro De Marchi con la collaborazione di Simone Soldini. Con testi di Pietro De Marchi, Giovanni Orelli, Antonio Rossi, Fabio Pusterla, Tommaso Soldini, Simone Soldini. E con alcuni »ricordi« di Giorgio Orelli. Mendrisio: Museo d'arte Mendrisio, 2011, S. 35–38.
»L'Appel de la Forêt. Fin de roman / Der Ruf der Wildnis. Über den Schluss eines Romans«. Übersetzung von Christian Viredaz und Rahel Nicole Eisenring, in: *Passages* 58, Mai 2012.
»Se gli affari van male«, in: *Opera nuova* 2/2013, S. 47–48.
»Trotinette«, in: *Una seconda vita da leopardo.* Bellinzona: Soccorso operaio svizzero, 2014, S. 47–51.
»L'incompiuta«, in: *Negli immediati dintorni. Guida letteraria tra Lombardia e Canton Ticino.* Bellinzona: Casagrande, 2015, S. 155–158.
»Legge di classe«, in: *Discorsi sulla neutralità. A cento anni dal Premio Nobel a Carl Spitteler.* Bellinzona: Casagrande, 2019, S. 113–122.

Inédits

Raubtier oder Kätzchen? Gartenanlage oder Brachland? Asphalt oder Treibsand? Sechs verschiedene Texte befassen sich mit der Sehnsucht nach Wildnis und der Gefahr der Verwilderung. Sie nehmen uns mit in fremde Städte, auf »verstreute wege«, bringen uns in Berührung mit Wasser und Wind, Erde und Feuer. Dabei verschieben sie die Grenzen zwischen Natur und Kultur, zwischen Mensch, Tier und Pflanze, zwischen Erinnerung, Erfindung und Traum, zwischen Prosa und Poesie. Kinder denken »wie Orkane«, Satzzeichen machen sich selbständig und am »Ufer der Fluss Apostroph« wird auch die Sprache wild.

Julia Weber

Julia Weber wurde 1983 in Moshi (Tansania) geboren. 1985 kehrte sie mit ihrer Familie nach Zürich zurück. Von 2009 bis 2012 studierte sie literarisches Schreiben am Schweizerischen Literaturinstitut in Biel. Im Jahr 2012 gründete sie den Literaturdienst (www.literaturdienst.ch) und 2015 war sie Mitbegründerin der Kunstaktionsgruppe »Literatur für das, was passiert« zur Unterstützung von Menschen auf der Flucht. 2017 erschien ihr erster Roman *Immer ist alles schön* (Zürich: Limmat), für den sie u. a. den Franz-Tumler-Literaturpreis, die Alfred-Döblin-Medaille der Universität Mainz und den Conrad-Ferdinand-Meyer-Preis erhielt. 2019 gründete sie mit sechs weiteren Schriftstellerinnen das feministische Autorinnenkollektiv »RAUF«. 2022 erschien ihr zweites Buch *Die Vermengung* (Zürich: Limmat).

Julia Weber
Kätzchen

Bleib bei mir, Kätzchen, habe die Mutter gesagt, habe ihre Hand ausgestreckt, eine Hand wie ein Palmenblatt mit feinen Härchen, habe ein Kissen neben sich gelegt, drauf geklopft, habe mit der Weichheit des Kissens gesagt, komm zu mir, Kätzchen. Ihre Mutter habe in einem Schatten gesessen, der von einem Baum draußen vor dem Fenster in das Zimmer geworfen worden sei.

Ihre Mutter habe den Schatten geliebt und sie habe sich neben die Mutter auf das Kissen gesetzt, ein weinrotes Kissen aus Samt, in den Schatten hinein.

Vielleicht sei die Mutter in diesem Schatten der Dinge zu den Dingen selbst geworden, sagt sie.

Manchmal habe sie gar nicht mehr genau sagen können, wo die Mutter, wo die Schatten, wo die Dinge seien. Die Stimme, die aus der Ecke des Wohnzimmers zu ihr hingekommen, an ihr gezogen habe.

Sie habe das Licht angemacht, die Mutter in der Ecke gefunden.

Komm zu mir, Kätzchen, habe die Mutter gesagt, setz dich zu mir, Kätzchen.

Hier sind wir sicher.

Was bist du auch immer so still, Kätzchen, habe die Mutter gesagt und mit ihren feinsten Blatthärchenfingern ihr Kopfhaar berührt. Bleib besser noch ein wenig bei mir, Kätzchen, habe die Mutter gesagt und ihren Kopf gestreichelt, ihre Schulter berührt, ihren Hals, ihren Rücken.

Sie steht am Fenster, in einem gelben Kleid, schaut hinaus.

Ich stehe hinter ihr. Das gelbe Kleid ist so geschnitten, dass die Schultern frei sind. Am Rücken ist das Kleid geschnürt.

Ihre Mutter habe die Hände auf ihr abgelegt und manchmal seien sie ineinander übergegangen, sie und ihre Mutter.

Manchmal habe sie sich gewünscht, es würde alles auseinandergehen, reißen, sprengen. Jemand würde den Baum fällen vor dem Fenster, die Scheiben aus den Rahmen schlagen, die Mutter aus dem Schatten zerren.

Die Lichter. Viele Tausend Lichter habe sie sich gewünscht, manchmal.

Draußen auf der Straße, unter dem Fenster hält ein Lastwagen.

Ich höre die Stimmen der Menschen, die den Lastwagen entladen.

Ich höre sie in schweren Schuhen gehen, höre, wie die Laderampe heruntergelassen wird, wie sie in ihren schweren Schuhen von der Rampe springen.

Sie tragen Möbel, sagt sie. Sie heben die Kisten mit geradem Rücken an.

Sie rauchen neben dem Lastwagen stehend, haben dicke Unterarme, legen auch dicke Beine übereinander, an die Plane des Lastwagens gelehnt. Sie leuchten in ihren Leuchtwesten.

Sie schauen hoch, sagt sie und duckt sich hinter die Fensterbank.

Ich gehe näher zu ihr hin.

Hinter ihr stehend berühre ich sie nicht.

Sie sei nach draußen gegangen, sagt sie. In die Dämmerung hinein, sie habe die Mutter zurückgelassen im Zimmer, sei die Treppe hinuntergestiegen und auf die Straße gelaufen.

Kätzchen, wohin gehst du?

Kätzchen?

Geh nicht.

Sie habe feste Schritte gemacht. Habe ihren Mantel, dunkelblau, zugeknöpft, habe den Mond fixiert. Sei dem Mond gefolgt. Und am Hügel dann hinauf, in die Tannen hinein. Sie habe Straßenlärm als Rauschen gehört. Motorengeräusche, die sich von den rot und orange leuchtenden, manchmal grünen Punkten erhoben hätten, bis hoch zu ihr. Auch habe sie Rufe gehört, aus dem Waldinneren. Von unten aus der Stadt

Inédits **Julia Weber**

kommend, die Rufe der Menschen. Aus den Tannen die Rufe der Eulen. Aus der Tiefe des Waldes die Rufe der Felltiere.

Felltiere, sagt sie.

Steht am Fenster.
Ich trete noch einen Schritt näher hinter sie, ich berühre ihr Haar, es fällt von ihrem Kopf hellbraun auf den Rücken. Ich berühre das Haar am Ansatz, entlanggehend, bis zu den Spitzen, ich berühre ihren Hals, ich berühre ihren Rücken, die Schultern. Das geschnürte, gelbe Kleid. Sonnengelb.

Sie habe die Wälder um sich gehabt.
Sie habe auch ein Knacksen gehört im Unterholz.
Sie habe die Arme ausgestreckt, sie nicht gesehen.
Schwarz.
Sie habe sich hingelegt, gewartet.
Sie sei eingeschlafen.

Kätzchen?
Wo bist du?
Komm zurück. Komm zurück zu mir.

Einmal habe ein Mensch in einem eierschalenfarbenen Mantel sie angesprochen. Sie sei vor einem Schaufenster stehen geblieben und der Mensch habe sich neben sie gestellt. Sie habe sich selbst als Spiegelung gesehen und den Menschen im Mantel auch. Der Mantel sei dem Menschen bis zu den Knöcheln gefallen, er habe ihn gebunden gehabt mit einem Gurt am Bauch und habe einen Regenschirm in der rechten Hand getragen. Er sei um einiges größer und breiter gewesen als sie. Er habe sie beide nicht als Spiegelbild betrachtet, sondern habe sehr dicht neben ihr stehend den Blick seitlich auf sie hinunter gerichtet gehabt.

Was schaust du dir da an? Habe er sie gefragt, sie habe den Atem des Menschen am Ohr und am Kopf gespürt.

Das Kleid, das gelbe Kleid mit dem Gürtel an der Hüfte? Das würde dir gut stehen, habe er gesagt. Das würde deinem Körper schmeicheln, habe er gesagt und sie an der Schulter berührt.

Oder sind es die Schuhe mit dem süßen Absatz, die bestimmt lieb klacken auf dem Pflasterstein der Altstadt, tamtam, ginge man Arm in Arm nebeneinander dahin. Sind es die Stiefelchen mit den feinen Schnürsenkeln, aus Kamelleder?
   Und kauft dir einer die Schuhe dann, wenn du sie dir wünschst von ihm?
   Und geht ihr dann nebeneinander dahin über den Asphalt und in ein kleines romantisches Restaurant, an einem Tischchen brennt ein Licht, eine Kerze, und später nehmt ihr euch ein Zimmer in einer Pension?

Er habe nach Artischocke gerochen, der Mensch, und seine Hände seien an ihrem Nacken und am Rücken feucht gewesen, wie eine Schnecke seien seine Finger über ihren Körper gekrochen.

Ich stehe hinter ihr am Fenster und der Lastwagen fährt davon. Die Menschen haben aufgeraucht, die Stummel auf den Boden geworfen, ausgetreten, Funken der Glut in der Dunkelheit, die Möbel hineingetragen, die Ladefläche angehoben, die Türen verschlossen. Wir sehen die Rücklichter des Lastwagens rot. An der Ampel Orange. Dann Grün. Der Lastwagen verschwindet. Eine Frau geht auf dem Gehweg unter dem Fenster, sie hat in der Dunkelheit ihr Gesicht verloren, die Hände hält sie dicht am Bauch.

Ich lege meine Hand an ihren Rücken. Ich öffne ihr gelbes Kleid. Ich lasse das Kleid fallen. Ich öffne den Büstenhalter, Häkchen, um Häkchen, um Häkchen, und lasse ihn fallen. Und auch die Unterhose, über die Hüfte, den Oberschenkeln entlang und den Waden, bis zu den Füßen. Ich lege meine Hände an ihre Schulterblätter, die sich heben und senken.

Sie sei im Wald eingeschlafen. Habe geträumt von der Umarmung eines Bären. Sie habe sich in sein Fell gelegt. Der Bär habe sie gefressen in ihrem Traum oder sie habe den Bären gefressen, sie sei Bär geworden und der Bär sei sie geworden.

Komm zu mir, Kätzchen. Komm heim. Pass auf dich auf, Kätzchen. Ich will dich beschützen, Kätzchen.

Ich lege meine Hände an ihren Körper, streichle die Haut. Ich halte sie. Und fahre mit meinen Fingern den Grenzen entlang. Den Beinen, den Außenseiten, den Hüftknochen, den Knien, den Schienbeinen, den Zehen, den Fersen. Umfasse sie, lege meine Hände an ihren Bauch. Ein Fell wächst über sie. Sie schweigt. Langsam kommen dunkelrotbraune Härchen aus ihrer Haut. Sie werden dichter und dichter. Sie verschwindet in einem dunkelbraunen Fell. Weicher und weicher und sie schweigt. Ich lege meine Hände in das Fell und mit meinem Gesicht an ihrem Rücken sinke ich in sie ein.

Alexandre Lecoultre

Alexandre Lecoultre, 1987 geboren, veröffentlichte 2015 *Moisson* (Sierre: Monographic) und 2020 den Roman *Peter und so weiter* (Lausanne: L'Âge d'homme), für den er 2021 einen Schweizer Literaturpreis und den Prix CiLi erhielt. Aus seinen Texten entwickelt er Lesungen in Zusammenarbeit mit Musikern wie dem Akkordeonisten Julien Paillard, mit dem er das Duo »Und so weiter« bildet. 2020 erschien das Künstlerbuch *Pépins de pomme* (Sottens: Le Cadratin) in Zusammenarbeit mit der Malerin und Grafikerin Claire Nicole. Er übersetzt Lyrik aus dem Spanischen ins Französische, insbesondere die kolumbianische Dichterin María Mercedes Carranza (*Le Courrier*, 2020; *Europe*, 2021) und den kolumbianischen Dichter Raúl Gomez Jattin (*Rehauts*, 2021).

Alexandre Lecoultre
Vers un lieu très lointain

Par la nuit sans étoiles et la rive sans voix
Leopardi

*Le ciel est au-dessus de moi. Tant que je vivrai, je ne perdrai pas
l'habitude d'élever mon regard vers lui. J'ai les pieds sur la terre :
elle est mon point d'appui.*
Robert Walser

Telle un bateau de fortune
la Terre s'engage dans la nuit
dans l'Univers qui est froid
et qui nous ignore
quand on rêve de lui.

La houle du ciel berce nos yeux
et c'est bon de ne rien voir,
des fois c'est comme ça
on ne veut plus rien voir.

Les mains portées au visage
voilà comment je n'écris pas.

Plutôt je vais
par les chemins épars
eux aussi seuls et perdus
sous la ronde des astres.

Alexandre Lecoultre
an einen sehr fernen ort

Dem Reich des Schweigens und der düstern Nacht
Leopardi

Über mir ist der Himmel. Solange ich lebe, werde ich nie
verlernen, zu ihm hinaufzuschauen. Ich stehe auf der Erde:
Dies ist mein Standpunkt.
Robert Walser

Wie ein notgeborenes boot
überlässt sich die Erde der nacht
dem Weltall das kalt ist
und keine notiz nimmt
wenn man von ihm träumt.

Das wogen im himmel wiegt uns die augen
und es ist ein glück nichts zu sehen,
ab und an ist das so
und man will nichts mehr sehen.

Die hände am gesicht
ist die art wie ich nicht schreibe.

Eher nehme ich noch
verstreute wege
die selbst versprengt sind verloren
unter dem rund der sterne.

D'une oreille
à l'autre se tend l'espace,
ce chapeau sans fond
qu'on retourne sans cesse
pour toucher notre absence,
malgré l'éclat
du carrousel là-haut
et de notre voix.

Plutôt je me tais
lorsque tout tremble ici-bas,
les nuages et les feuilles
l'obscurité et les cailloux
un pan de veste
qu'agite le vent.

Ces invisibles grelots
sont-ils la trace sans trace
d'une présence précaire
qui nous parcourt
et qu'on poursuit ?

Sans lampe, l'ouïe vive,
je me surprends à entendre
de drôles de fantômes,
champs de maïs bien bavards
peupliers secoués de frissons
carillons le long des berges
brassées d'herbes,
l'air
immense
où se lancent les ombres
à peine plus audibles
qu'une aile de plumes.

Es spannt sich von ohr
zu ohr der raum,
ein hut ohne boden
den man allezeit wendet
damit er unser fehlen berühre
mag noch so funkeln
das karussell da oben
und unsere stimme.

Eher schweige ich noch
wenn alles hier unten bebt
an wolken und blattwerk
an dunkel und kiesel
an einem stück jacke
das der wind bewegt.

Diese unsichtbaren schellen
sind sie die spurlose spur
einer gebrechlich-erbetenen gegenwart
die uns durchrinnt
und nach der wir uns mühen?

Ohne licht, das gehör aber rege,
vernehme ich staunend
komische phantome:
seltsam gesprächige maisfelder
durchschauderte pappeln
an grasüberwucherten böschungen
glockenspiele
unermessliche
luft
in die sich schatten werfen
kaum hörbarer
als ein flügel aus federn.

Inédits **Alexandre Lecoultre**

Pendant ce temps
hier comme demain,
dans l'axe des aiguilles
les uns font la planche
les autres se blottissent
près des lumières froides,
les uns les autres abasourdis
par le vacarme sans fin.

Clameurs de bistrots lointains
ou murmures de maisons proches
des vagues usines
et jusqu'aux fils électriques,
le pouls sonore
des uns et des autres
ne cesse de battre.

Comment habiter ce monde
lui-même habité
déjà de ces bruits ?

De loin en proche,
un train gronde
une radio crépite
une chouette crie
quelqu'un renifle
qui n'est autre que moi
pissant dans le talus.

En cet instant le fragile
cosmos n'est rien de plus
que cet instant,
en équilibre sur lui-même,
oblique comme la Terre
ces sons
ce jet.

Diese zeit lang
gestern wie morgen
liegen die einen brettsteif
in der achse der zeiger
die anderen kauern
bei kalten lichtern
beide benommen
vom lärm ohne ende.

Fern von den bistrots geschrei
oder nah von den häusern gemurmel
von den vagen fabriken
und bis an die strommasten,
der pochende puls
der einen und anderen
schlägt immer fort.

Wie bewohnt man eine welt
die schon bewohnt ist
vom geräusch?

Von fern heran
dröhnt da ein zug
knistert ein radio
ruft eine eule
schnauft einer der
niemand anderes ist als ich
der pisst
die böschung hinab.

In diesem moment ist der ver-
letzliche kosmos nichts mehr
als dieser moment
sich selbst ein gleichgewicht
geneigt wie die Erde
diese laute
dieser strahl.

Entre les marges
vastes de mes pas
le vent fou
erratique
s'amuse et tournoie,
laissant l'espace au silence,
sans quoi je n'entendrais
même plus mon souffle,
qui porte tant de choses
mais si peu loin.

Voilà l'horizon
où nous chutons
où chutent les sons
où tout chute et s'emballe
et se met à rouler
sous les semelles ordinaires
qui refusent la clarté.

Le feu a le don
de restreindre sa lumière
de laisser le reste dans l'ombre,
j'y pense en passant
près d'un cimetière
où les flammes des lumignons
les unes des autres éloignées
brûlent en silence,
là où les yeux se tiennent clos
si près de la terre
et tout autant du ciel,
là où il est encore possible
d'être presque muet.

Inmitten der weiten
ränder meiner schritte
vergnügt sich der wind
verrückt
und irrend
und wirbelt
belässt den raum in schweigen
andernfalls hörte ich nicht
einmal mehr meinen atem
der so vieles trägt
doch so wenig weit.

Das ist der horizont:
da fallen wir
da fallen die laute
da fällt alles und überstürzt sich
und nimmt fahrt auf
unter gewohnten sohlen
die das helle verweigern.

Feuer hat die gabe
sein licht einzugrenzen
den rest ins dunkel zu geben:
das fällt mir ein als ich den
friedhof passiere
wo die flammen der lichtlein
voneinander entfernt
in stille glühen
da wo sich die augen geschlossen halten
so nahe der erde
und zugleich dem himmel
da wo es noch geht
fast stumm zu sein.

La vie est là certes
mais ailleurs aussi
qui me tombe au-dedans,
un peu partout
là où je retrouve ce feu
de toujours dans la cuisse
en traversant cette nuit
pareille à des milliards d'autres nuits.

À vous qui parcouriez
les plaines et les mers
les chemins simples et sauvages,
à vous qui scrutiez les étoiles
depuis longtemps déjà
ébouriffés et vigilants,
à vous qui étiez ainsi faits
d'une autre grandeur
née des choses infimes.

À vous je dédie ces lignes
qui tracent à l'aveugle
l'insaisissable contour
du dessin que le vent
porte à nos oreilles,
ces proches cavernes
qu'on ne voit guère mais qui nous guident
depuis les temps sans mémoire
d'un lieu très lointain
vers un lieu très lointain.

Gewiss ist dort das leben
doch anderswo auch
und es fällt mir hinein
hierhin und dorthin
wo mir das wohlbekannte feuer
im schenkel brennt
auf dem weg durch die nacht
die milliarden anderer gleicht.

Euch, die ihr ebenen
und meere durchquertet
einfache und wilde wege gingt
euch, die ihr lang schon die
sterne erforschtet
haarzerzaust und wachend
euch, die ihr gemacht wart
aus einer anderen größe
die aus kleinstem entsteht.

Euch widme ich diese zeilen:
sie folgen blind
der ungreifbaren kontur
jener zeichnung die der wind
uns an die ohren führt
die umliegenden höhlen
die kaum zu sehn sind und uns doch leiten
seit erinnerungslosen zeiten
von einem sehr fernen ort
an einen sehr fernen ort.

Aus dem Französischen von Christoph Roeber

Flurina Badel

Flurina Badel, Autorin, Künstlerin und Redaktorin, lebt in Guarda im Engadin. Seit 2014 arbeitet sie hauptberuflich im Künstlerduo Badel/Sarbach, dem unter anderem der Manor-Kulturpreis 2019 verliehen wurde. Seit 2016 ist Flurina Badel Redaktorin der rätoromanischen Literatursendung »Impuls« bei Radiotelevisiun Svizra Rumantscha. Sie moderiert oder kuratiert kulturelle Anlässe wie das Symposium LitteraturA Nairs. Ihre Texte wurden 2018 mit dem OpenNet-Preis der Solothurner Literaturtage und mit dem Double-Stipendium von Migros-Kulturprozent ausgezeichnet. Für ihren ersten Gedichtband *tinnitus tropic* (Turich: editionmevinapuorger) erhielt Flurina Badel 2019 einen Schweizer Literaturpreis.

Flurina Badel
sul

ün stousch lingettas
chantina da quai seccant
nu's lascha scurrantar

lura n'haja fom

e plü tard ün ventatsch
cha la romma dal salsch
giaischlaja l'aua dal lai

Flurina Badel
zeichensetzung

ein schwarm gedankenstriche
summt lästig
lässt sich nicht verscheuchen

dann knurrt mir der magen

und später fährt ein wind
ins geäst der weide
das den see aufpeitscht

am regalast ün tschagl
cunter la rabgia

as doza sur la versch
as bütt'aint il ajer

straglüscha

da la palma chi tschüffa fö
laiva scriver
üna comma sül daint

du schenkst mir eine wimper
gegen die wut

steigt auf über den scheitel
wirft sich in die luft

zuckt

von der brennenden palme
wollte ich schreiben
am finger
ein komma

Inédits **Flurina Badel**

mans s-charnüts
louvan
manzinas da jocca sülla fossa

vi dals craps crescha müs-chel
adüna da la listessa vart
puncts da suspensiun

a tocs incleg cha
la cuntrada ans posseda

hagere hände
betten
holderzweige aufs grab

an den steinen wächst moos
immer auf der gleichen seite
auslassungspunkte

stückweise verstehe ich
uns besitzt die landschaft

bocca sütta
flada ün giavüsch

sfuschigna üna mür sur il vestplüma
ed oters segns da dumonda

sul il sun dals sains
adas-chür
batta las trais

trockener mund
haucht einen wunsch

huscht eine maus über die decke
und andere fragezeichen

dumpf schlägt's
im dunkeln
drei

in ün verer e nu verer
müda la glüna
da sul a cler
e net l'ajer

i fa di

aint in mai
la föglia dal trembel
pronta pel vent

jählings
ändert das licht
von trüb zu hell
und klärt die luft

es tagt

in mir grünt
espenlaub
bereit für den wind

blera roba da pac
sün palantschin
in parantesas branclas
eir il pensar

ün vesprer vöd
resta
la glüschur fina da cellofan

viel nichtiges
auf dem dachboden
in geschweiften klammern
auch das denken

ein leeres wespennest
bleibt
feiner glanz von cellophan

Inédits **Flurina Badel**

Aus dem Rätoromanischen (Vallader) von Ruth Gantert, in Zusammenarbeit mit
der Autorin

Douna Loup

Douna Loup wurde 1982 in der Schweiz geboren und lebt heute in der Nähe von Nantes. Ihre ersten drei Romane erschienen im Pariser Verlag Mercure de France: *L'Embrasure* (2010, deutsch von Peter Burri, *Die Schwesterfrau*, Basel: Lenos, 2012), *Les Lignes de ta paume* (2012) und *L'oragé* (2015). Bei Editions Zoé in Genf veröffentlichte sie die nach dem Zufallsprinzip kombinierbaren Hefte *Déployer* (2019) und den Roman *Les Printemps sauvages* (2021). Zusammen mit Justine Saint-Lô ist sie auch Autorin eines Comics, *L'Affaire clitoris* (Vanves: Marabout, 2021). Außerdem schrieb sie für das Jugendtheater die Stücke *Ventrosoleil* (Les Sans-éditions, 2014) und *Mon chien-dieu* (Les Solitaires intempestifs, 2016). Sie arbeitet momentan an spartenübergreifenden Projekten mit Text, Tanz und Musik.

Die Rotfuchs
Douna Loup

Nicht rausgehen, bleiben, Runden drehen, Wasser trinken, in die Bauch fließen lassen, aus der Fenster sehen, Krümel auf den Straßen werfen und sehen, wie die Vögel herbeizischen, um sie zu fressen, als ob ihr Leben davon abhinge, sich auf die Sessel legen und den Decken ansehen, ganz sanft träumen, und dabei die Finger mit violett lackierten Nägeln im Luft kreisen lassen und mit hochgestreckten Beinen tanzen, weil ich Musik angemacht habe, schwermütiges Klavier, Klarinetten, hinabstürzende Stimmen und ich, ich mach's mir bequem. Ich zünde mir 'nen mit Minze gestopftenn Zigarette an und mache Ringen aus Rauch, die durch das Velux verschwinden, Luxus, sag ich mir, die große Vorteil meinerr Tag in dem Wohnung, tun, was ich will, ohne Logik, langsamerr Folge von unkoordinierten Bewegungen, nur der Augenblick ausgeliefert, im Spontanität der Pflanzen, es wächst durch mich hindurch, Blütenblätter sprießen, und wie ich das genieße.

Als die Katze sich an meine Bauch schmiegt, scheint in der Raum alles zusammenzufließen, um unsere Organe kreist 'n weicherr, katzenartigerr Energie, die Säugetiersinnen in mir erwachen und verbinden sich mit denen meiner schnurrenden Katze. Wir streicheln uns gegenseitig über Haut und Haar, wir symbiotisieren still. Die Katze schläft, ich schnurre, sie döst, ich gebe mich ihremm vibrierenden Wärme hin.

Mit langsamen Schritten auf dem Straßen gehen, an der roten Platz zahlreiche Freundeinnen treffen, und mit diesem Truppen von lauten, lachenden Körpern vorwärts durch die Straßen ziehen und schwimmen gegen die Strom 'nes bestimmten, geradeaus marschierenden Massen. Wir fließen in der Zickzack vorwärts, auf der Place Poreuse stoßen Pferde zu uns, sie sind vier, Rotfuchs und Isabell, die Felle funkeln vor Schweiß, wir fragen, ob wir uns auf ihre Kruppen schwingen können, und schnell sind drei von uns auf ihnen.

Die Rotfuchs mag sich nicht anstrengen, ich streichle über ihre ruckelndee Hals, manchmal leckt sie mir über den Schulter, und wir geh'n vorwärts.

Wir haben nicht wirklich 'ne Plan in der Kopf, als wir am Ufer der Fluss Apostroph ankommen. Wir trinken, indem wir uns über das Wasser beugen, die Pferde nehmen lange Züge, wir schlürfen, Jul saugt durch seinee Löwenzahnstrohhalm. Ich lege mich auf die Rücken und lächle die Himmel an. Die Fluss sagt mir, ich soll mich beruhigen, ihrr Wasser kommt direkt in meine Bauch, um den Botschaft zu überbringen. Lass deine wilde Rhythmus 'n bisschen ruhen, nimm die kommenden Momente sanfter an. Ich glaube, es ist richtig, dass ich das höre. Seit heute Morgen erwarte ich etwas. Ich weiß nicht so recht, was, aber ich strecke die Fühler aus und warte, bin ungeduldig, aufgerieben, auf Messers Schneide, ich glaube, es liegt daran, dass ich nicht weiß, ob ich gehe oder bleibe. Ob ich aus dem Stadt nach L'Escille reise oder ob ich bis zur nächsten Frühling in meinemm Wohnung bleibe. Der Tatsache, dass ich mich entscheiden muss, drückt auf meinee Kopf.

L'Escille ist eine Ruf aus dem Tiefen, ich höre seinenn klaren Quellen, seinee großen Kastanienbäume, voll mit stacheligen Früchten. Und ich sehe mich, wie ich Steinen aufwühle, Holz hacke, das sich in der Herbst ergoldende Tal bestaune, das sich nach und nach mit warmen Farben bedeckt. Aber wenn ich weggehe, verlasse ich meinenn Truppen von Freundeinnen für einige Monaten, ich ziehe mich ins Wilde zurück. Natürlich werde ich Besuch bekommen, aber selten. Da pendelt's in mir hin und her, manchmal sehne ich mich nur nach diesem Ruhen in dem Fernen und manchmal habe ich Angst, mich in L'Escille verloren zu fühlen. Ich kenne das Leben im Tal noch nicht so gut, ich stelle es mir nur vor. Die Rotfuchs leckt über meinenn Wangen, der kalte Luft kribbelt auf meinemm feuchten Haut, und die Gedanken verlieren sich unter der Himmel, fallen wie kleine Tröpfchen auf die goldene Asphalt. Ich sehe geradeaus, Livie singt Ohrwürmer, die in Endlosschleife laufen, sie kapern unsere Köpfe, wir fangen an zu singen, sie wandern durch unsere Münder und der Straße strahlt in schallendem Gelächter.

Es ist einfach, wenn ich vergesse zu glauben, dass ich jemand bin, dass ich Entscheidungen zu treffen habe, dass ich wählen und wissen muss, was zu tun ist.

Es ist einfach, wenn die Atem mit'm Moment vereint ist, wenn der Straße ein Band ist, das unter unseren Sohlen läuft, und wenn die Fragen nur Spiele sind, sanft, reich und ohne Bedeutung. Fryz ruft, »Mensch hab' ich eine Hunger. Wer kommt mit zum Kürbisfeld?«, und es ist einfach, auf diesen Fragen zu antworten, zu hören, wie meinee Bauch Ja sagt! Also bricht der ganze kleine Truppe auf zum Kürbisfeld. Dort sitzen schon Leute im Gras. Unter den Eichen wird gekocht. Wild durcheinandergeredet. Ich küsse Jorna, dier auf eine Holzbank liest. Als ich meinee Mund auf sies Nase drücke, schließt sier die Augen, das ist schön anzusehen, es freut mich, ohne zu wissen, warum, aber sies Gesicht ist ganz offen, voller fabelhafter Schönheiten. Gemeinsam setzen wir uns auf'n Bank und sier gibt mir eine Abschnitt aus ihree Buch zu lesen.

»Neue Wege zu gehen, aus dem vorgegebenen Programm auszubrechen, ist immer eine gefährliche Entscheidung der Abweichung. Wieder und wieder das Gleiche zu schreiben unter dem Vorwand, es handle sich um ein Naturgesetz oder um ein Programm, dem wir uns nicht entziehen können, bedeutet, die überlegene Machtposition eines einheitlichen Denkens zu setzen und für etwas Absolutes zu halten, daraus einen wahren König zu machen. Wenn wir Änderungen in der Sprache vorschlagen, sind wir bereit, andere Realitäten existieren zu lassen. Neue zu erfinden und daran zu glauben, dass die Geschichte nur eine Geschichte ist, nichts Starres, sondern einzig eine Möglichkeit unter vielen anderen. Über Jahrzehnte haben wir geglaubt, die Menschen ließen sich in zwei Kategorien einteilen, in Männer und Frauen; dass es nicht möglich sei, zu existieren, ohne sich auf diese zwei Kategorien zu beziehen, die auf einer Zuordnung (und manchmal Entfernung) der Geschlechtsorgane basieren, und das ganze Leben wurde geprägt von diesen Kategorien, die die Grundlage für die Identität der Menschen darstellten.

Jetzt da diese Kategorien nach unzähligen Bewegungen, Fortschritten, Rückschritten in einem verstaubten Archiv verschwunden sind, müssen wir andere Baustellen angehen, andere Möglichkeiten ausloten und andere Gewissheiten infrage stellen.«

Ich sehe Jorna an, es ist komisch in dem Sprachen vor dem großen Umwandlung der Wortgeschlechter zu lesen … für mich, dier später aufgewachsen ist, dier nur diesen Sprachen gesprochen hat. Ich weiß, dass wir in dem Region der drei Täler zusätzliche Entwicklungen geplant haben, und ich frage mich, wie ich diese Veränderungen erleben werde. Nachdem wir 21 Jahre den Umkehrung praktiziert haben, kommen wir auf den nächsten Stufen der Umwandlung hin zu 'nem geschlechtslosen Sprachen. Denn diese der, die, das, eine, einer haben kaum noch Bedeutung… und wir haben jetzt die Abstand, um sagen zu können, dass der Erfahrung umfassend, freudig und voller Einfallreichtum war. Wir haben gesehen, dass es ein lebendigerr Entwicklung war, dass es alle Schichten in Bewegung gesetzt hat, dass es überall zu Debatten führt und dass es langsam in einem Auflösung mündet. »Wer anders denken will, muss anders sprechen…«

Aus Schalen von Früchten habe ich mir ien Maske gemacht, ien magisch Maske, voll mit Haare und Federn, gut angeklebt, geflochten. Zu dies Maske habe ich mir ien Kleid gemacht, ien groß, weit Kostüm aus Baumwolle, Wolle und Seide, aus Blätter und Zweige. Ich schlüpfe hinein, gehe das Treppe hinunter, schreite durch die Höfe, überquere das Basketballfeld und setze mich in das Gras. Ich betrachte das Himmel, grabe mich in das Erde, betrachte die Bäume, atme, ohne mich zu bewegen. Ien Füchsin nähert sich, intensiv schnüffelnd, schwungvoll, das Schnauze hochgereckt, die Ohren aufgestellt, die Augen des Füchsin scheinen messerscharf, als ich sies Blick kreuze, fange ich an zu zittern. Aber das Füchsin liegt schon eingerollt auf mein Schoß. Ich sehe siese Zitzen, und erlaube mir, siem zu sagen, du bist schön… Das Füchsin hat gegen dies Kompliment nichts einzuwenden, sier schläft, ich wundere mich über sies Vertrauen, aus rein Freude stimme ich ien Lied an, damit mein Stimme sich ins Fell des Füchsin schmiegt, um mich zu wiegen und zu siese Vierbeinerträume zu gesellen. Wir schlafen gemeinsam, die Nacht fällt auf unsere Körper. Das Füchsin erwacht, als das Mond sich erhebt, orange wie sies Fell. Aber ich schlafe tief und fest, ich höre nicht, wie das Füchsin mit leisen Schritten in den Ästen verschwindet, die Nacht witternd entlang mein schlafend Körper davonhuscht.

Aus dem Französischen von Steven Wyss

Matteo Ferretti

Matteo Ferretti wurde 1979 in Correggio (Reggio Emilia, Italien) geboren. Er ist Gymnasiallehrer für Italienisch in Lugano. 2019 veröffentlichte er seinen ersten Gedichtband *Tutto brucia e annuncia*
(Bellinzona: Casagrande), der mit dem Terra-Nova-Preis der Schweizerischen Schillerstiftung 2020 ausgezeichnet wurde. Er arbeitet
mit dem Illustrator und Comiczeichner Marino Neri zusammen, Trä-
ger des Premio Nuove Strade 2012 der Comic-Messe in Neapel und
Autor verschiedener Graphic Novels (*La coda del lupo*, Bologna:
Canicola, 2011; *Cosmo*, Roma: Coconino Press Fandango, 2016; *L'in-
canto del parcheggio multipiano*, Bologna: Oblomov, 2018; *Nuno sal-
va la luna*, Bologna: Canicola, 2019).

Die Entstehung des Schattens
Notizen über das Wilde
Von Matteo Ferretti (Text) und Marino Neri (Illustration)

»Ehrlich gesagt, nur wenige Erwachsene sind fähig, die Natur zu sehen. Die meisten Menschen sehen die Sonne nicht.« Ralph Waldo Emerson, 1836.

Und was sehen wir wirklich?

Eine Blume sehen ist noch nicht denken. »An« eine Blume denken ist noch nicht »mit« einer Blume denken.

Mit einer Blume denken: Wenn dies geschieht, treten wir ins Herz des Wilden.

Über das, was uns eine Blume noch lehren kann

In der Bestürzung wächst du noch immer,
Wurzeln schlägst du im Unfall
und in die Krümmung legst du die Höhe,
die richtige Neigung des Stiels.
Deine Form änderst du nicht,
um einer ganzen Generation
den Vergleich zwischen deiner Blüte
und der Maske eines Atemgeräts nicht vorzuenthalten.
Für einige bist du grausam.
Und doch fliegt dein Blütenstaub
immer noch durch die Luft, und dein freier
Duft sucht das Leben, wo immer es standhält.
Und deine kurze Dauer ist umso stärker,
je länger wir unter ihr leiden,
und deine Blätter hören nicht auf,

Schwertern zu gleichen, doch der Krieg,
falls er kommt, ist nie unvermeidbar,
doch immer Niederlage in einem so hinfälligen Ding,
wie der Atem es ist,
und wie du: Iris.

*Die Zähmung verursacht bei den Tieren eine Abstumpfung der Sinne
und der Fähigkeit, die Gefahren in der Umwelt wahrzunehmen. Die
menschliche Zivilisation hat seit der Einführung der Landwirtschaft
ein analoges Resultat verursacht. Sich selbst zähmend, ist der Mensch
dem, was als »Zerfall der Umweltsensibilität« definiert wird, entgegen-
getreten.*

*Wir könnten einfach nicht mehr fähig sein, die uns umgebende Gefahr
wahrzunehmen. Trotz allem.*

Bis ans Ende.

Ohne uns

Ohne uns
sagt man: ohne Angst.

Ohne uns
sagt man: ohne Fall,
ohne Erhöhung.

Ohne uns
sagt man: erinnerst du dich?

Aber es ist nur der Klang der Nadeln,
die den Zyklus der Pionierinnen
wiedergeben, die in den Straßenspalten
aufgewachsen sind.

Inédits **Matteo Ferretti**

Denn keiner weiß mehr,
in wie viel Zeit eine Frage formuliert wird;
ob andere Luft gebraucht wird als die,
die ein Leben, das nur von Leben
umgeben ist,
zur Verfügung hat.

*Wild ist der Gedanke, der die prekäre Lage der Spezies lehrt, die uns
übersteigt, die uns ins Jenseits und ins Nachher führt. Wie ins Vorher.*

*Man ruft Sinne ins Leben zurück, Lehren und vergessene Stimmen. Gewis-
se Situationen führen uns zwangsweise zu ihnen: wie wenn man ums Feuer
säße. Notiz für eine Übung: Wer sind wir, wenn wir aufs Feuer starren?*

Der Tag, an dem du lernen wirst, in den Flammen zu lesen

Wenn du dem Feuer einen Namen gibst,
wenn du das Geheimnis,
das du in dir trägst, suchst,
findest du zuerst eine Schnauze, und dann ein Gesicht,
von dem du glaubtest, du hättest es verloren: immer noch intakt,
doch in Bewegung, in ständiger Überschneidung,
denn einzigartig ist das Ding, das du in allem
siehst. Du verstehst in den Flammen,
dass das wahre Schauen
in der weißen Farbe besteht, im Zentrum,
in dem du überall der letzte Reflex bist. Wenn das Feuer
in deine Richtung schaut, sage ihm, bitte,
dass du jemand geliebt hast;
dass du gezählt und gekannt hast,
was du konntest, und sei es auch nur dafür.
Dass du in den Flammen existierst,
in einem gestirnten Moto continuo,
dem wir nie einen Namen
zu geben wagen.

Wild ist ein Geschenk und eine Möglichkeit. Eine Kette von Gedanken,
die sich spiegeln und gegenseitig denkbar machen.

Im Schweben lassen, was wir von uns wissen, wie den Atem anhalten,
bevor man ins Wasser steigt, und dort sich anderswo fühlen. Doch auch
akzeptieren, alles, was wir sind und was wir in der Eile des Konsumie-
rens verbergen, zu sehen.

Jedes Hindernis, das sich zwischen uns und dem, was uns sättigt, stellt,
ist ein Schritt längs eines schwierigen, aus Instinkten, Sinnen und Kör-
per gemachten Weges. Vielleicht ist der Tisch der letzte Tempel, wo wir
uns auf der Schwebe zwischen Menschlichem und Wildem bewegen. Es
muss eine Verbindung bestehen zwischen der Art, wie wir essen, und der,
wie wir in der Welt leben: Und vielleicht ist es nicht die Arbeit, die uns
zwingt, ohne Sorgfalt und gedankenlos zu essen; doch in der Arbeit fin-
den wir eine Entschuldigung, es zu tun, um uns dann nicht in einem Zy-
klus zu finden, der viel größer als wir selber ist.

Wer sich entscheidet, nicht mehr zu essen, hat der Welt, die wir gedacht
haben, eine sehr wichtige Botschaft zu geben.

Inédits **Matteo Ferretti**

Rechnungen mit einer Reihe immer kleiner werdender Ziffern

Es ist immer noch seine Hand:
Die Fortführung seiner Liebe
und seiner Sorge.
Sie scheint mehr Venen als üblich zu haben;
sie hat mehr Gewichte gehoben und sicherlich
hat sie viel mehr Gewalt ausgeübt.

Wie jene Art, die er hat, mir aus dem Teller
die Gabel zu nehmen und sie mir ruckartig
an den Mund zu führen. Du musst essen.
Wer isst, wer nicht isst:
es ist immer die gleiche, lange Geschichte.

Es sind die dazwischen liegenden Schwächen,
die der Welt sagen,
welches das genaue Maß des Stoßes ist,
den jeder ertragen kann.
Und sie erlauben es den Körpern, sich nicht zu vermischen,
denn eine jede hat eine eigene Art
sich zu biegen.

Es sind die kleinen, täglichen Verfehlungen,
die die Summe des Lebens ausmachen.
Bis man in einem Freudenblitz
sich dem Maß nähert,
das jeden Fehler
auf dem Zeiger der Waage verschwinden lässt.

*»Wenn wir zufällig im Wald auf ein wildes Tier treffen, eine Hirschkuh,
die ihre Augen zu uns erhebt, haben wir die Empfindung, ein ganz besonderes Geschenk zu erhalten, ein Geschenk, das nicht aus Absicht gegeben wurde, das wir uns nicht aneignen können. Es wird reines Geschenk genannt: Niemand hat es geben wollen, niemand hat durch dieses
Geschenk etwas verloren, es gehört euch nicht, es kann aber an andere
weitergegeben werden.« Baptiste Morizot, 2018.*

Lernen, ein reines Geschenk zu erkennen.

Der Augenblick, in dem wir uns befinden

Der Frühling lehrt nicht, geboren zu werden,
der Frühling lehrt, zurückzukehren,
eine Sache, die zu lang in der Luft hing,
nicht zu ertragen.

Es reicht eine Handvoll Straßenblumen,
als wären sie ein Versprechen: denn es konnte

kein Anderswo sein, kein günstigerer Augenblick,
um sich einzufinden.

Um ein Geschenk auf den Stiel zu drängen.
Wenn jedes Ding uns angehört,
ist der einzige mögliche Sinn
die Liebe.

Der Frühling ist nicht die Zeit der Krankheit,
der Frühling ist die Zeit des Heilens.

»Die Klimakrise ist eine geistige Krise, denn wir haben das tsawanu [un-
sichtbare] Leben, das uns mit den anderen Lebewesen verbindet, verges-
sen.« Eingeborenenhäuptling des Amazonas-Stamms der Sapara, 2013.

Der Kult der »Großen Mutter«, dessen Wurzeln ins Paläolithikum rei-
chen, hat mehrere alte Zivilisationen charakterisiert, die während Jahr-
tausenden ohne Konflikte und in einer vollkommenen Synthese mit ihrer
Umwelt gelebt haben. Die Göttin verkörperte die fundamentalen Zyklen
der Natur und die intimen Verknüpfungen zwischen den Elementen und
den Lebewesen. Priesterinnen und Priester hatten die rituelle Aufgabe,
die Gemeinschaft zu leiten, diese Rhythmen und Verknüpfungen zu ver-
stehen und mittels der durch Gesänge und Trommeltänze erzielten
Trance eigentliche Verbreitungs- und Verwandlungsstrategien der Ge-
wissen zu entwickeln.

Wild ist der Trommelklang, der Rhythmus der Trommel, der Rhythmus
eines Gedichts: Du hörst ihm zu und er sagt, dass etwas, immer noch,
überlebt.

Sich in der Zeit zusammen wiederfinden

Ich schaue dich an, in dich versunken,
als hättest du den Vorrat an Gesichtern
und an Menschheit verlassen.

In dir ist etwas Tieferes als nur
die Zerstreuung. Ein vollkommen
leeres und regloses Vergessen.
Du bist schwarz und geheimnisvoll
wie das Wasser, das eine Amphore
nie schöpfte.

Du stammst aus uralter Zeit.

Du bist im Leben
begraben, in deiner Zerbrechlichkeit
von etwas Robustem wie der Erde
zusammengehalten. Und tief.

Viel von dir hast du hinter dir gelassen,
jede kleine oder große Frau,
die du gewesen bist, jede mit Honig,
Wachs oder Mehl geknetete Form.

Wenn du in dich versunken bist, ist es
als hättest du das Blei des Zauberspruches verlassen,
als wärst du in ein Schlangensiegel gezwängt.
Du bist dunkel und gewiss, fast wie eingeprägt.
Du glänzt auch als Abwesende,
in Fackel- und Kerzenlicht:
Du bist eine Erinnerung und ein Impuls, du evozierst
einen Frauennamen außerhalb unserer Existenzen: du bist
wie damals, immerwährend, für immer heimlich
fromm
in der Tiefe
deiner unversiegbaren Quelle.

*Wir leben in der Ära der Bildung der Schatten. Inmitten der Brände
wachsen die Kälte und die Einsamkeit der Spezies. Die Sonne ist jenseits
des Horizonts unserer Gedanken.*

Was flammt, tönt, weckt, lebt, wärmt, zerstört und regeneriert. Was brennt, versteckt, auslöscht und sich für immer in Asche entfernt. Die Sonne flammt immer noch auf die Erde; aber der Schatten verbrennt sie und gibt unserer schonungslosen Gleichgültigkeit ein Bild der Flammen.

Wir üben immer die Unterscheidung aus. Sie ist das erste Kampfinstrument.

Revolution

Wir sind auf dem Weg zum Sturm,
der sich uns wie ein Naturkodex leiht
und sich als Geheimnis,
um uns vom Wind
zerfleischen zu lassen, zeigt:
Die Leere schlucken, aus dem Schweigen treten,
Kraft der Gleichgültigkeit werden.

Im Horizont wie eine Falte
des Drucks existieren, unsichtbar,
aber immer in Ankunft, im höchsten Grad
unserer Skala.

Geboren werden, um zu zerfleischen.

Wachsen, um ein Ende zu bestimmen.

Schreien, um dem Morgen Raum zu geben.

Wie es schon immer gemacht wurde, werden auch wir unseren Kindern beibringen, sich mit der Sonne zu messen, mit den Sinnen und dem Zutun der Elemente zu denken.

Inédits Matteo Ferretti

»Die von einem Wald erzeugten Gedanken erreichen uns in Form von Bildern. Um sich mit diesen Waldesgedanken zu verknüpfen, müssen auch wir mittels Bildern denken.« Eduardo Kohn, 2013.

Die Veränderung wird kommen, wenn wir es erlauben, dass unsere Kinder wie Orkane denken und wie das Feuer vor Hoffnung flammen.

Das Wilde ist Verwandlung.

Aus dem Italienischen von Christoph Ferber

Quellen

Dieser Text verdankt sich Passagen aus drei wunderschönen Büchern:

Eduardo Kohn, *How Forests Think. Toward an Anthropology Beyond the Human.* Oakland: University of California Press, 2013.
Eduardo Kohn, *Come pensano le foreste. Per un'antropologia oltre l'umano.* Traduzione di Alessandro Lucera e Alessandro Palmieri. Milano: Nottetempo, 2021.

Baptiste Morizot, *Sur la piste animale.* Arles: Actes Sud, 2018.
Baptiste Morizot, *Philosophie der Wildnis oder Die Kunst, vom Weg abzukommen.* Aus dem Französischen von Ulrich Bossier. Ditzingen: Reclam, 2020.

Carl Safina, *Beyond Words. What Animals Think and Feel.* New York: Henry Holt and company, 2015.
Carl Safina, *Die Intelligenz der Tiere. Wie Tiere fühlen und denken.* Übersetzung von Sigrid Schmid und Gabriele Würdinger. München: C.H.Beck, 2017.

Rebecca Gisler

Rebecca Gisler wurde 1991 in Zürich geboren. Sie studierte von 2011 bis 2014 am Schweizerischen Literaturinstitut in Biel und absolvierte anschließend den Master-Studiengang Création littéraire an der Universität Paris 8. Rebecca Gisler schreibt auf Deutsch und auf Französisch. 2021 veröffentlichte sie den Roman *D'Oncle* (Paris: Verdier), der mit einem Schweizer Literaturpreis 2022 ausgezeichnet wurde. Mit einem Auszug aus der deutschen Fassung gewann sie 2020 den Open Mike in Berlin. *Vom Onkel* erscheint 2022 in Zürich im Atlantis Verlag. Rebecca Gisler lebt in Zürich und Paris.

Rebecca Gisler
Willkommen im Treibsand

Wir verlassen die noch vom Mond beleuchtete Hauptstraße, um in den Wald zu gehen, wo wir uns am Rauschen des Baches, der uns dann zum Meer führen sollte, orientieren.

Sie geht immer einen Schritt vor mir und sagt, dass wir warten müssen, bis sich unsere Augen an die Dunkelheit gewöhnt haben, denn wenn ich mich erst einmal an die Dunkelheit gewöhnt hätte, würde ich merken, dass man auch in der Nacht alles sehen könne; sie nimmt mich bei der Hand, und wir bücken uns. Der Weg liegt direkt unter unseren Gesichtern. Meine Nasenspitze berührt beinahe den Boden, ich kann die feuchte Erde riechen. Und so dicht über dem Boden spüre ich auch, dass mir plötzlich schwindelig wird, und ich weiß nicht, ob es daran liegt, dass mein Körper auf eine ungewohnte Art gekrümmt ist, dass mein Knie und mein Kinn sich berühren, oder dass meine Hüfte ihr Bein berührt, oder wegen der Dämpfe gewisser Pflanzen die ich einatme, wegen der Geräusche anderer Pflanzen, die ich höre, oder weil die unzähligen Abdrücke auf dem Boden wie unruhige kleine Männchen aussehen, die mir den Kopf verdrehen. Das sind Meidosems, sehr schöne Meidosems, sehr seltene Meidosems, sagt meine Großmutter. Und erstaunt über diese tanzenden Männchen legt sich meine Großmutter regelrecht auf den Boden und zeigt mir die ersten Trittsiegel auf dem Erdweg: von einem Reh. Und ich sehe Spuren, die einer Lunge gleichen und andere einer Kaffeebohne und welche von einem Hasen, und ich sehe zwei kleine Punkte und zwei schmale Striche, und da die Spuren eines Wildschweins, nein, sogar zweier Wildschweine unterschiedlicher Größe, und hier, Fuchsspuren, und Spuren von Krähen, Reihern, Tauben und Sperlingen, und all diese Spuren von all diesen Tieren stellen ganz feine Schnitte dar, als hätte da jemand auf dem Waldweg eine Vase in tausend Stücke zerspringen lassen.

Wenn meine Großmutter spricht, nebelt es aus ihrem Mund und der Nebel umhüllt jedes ihrer Worte, als würde sie sprechen und gleichzeitig an einer heißen Zigarette ziehen. Wenn ich spreche, habe ich das Gefühl, dass ich mehr mit mir selber spreche als mit ihr, ich habe das

Gefühl, dass meine Worte nicht mehr tragen, und ich fühle mich gezwungen, alles, was ich sage, mindestens zwei- oder dreimal zu korrigieren.

Das ist normal, sagt sie wieder; man müsse warten, bis sich die Augen an die Dunkelheit gewöhnt haben, denn wenn man sich erst an die Dunkelheit gewöhnt habe, könne man alles sehen, und alles sehen sei wie alles sagen. Meine Großmutter steht auf, ich spüre, dass sie sich mir nähert, sie nimmt meine Hand, um mir zu verstehen zu geben, dass wir unseren Spaziergang fortsetzen müssen, und während wir weitergehen, ist es neblig, sie redet viel und versucht, mir den Unterschied zwischen dem Zerbrechen eines Glases und dem Zerschlagen eines Glases zu erklären, sie verwirrt mich mit ihren Worten, also drücke ich ihre Hand und sage, komm, lauf schneller.

Es fühlt sich an, als ob wir schon mehrere Tage unterwegs wären, mehrere Tage, ohne jemanden zu treffen, mehrere Tage, ohne etwas zu finden, ohne zu wissen, wonach wir eigentlich suchen. Immerhin haben sich meine Augen mittlerweile an die Dunkelheit gewöhnt. Wir nähern uns dem Meer. Meine Großmutter stopft Beeren, die sie am Wegesrand pflückt, in ihre Hosentaschen. Wenn das Murmeln des Weges unangenehm anschwellt, versteckt sie sich an den trockensten Stellen der Felsen, in den in Stein gemeißelten Gängen oberhalb der schwarzen Markierungen, die auf den maximalen Wasserstand bei Flut hinweisen. Wie eine Krabbe, die sich auf ihren zerbrechlichen Scheren in ihre Zelle zurückzieht, klettert Großmutter in ihre Loge mit Panoramablick. Vielleicht wäre es besser umzukehren, bevor wir uns verletzen, denn wir tragen Schuhe, die sich durch das Gehen entlang der steinigen Felsen langsam auflösen. Meine Großmutter sitzt auf dem Felsen, kaut auf dem Nagelhalbmond ihres Zeigefingers und blickt zum Himmel auf, wo sie von den kaum wahrnehmbaren Explosionen der Sterne fasziniert zu sein scheint. Mit Blick auf die Sterne bemerke ich, wie schön und groß meine Großmutter ist. Alles an ihr ist groß, ihre Beine, ihre Arme, ihre Augen, ihre Zähne, ihre Leidenschaft, ihr Durchhaltevermögen, ihre Ängste, ihre Blase. Der Gesundheitszustand des Herzens lasse sich am Halbmond ablesen: je sichtbarer dieser Halbmond auf dem Nagel ist, umso schlechter pumpt das Herz, erzählt meine Großmutter und ich weiß nicht, ob wir einschlafen, aber als wir die Felsen wieder hinunterklettern, geht vor uns die Sonne auf.

Nichts gleicht mehr dem Weg, den wir bisher gegangen sind. Mit Vogelschiss bedeckte Kieselsteine dehnen sich vor unseren Füßen aus. Eine von Plastikflaschen gebildete Furche ist mit grünen Algen bedeckt, eine Furche, die so breit wie ein Dutzend Schritte in Richtung Unendlichkeit ist. Das heißt bis zum anderen Kontinent, erklärt meine Großmutter, deren Meinung nach der andere Kontinent wegen des Gasnebels, der von der grünen Flut ausgeht, an jenem Tag nicht zu sehen ist. Verfolgt von einem seltsamen Gefühl, vielleicht von der Vorstellung eines unsichtbaren Kontinents, gehe ich hinter meiner Großmutter her. Vorsichtig setzt sie einen Fuß vor den anderen, bei jedem Tritt wartet sie eine Weile, bis ihre Knöchel aufhören zu zittern und sie den notwendigen Halt findet. Dass wir vielleicht besser umkehren sollten, wiederhole ich noch einige Male, bis sie stehen bleibt und sagt, na endlich! Ein Schild in einem Termitenbau weist uns in die Richtung eines sandigen Pfades, der zu einer Düne führt. Von weitem sieht der Hügel vor lauter Pflanzenwindungen aus wie ein verkabeltes Gehirn. Jeder weitere Schritt, den meine Großmutter macht, wirbelt eine Staubwolke auf.

Der Weg wird immer schlammiger und zwingt uns bald, die letzten Reste der Schuhe auszuziehen, um weiter voranzukommen. Meine Großmutter erinnert mich beim Ausziehen ihrer Schuhe an eine Feuerläuferin, ihre Füße sind verschwitzt, ihre Zehen sind gelb und rissig, aber im Gegensatz zu meinen Füßen vom Schlamm verschont, als hätte sie zum allerersten Mal in ihrem Leben ihre Schuhe ausgezogen.

Von der Düne aus sehen wir eine Gruppe menschenähnlicher Wesen, die die Straße zum Strand entlanggehen. An der Straße reihen sich Hotels und Restaurants aneinander: weiße Fassaden, Terrassen, Arkaden und Schwingtüren.

Am größten Gebäude hängt ein Schild, dessen Botschaft aus der Ferne unleserlich ist. Meine Großmutter schiebt mich an, und wir rennen mit der Geschwindigkeit von einem oder zwei Meerschweinchen den sandigen Hang hinunter. Außer Atem bleibt meine Großmutter vor dem Schild stehen, blinzelt und liest feierlich vor: *Willkommen im Treibsand.*

Im Schatten des großen Treibsand-Gebäudes, eines Hotels mit Kasino, versuchen wir, uns mit den einheimischen Bräuchen vertraut zu machen. Eine Frau stürmt durch die Drehtür und ruft triumphierend, dass sie den Jackpot gewonnen habe. Sie schleppt zwei große Jutesäcke hinter sich her, die, so nehmen wir an, voll mit Geldscheinen sind. Die Drehtür kreist zwei- oder dreimal ins Leere und spuckt dann, wie einen winzigen Kern, einen traurigen Mann aus, der seine Blöße mit der Lokalzeitung *Der Versand* verbirgt, deren Schlagzeile lautet: *Großer Klippensprung heute Abend im Treibsand.*

Vom Windstoß und der Schande gekrümmt, aber so wimmernd, dass sein Kehlkopf zu platzen droht, folgt der traurige Mann der Küste in Richtung Meer. Und schon tritt meine Großmutter in seine Fußstapfen, überzeugt davon, dass der Weg der Verlierer immer der lehrreichste ist.

Meine Großmutter greift in ihre Hosentasche und steckt sich eine Brombeere in jedes Ohr.

Sie ist gerade dabei, die Treppe hinunterzusteigen, um sich dem traurigen Mann am Strand anzuschließen. Ich halte sie zurück, als ich erkenne, dass die Muscheln, die gegen die steigende Flut an Pfosten aufgereiht sind, in Wirklichkeit Menschen sind, die in verschiedenen Stadien des Versinkens im Sand stecken. Bei einem von ihnen reicht der Sand erst zu den Knöcheln. Bei einem anderen ragt nur noch der Kopf aus dem Sand heraus. Besonders beunruhigt mich der Anblick von drei noch nicht versunkenen Skalpen, auf die sich einzelne Möwen stürzen, um die restlichen Haare aus der Kopfhaut zu picken.

Der traurige Mann hat seinen Platz neben einem Algenhaufen gefunden. Er legt sich zwei Austernschalen über die Ohren, zweifellos, um sich von der Welt abzuschotten und ein letztes Mal das Meeresrauschen zu genießen, während er in die sandigen, knarrenden Eingeweide der Erde hinabgleitet. Von Minute zu Minute wird er kleiner.

Die Einsinkenden verschwinden geräuschlos, ohne zu jammern, geduldig, wenn sich der Stillstand hinzieht. Der Wind weht die Haare von denjenigen weg, bei denen das Versinken mehr Zeit braucht, den Grund, weshalb einige schneller oder langsamer sind, finde ich nicht heraus. Jedoch beobachte ich jodgebleichte Büschel von Haaren, wie die Herzhaare des einzigen Lebewesens mit Herzhaaren, der Artischocke, die auf uns zu fliegen. Auf uns und auf die Gesichter der anderen Passanten.

Ich sehe, wie meine Großmutter langsam die Treppe hinuntersteigt. Ich versuche, ihr zu sagen, dass sie hier neben mir stehen bleiben soll, aber meine Großmutter schreitet unbekümmert immer weiter in die

Inédits **Rebecca Gisler**

Treibsandbucht hinein. Ich bleibe auf der Treppe stehen und betrachte ihre feinen Fußspuren im Sand, die sich bei jedem Windstoß verformen, als seien die Fußabdrücke meiner Großmutter alles auf einmal: Rehe, Fasane, Igel, Wildschweine, Füchse, die Spuren des Mannes mit den alten, ungebundenen Turnschuhen, die des Jägers mit den großen Jagdstiefeln und die seines Hundes, der den Falken jagt, zweifellos auch die Spuren einer ganzen Schar hungriger Hunde, und vielleicht sind die Spuren meiner Großmutter auf dem Sand auch die Vorwarnschreie einiger Neugeborener, die Hausschuhe ihrer besten Freundin Alma, die Löcher von Jan-Jans Gehstock, die Spuren von Kinderwagen, Schubkarren und Traktoren, von Bäuerinnen, Metzgerinnen.

Meine Großmutter hat sich kleingemacht, kriecht auf dem Treibsand, an den sinkenden Menschen vorbei und auf ihrem Kriechgang verwischt sie wohl alle Spuren wieder. Sie hält an, setzt sich hin und vergräbt ihre großen Füße im Sand. Dann schaut sie lächelnd zum Ufer. Ich winke und schreie, dass wir den Ausflug beenden sollten. Aber mit den Brombeeren in ihren Ohren kann sie mich nicht hören.

Übersetzen

Wenn Andreas Grosz von Marguerite Audoux, Rosie Pinhas-Delpuech von Ronit Matalon und Anna Rusconi von Helen Macdonald erzählen, wird ihre Begeisterung für ein literarisches Werk spürbar, aber auch ihre Leidenschaft für die Tätigkeit des Übersetzens. Übersetzend verwandeln sie sich selbst in das Buch, wie Andreas Grosz sagt, gehen eine Beziehung ein mit der Sprache der Autorin, werden von einem Rhythmus erfasst, der sie nicht mehr loslässt und der für ihre Arbeit zentral ist, wie Rosie Pinhas-Delpuech betont. Sie begeben sich, gemäß Anna Rusconis »Reisebericht«, auf den längsten Weg von A nach B, der auch bei Z nie ganz endet.

Carte blanche
für Andreas Grosz

Andreas Grosz, 1958 in Luzern geboren und zurzeit in Wädenswil wohnhaft, arbeitet in verschiedenen Berufen. Als sein amtlich beglaubigter Beruf gilt der des Übersetzers. Ein entsprechendes Diplom erwarb er 1982 an der Dolmetscherschule Zürich. Besonders lebhaft erinnert er sich an den Unterricht des belgischen Übersetzers und Literaturwissenschaftlers Jacques Finné, dessen Begeisterung fürs Fantastische und Traumartige Grosz' eigenen Vorlieben sehr entgegenkam. Nach der Berufsausbildung war Grosz in diversen Branchen als Hilfskraft tätig, später als Pressefotograf, Journalist, Schriftsteller und Buchhändler, aber auch immer wieder – und sei es zum eigenen Vergnügen – als Übersetzer. In den vergangenen Jahren hat er Werke von Bruna Martinelli, Anne-Lise Grobéty, Jérôme Meizoz, Mary-Laure Zoss, José-Flore Tappy ins Deutsche übersetzt – und auch zwei Dossiers für *Viceversa Literatur*. Zusammen mit der Künstlerin Beatrice Maritz betreut er den kleinen Verlag pudelundpinscher. Von Zeit zu Zeit schreibt er selbst ein Buch und veröffentlicht es, als bisher letztes das zweibändige Werk *Zwei gottlos schöne Füchslein* (Wädenswil: pudelundpinscher, 2021).

Andreas Grosz übersetzt:
Marguerite Audoux, *Aus der Stadt auf die Mühle* (Anfang)

Zum Gedenken an Octave Mirbeau
Als Zeichen meiner Dankbarkeit und meiner Hochachtung
M. A.

I

Zum zweiten Mal öffnete ich nun die Augen und konnte den Ort nicht erkennen, an dem ich lag.

Wo war unser Kinderzimmer mit seinem vergitterten Fenster geblieben, mit seinen Wänden voll großer Tapetenblumen und seinem mit Fotografien überstellten Kamin?

Hier war ein langer Saal mit weißen Wänden, darin standen zwei Reihen kleiner Betten; hohe, breite Fenster taten sich vor einem auf, durch die große Vierecke blauen Himmels zu sehen waren.

Ich senkte von neuem die Lider und hoffte, dass all das verschwinden würde und ich wieder bei meinen Eltern wäre, im halbdunklen Zimmer, in dem die Betten meiner Brüder und Schwestern standen und wo in jeder Ecke Spielsachen aller Art und aller Farben unordentlich herumlagen.

Um mich davon zu überzeugen, dass ich tatsächlich wach war, versuchte ich Geräusche zu unterscheiden. Es waren kaum welche zu hören. Da sprach lediglich, etwas hinter mir, mit leiser Stimme ein Mann, und trotz aller Anstrengung konnte ich kein einziges seiner Worte deutlich verstehen. An seiner Art, jedes Wort zu betonen, erkannte ich allerdings, dass er genaue Anweisungen gab und sehr bedeutsame Ermahnungen aussprach.

Als er verstummt war, ließ sich eine weitere Stimme vernehmen. Diese aber erkannte ich auf Anhieb, obwohl sie noch gedämpfter war! Wer da sprach, das war mein geliebter Papa, und weil seine Anwesenheit mich so sehr freute, wollte ich mich mit einem Ruck zu ihm hinwenden, doch im selben Moment spürte ich in der Hüfte einen Schmerz, der mich laut aufschreien ließ und mich zwang, regungslos liegen zu bleiben.

Der Schmerz, der meinen Körper so gewaltsam weckte, er weckte mit derselben Gewalt meine Erinnerung. Die ganze Helligkeit des Saals schien schlagartig in meinen Schädel einzudringen und beleuchtete die fürchterliche Szene noch besser, die sich ein paar Stunden zuvor bei uns zu Hause abgespielt hatte. Ich sah nun wieder, wie mein Vater beide Fäuste hob und meine Mutter hoch aufgerichtet vor ihm stand wie die Schrecklichste aller Frauen. Ich sah meinen Bruder wieder, den sanften Firmin, wie er, blass und wie versteinert, seine feingliedrigen Hände nach ihnen ausstreckte. Ich sah meine Schwester Angèle wieder, wie sie, niedergekniet, Gott um Beistand bat, und ich hörte die schreckerfüllten Schreie von Nicole und Nicolas, der Zwillinge. Schließlich sah ich mich selbst, wie ich mich zwischen meine Eltern warf, um sie zu trennen, und ich meinte noch einmal den Zusammenprall zu spüren, der mich zu Boden geschleudert hatte, und ebenso das riesige Gewicht von zwei zornentbrannten menschlichen Wesen, die ich im Fallen mit mir gerissen hatte und die beide zusammen auf mich niedergestürzt waren.

Was nachher passiert war, davon wusste ich nichts mehr. Ich erinnerte mich nur ans Rütteln der Pferdedroschke, in der ich ins Krankenhaus gebracht worden war, und an die Frage, die der Arzt dem alten Kutscher unumwunden gestellt hatte: »Haben Sie das Mädchen mit Ihrem Wagen überfahren?«

Derselbe Arzt beugte sich nun über mich und fragte: »Leidest du sehr, mein Kind?«

Ich gab keine Antwort. Ich hörte den schleichenden Schritten zweier Menschen nach, die sich geräuschlos zu entfernen suchten, und ich war mir sicher: Die zwei, die sich auf diese Weise davonmachten, waren mein Vater und meine Mutter. Meinen Hüftschmerzen zum Trotz wollte ich mich aufrichten und nach ihnen rufen, doch der Arzt drückte meine Brust mit beiden Händen nieder und sagte: »Du darfst dich auf keinen Fall bewegen.«

Da er sich über mich beugte, war ein Teil des Saals für mich unsichtbar, aber durch die Öffnung, die der eine seiner Arme bildete, sah ich meine Eltern auf den Ausgang zusteuern.

Oh, wie unglücklich sahen sie aus! Meine Mutter, gewöhnlich so leichtfüßig, ging fast schwerfällig, und mein Vater folgte ihr mit gesenktem Kopf, den Hut in der Hand wie bei einem Begräbnis.

Ich empfand eine grenzenlose Trauer. Und während sich der Arzt weiter nach meinen Schmerzen erkundigte, stauten sich die Tränen unter meinen Lidern und schossen dann trotz meiner Gegenwehr mit aller Kraft heraus.

An den folgenden Tagen wurden meine Beschwerden so stark, dass mich nichts mehr von ihnen ablenken konnte. Selbst die Gegenwart meiner Eltern ließ mich gleichgültig. Ich litt. Ich litt furchtbar und ohne Unterlass, und auch vollkommene Regungslosigkeit vermochte keinen einzigen Augenblick lang etwas gegen diese Schmerzen. Nachts spürte ich sie in einem unerträglichen Halbschlaf. Mit heftigen Zuckungen suchte ich ihm zu entkommen, verstärkte aber nur mein Leiden. Dann kam jeweils der schreckliche Traum zurück. Ein Mann, stets derselbe, hob über mir einen Hammer und wollte mir mit kräftigen Schlägen die Hüfte zertrümmern. Von meinen erstickten Schreien aufgeschreckt, kam die Krankenschwester herbeigelaufen, legte die Hand auf meine Stirn und sprach zu mir, während ich selbst mir alle Mühe gab, den Halbschlaf und seinen Traum zu verscheuchen.

Dieser Zustand dauerte eine Woche, und sie schien mir länger als meine ganze bisherige Lebenszeit. Danach machte der Mann mit dem Hammer einem mit Steinen voll beladenen Karren Platz, der mit einem seiner Räder meine Hüfte zermalmte, doch von Zeit zu Zeit glückte es mir, den schweren Karren für einen Augenblick hochzustemmen, und dieser eine Augenblick ohne Schmerzen war mir kostbarer als das Sonnenlicht.

Linderung sollte aber doch nahen. Mein Leiden wachte nachts weiterhin, nickte aber tagsüber manchmal ein. In solchen Momenten überkam mich ein großes Verlangen nach Bewegung, denn ich dachte an mein Zuhause, wo ich, obwohl erst vierzehn, sehr gebraucht wurde. Wer nur kümmerte sich während meines Fernseins um die Zwillinge? Meine Mutter, die wie mein Vater auswärts beschäftigt war, jedenfalls nicht. Und auch Angèle nicht, die sich auf ihre erste Kommunion vorbereitete. Genauso wenig Firmin, der nichts konnte als spielen. Und in die Zugehfrau hatte ich nur wenig Vertrauen, sie war alt und stets müde. Und zudem: Wer außer mir konnte die schelmische Nicole und den ungestümen Nicolas zum Gehorchen bringen? Und meine Fantasie erschuf tausend Gefahren, denen die beiden Kinder nicht entrinnen konnten.

Meine Mutter versuchte mich zu beruhigen, indem sie mir versicherte, zu Hause stehe alles zum Besten, und mein Vater, den meine Beharrlichkeit ärgerte, sagte schließlich zu mir: »Mach dir keine solchen Sorgen. Niemand ist unentbehrlich auf dieser Welt.«

Zum Glück brachten meine Eltern bald die ganze kleine Familie mit.

Nein, ich war zu Hause nicht unentbehrlich und musste es eingestehen, obwohl mich das ein wenig kränkte. Die Zwillinge sahen gut aus und zeigten sich so folgsam, dass ich keinerlei Anlass zu Ermahnungen hatte.

Großmutter hatte uns aufgezogen, während unsere Eltern arbeiteten. Als sie vor drei Jahren starb, war ich schon groß und stark, und meine Mutter hatte entschieden, dass ich fortan die Zwillinge hüten sollte und mir eine Zugehfrau beistehen würde, die mir die schweren Arbeiten abnehmen sollte.

So war alles gut gegangen, unsere Eltern waren sich in allem einig und fühlten sich nur bei uns wohl. Unser Vater bastelte in den Abendstunden Spielsachen für die Kleinen. Und in den Ferien nahm uns unsere Mutter mit in das kleine Haus, das sie besaß, ganz in der Nähe ihres Bruders, den wir *oncle meunier* – Onkel Müller – nannten und dessen Mühle an einem Bach stand, der zur Loire hinunterfloss.

Doch plötzlich war alles anders geworden. Zwischen unseren Eltern kam es zu Diskussionen, später zu regelrechtem Streit, und zwar immer häufiger und heftiger, bis sie eines Tages wie zwei vor Zorn blind gewordene Feinde einander gegenüberstanden, nahe daran, aufeinander einzuschlagen.

Nun schienen sie wieder Frieden geschlossen zu haben, sie sprachen in sanftem Ton miteinander, und aus ihren Gesichtern war jede Spur von Groll gewichen.

Schon bei seinem ersten Besuch blieb Firmin, ganz glücklich, etwas länger an meinem Bett stehen und sagte zu mir: »Jetzt ist es bei uns wieder wie früher.«

Von uns allen hatte Firmin ohne Zweifel am meisten unter der Zwietracht unserer Eltern gelitten. Er liebte sie beide mit grenzenloser Hingabe, und ihre Streitereien hatte er sich oft so sehr zu Herzen genommen, dass er krank wurde. So manches Mal hatte ich gesehen, wie

Übersetzen Andreas Grosz

ihn abends im Bett das Fieber schüttelte und er sich den Kopf zermarterte beim Versuch, den Grund ihres Zwistes herauszufinden, in der Hoffnung, ihn schlichten zu können.

Eines Nachts hatten wir endlich erfahren, worum es ging. Unsere Mutter, die glaubte, alle ihre Kinder würden nun schlafen, weinte ohne Hemmungen im Nebenzimmer. Anders als sonst machte sie keine heftigen Vorwürfe. Sie wiederholte nur immer wieder, von Schluchzern unterbrochen: »Warum hast du mir deine Liebe entzogen?«

Ihr Weinen war so gequält und so herzzerreißend, dass wir den Atem anhielten, um nicht loszuheulen wie sie.

Wohl von Mitleid gepackt, hatte unser Vater ein paar tröstende Worte gesagt, und nach und nach war wieder Stille eingekehrt. Doch Firmin und ich wollten keineswegs schlafen. In der schmalen Gasse, die zwischen unseren Betten verlief, saßen wir auf dem Fußboden und dachten, schweigend und voller Verwunderung, über die schmerz- und vorwurfsvollen Worte nach. »Warum hast du mir deine Liebe entzogen?« Die Liebe! Offenbar war sie etwas so Lebensnotwendiges, dass ihr Verlust derartige Verzweiflung bewirken konnte. Das Herz war uns schwer geworden beim Gedanken daran, unserer Mutter dieses kostbare Gut nicht zurückgeben zu können, und noch lange waren wir in der schmalen Gasse sitzen geblieben, durchfroren und aneinandergeschmiegt wie zwei Schuldige.

Aus: Marguerite Audoux, *De la ville au moulin*. Paris: Eugène Fasquelle Éditeur, 1926.

Andreas Grosz zum ausgewählten Text
Marguerite Audoux übersetzen?

De la ville au moulin ist der dritte Roman der französischen Schriftstellerin Marguerite Audoux, die von 1863 bis 1937 lebte. Er erschien
1926 und spielt in der Zeit zwischen dem Anfang des 20.Jahrhunderts
und dem Ende des Ersten Weltkriegs. Die Ich-Erzählerin, Annette
Beaubois, schwört sich, ehe- und kinderlos zu bleiben, weil Eheleben
und Scheidung ihrer Eltern so abschreckend auf sie gewirkt haben.
Trotzdem gibt sie dem Werben eines Bekannten nach und lebt mit ihm
fortan in einer eheähnlichen Verbindung zusammen, wird von ihm aber
hintergangen, bekommt ein Kind und verliert es, verliert im Krieg auch
ihre Brüder und ist am Schluss doch bereit, es mit ihrem Freund, der
verstümmelt aus dem Krieg zurückkehrt, noch einmal zu versuchen.

Es gibt Bücher, die ich in der Jugend gelesen habe und zu denen es
mich seither regelmäßig zurückzieht, zum Beispiel *Le Grand Meaulnes*
von Alain-Fournier oder *Marie-Claire,* das erste Buch von Marguerite
Audoux. Das Besondere an ihnen: Jede Lektüre lässt in mir das Gefühl
zurück, sie noch nicht zu kennen. Im Grunde genommen trifft das auf
jedes Buch zu. Was hier den Unterschied ausmacht, ist die Empfindung, es sei wichtig, sie noch besser kennenzulernen, oder, anders-
herum, es sei unmöglich, sie wirklich kennenzulernen. Freilich ist das
weniger eine intellektuelle als eine emotionale Angelegenheit. Schwie-
rig sind die genannten Beispiele ja nicht, im Gegenteil. Sie prunken
nicht mit Anspielungsreichtum, sind sprachlich wenig ausgefallen
und von keiner offenkundigen artistischen Brillanz. Aber sie haben
das Vermögen, mich in einen seltsamen Zustand zu versetzen: Sie
schenken mir ein Gefühl der Schwerelosigkeit und Freiheit, wecken so
etwas wie erwartungslose Liebe in mir. Ein anderer unter meinen be-
vorzugten Schriftstellern, Federigo Tozzi, scheint einst Ähnliches
empfunden zu haben und hat es folgendermaßen ausgedrückt (und/
oder ich habe es so übersetzt): »Einmal hat man mir die Geschichte
eines mir unbekannten Menschen erzählt. Und ja, so groß war da meine Sympathie, dass ich selbst gern diese Geschichte gewesen wäre.
Wenn sie mir passiert wäre, hätte ich nicht so oft an sie gedacht! Und

ich war monatelang von ihr gefesselt. Weshalb? Gern würde ich mich darein schicken, diese Bilder, die von so viel größerer Deutlichkeit als die Realität sind, bis ans Ende meines Lebens zu betrachten.«*

In solchen Momenten entgrenzender Lektüre verspüre ich den Wunsch oder das Bedürfnis, das geliebte fremdsprachige Buch zu übersetzen. Denn ohne Zweifel wäre Übersetzen eine Möglichkeit, das Buch einerseits ganz genau kennenzulernen und es andererseits, fast so, wie Federigo Tozzi es in seinem Text beschreibt, zu *sein*, indem ich mich nämlich von dieser »Geschichte« so sehr erfüllen lasse, dass mir ist, als sei ich in sie verwandelt worden.

Aber vielleicht habe ich mich gerade ein wenig verstiegen. Drum flugs zurück auf den Boden des Anekdotischen: 1980 fragte mich Erika Burkart in einem Brief: »Kennen Sie *Marie-Claire* von Marguerite Audoux?« Nein, ich kannte weder die Autorin noch das Buch. Und sie fuhr fort: »Ich wünschte so sehr, dieses Buch würde ins Deutsche übertragen.« Das war es aber längst, wie ich Jahre später herausfand, als ich mit dem Gedanken zu spielen begann, es zu übersetzen. 1911, kurze Zeit nachdem das Buch in Paris erschienen war, wurde in Berlin eine deutsche Übersetzung veröffentlicht. Sie stammte von der Schriftstellerin, Regisseurin und Schauspielerin Olga Wohlbrück, die ungefähr so alt wie Marguerite Audoux war und ein teilweise ähnliches Schicksal hatte; denn beide hatten ihre Mutter in früher Kindheit verloren. Unterschiedlich war allerdings die Herkunft: Olga Wohlbrück gehörte einer gut situierten Künstlerfamilie an, während Marguerite Audoux aus proletarischen Verhältnissen kam. Und während Olga Wohlbrück nach dem Tod der Mutter von ihrer Tante adoptiert wurde, steckte man Marguerite Audoux in ein von Nonnen geführtes Waisenhaus. Diese hatte übrigens den Namen ihrer Mutter angenommen und den ihres Vaters abgelegt. Er war ein Findelkind gewesen und hatte von einem Standesbeamten den Namen Donquichotte erhalten.

Freilich schaffte ich mir das Buch, auf das Erika Burkart so große Stücke hielt, bald an, las es, las es nach ein paar Jahren wieder und dann noch einmal, habe es kürzlich wiedergelesen, mit dem Gefühl, etwas Unnachahmliches in den Händen zu halten, das aber als Übersetzung – ist Übersetzen nicht immer auch Nachahmen? – vielleicht

---

* Federigo Tozzi, *Persone*, in: F. T., *Opere*. Milano: Arnoldo Mondadori Editore, 1987.

enttäuschen könnte, gerade weil die Wahrnehmung der Autorin so befreiend genau ist und ihre Sprache so leuchtend karg. In diesem Buch wirkt alles beiläufig und prägt sich trotzdem ein. Nichts wird, wie mir scheint, zweimal gesagt, jedes Wort sitzt wie angegossen. Und so fängt es an:

»Un jour, il vint beaucoup de monde chez nous. Les hommes entraient comme dans une église, et les femmes faisaient le signe de la croix en sortant.

Je me glissai dans la chambre de mes parents, et je fus bien étonnée de voir que ma mère avait une grande bougie allumée près de son lit.«*

Auf Deutsch klingt das so (nicht in Olga Wohlbrücks Übersetzung, die ich, indem ich auf Nachsicht hoffe, noch gar nicht lesen möchte, sondern in einer eigenen, vorläufigen):

»Es kamen einmal viele Leute zu uns. Die Männer traten wie in eine Kirche ein, und die Frauen bekreuzigten sich beim Hinausgehen.

Ich schlich mich ins Zimmer meiner Eltern und war sehr erstaunt, als ich sah, dass meine Mutter neben ihrem Bett eine große Kerze brennen hatte.«

Wie der Anfang, so ist das ganze Buch. Seit langem möchte ich *Marie-Claire* neu übersetzen – und zögere doch. An dieser Stelle die Gründe meiner Zurückhaltung zu erörtern, dafür fehlt der Platz. Auf einem anderen Blatt aber könnte ich ganz einfach mit der Übersetzung von *De la ville au moulin* fortfahren und mir nebenbei Gedanken darüber machen, was die beiden Romane voneinander unterscheidet und was sie miteinander verbindet. Soviel ich weiß, ist *De la ville au moulin* noch nie ins Deutsche übersetzt worden.

Übersetzen **Andreas Grosz**

---

* Marguerite Audoux, *Marie-Claire*. Paris: Fasquelle éditeurs, 1958.

Carte blanche
für Rosie Pinhas-Delpuech

Rosie Pinhas-Delpuech ist seit 1988 literarische Übersetzerin. Sie wurde 1946 in eine judeospanische Familie in Istanbul geboren und wuchs mehrsprachig auf: mit dem Französisch des Vaters, dem heimlichen Deutsch der Mutter, dem Türkisch der Schule und den jüdischen Geschichten der Großmutter. Mit achtzehn Jahren kam sie nach Frankreich und studierte Philosophie bei Paul Ricœur und Emmanuel Levinas; danach unterrichtete sie an den Universitäten von Tel Aviv und Beer Sheva. Mit dem Erlernen des modernen Ivrit wuchs in ihr der Wunsch, zu übersetzen. Zurück in Paris, übersetzte sie Autoren wie Jizchak Orpas, David Grossman, Etgar Keret, Nano Shabtai und den Comiczeichner Asaf Hanuka aus dem Hebräischen ins Französische. Sie hat mehr als achtzig Bücher übersetzt, darunter auch Werke aus dem biblischen Hebräisch, aus dem Englischen (Rosmarie Waldrop) und aus dem Türkischen (Sait Faik). 2021 erhielt sie das Übersetzungsstipendium des Gilbert-Musy-Programms. Seit 2010 leitet sie die Reihe »Lettres hébraïques« des Verlags Actes Sud (Arles). Sie ist Autorin dreier Romane bei Actes Sud, die Themen des Exils und der Sprachenvielfalt aufnehmen: *Suite byzantine* (2003), *L'Angoisse d'Abraham* (2016) und *Le Typographe de Whitechapel* (2021). Das letzte Buch ist eine Dokufiktion über die Entstehung des modernen Hebräisch.

Rosie Pinhas-Delpuech übersetzt:
Ronit Matalon, »Place Rabin, Tel-Aviv«

Ronit Matalons Artikel erschien online am 10. 8. und in der Tageszeitung *Libération* am 11. 8. 2014*. Die vorgängige Notiz stammt vom 5. 8. 2014. Die Übersetzerin hat ihren Artikel für *Viceversa* überarbeitet, die Änderungen lassen sich am Rand nachverfolgen.

Le texte ci-dessous a été écrit avant les événements guerriers au cours desquels les dirigeants ceux du Hamas et ceux d'Israël, se sont apparemment livrés à des crimes de guerre effrayants contre des populations civiles. Toute tentative de dissimuler la responsabilité d'une des deux parties serait un mensonge politique et intellectuel. Le calme de la place Rabin, tout comme la notion de calme en Israël, est une chose éminemment volatile. Aujourd'hui, pour obtenir ne fût-ce qu'une apparence de calme sur cette place, il faut mobiliser des dizaines de policiers et des barrières. Ce fut le cas au cours de la grande manifestation du 26 juillet où deux enclos entourés de barrières contenaient les manifestants de droite et ceux de gauche. Les manifestants de droite qui tentaient d'escalader les barrières pour se bagarrer avec ceux de gauche étaient aussitôt arrêtés par la police. Tel est le visage sombre de la rue israélienne

* www.libération.fr/planete/2014/08/10/place-rabin-un-calme-eminemment-volatile_1078563.

en ce moment. Et par-delà le désespoir et le mutisme qui nous accable, les partisans de la paix dont je fais partie sont pris entre les tenailles du Hamas qui nous menace de l'extérieur et les forces antidémocratiques israéliennes qui sont comme un Hamas intérieur.

Il y a quelques mois, dans l'autobus qui passait devant la place Rabin à Tel-Aviv, deux adolescentes d'environ seize ans étaient assises devant moi. Branchées à leur smartphone, des mèches dorées dans les cheveux, des corsages bleu et rose fluo au-dessus du nombril, elles ont regardé d'un air pensif la place Rabin avec sa grande dalle de béton éblouissante sous le soleil de midi. Je n'ai pas pu m'empêcher d'écouter leur conversation: »C'est dingue que cette place s'appelle Rabin et que Rabin ait été assassiné justement ici, tu ne trouves pas?« a dit l'une. »C'est vrai«, a dit l'autre d'un air grave: »Il s'est fait assassiner pile sur la place qui porte son nom. C'est vraiment intéressant.«

[Rabin] *ajouté*

[ce qu'elles disaient] *remplacé par* [leur conversation]

l'une [d'elles] *supprimé*

Je me suis retenue pour ne pas éclater de rire, tout en songeant à ce que voulait dire »vraiment intéressant« dans la bouche des deux adolescentes, aux variations de l'histoire alternative générée par la société, aux mythologies secrètes qui prolifèrent dans la conscience collective et sont plus tenaces que les faits historiquement avérés.

Si j'avais joué à la donneuse de leçon et dit à ces ados, »La place Rabin a pris ce nom *après* l'assassinat de Rabin et pas avant. Son nom officiel était place des rois d'Israël!«, elles auraient sûrement écarquillé les yeux de stupeur, à la fois incrédules et hostiles. C'était leur version du récit qui était victorieuse. Mais

[de l'histoire] *remplacé par* [du récit]

Übersetzen **Rosie Pinhas-Delpuech**

peut-on dire que la place Rabin ou toute autre place historique au monde a une version »victorieuse« unique?

En ce début d'été, le passant qui traverserait cette place rectangulaire au pied de la mairie de Tel-Aviv aurait du mal à imaginer le poids des cicatrices mortelles inscrites sur cet espace qui s'étend symboliquement entre le monument à la mémoire de la Shoah et de l'héroïsme du sculpteur Yigal Tumarkin, au sud, et celui dédié à la mémoire de Rabin, au nord. Aujourd'hui et la plupart du temps, c'est une place de paix et de jours paisibles, d'un semblant de vie civile normale, de chiens qui courent, d'enfants dans leur poussette, de pigeons gavés de pain par les promeneurs, de nénuphars orangés et roses qui flottent à la surface du nouveau bassin écologique, de la floraison flamboyante des jujubiers et des nombreux stands de la semaine du livre hébraïque déployés sur la place.

Au cœur de la ville, cette place asphaltée d'une patience étonnante porte en elle une quantité d'histoires contradictoires liées à l'identité israélienne. Détachée et tolérante, elle réussit à absorber les blessures, déchirures et défaites de cette identité, tout comme les victoires d'un quotidien civil paisible, victoires de la culture. La mémoire de la place semble tout englober, tout recevoir: depuis la grande manifestation populaire au moment du massacre de Sabra et Chatila en 1982 jusqu'à celle pour la paix, où Rabin fut assassiné en 1995, et, au-delà, celle des homosexuels en 1998, celle de la droite contre la »séparation« en 2005, la protestation des mouvements féministes contre le président Katsav accusé de harcèlement sexuel en

de la Shoah [et de l'héroïsme] *ajouté*

[déployés sur la place.] *ajouté*

Au cœur de la ville, [on a l'impression que] *supprimé*

à absorber les [terribles] *supprimé*

manifestation populaire [au moment du massacre] *ajouté*

2007, l'énorme manifestation des enseignants israéliens contre le budget de l'enseignement en 2007. Ces grandes protestations sociales ont disparu il y a trois ans. La place était en travaux et ne pouvait pas accueillir de surcroît des mécontents.

[israéliens] *ajouté*

Le problème de la capacité d'accueil de la place Rabin n'est pas pour autant une question abstraite. À toutes les manifestations déjà citées, la question de la »capacité d'accueil de la place« préoccupait aussi bien la police, les architectes et urbanistes de la mairie que les forces politiques qui jouent avec les chiffres à leur avantage. Les 400 000 manifestants de »Shalom Ahchav« contre le massacre de Sabra et Chatila en 1982 ne sont plus un chiffre arithmétique mais un mythe. Le chiffre est synonyme de l'expression »la moitié du pays«, il est inscrit dans la mémoire collective plus fortement que n'importe quel discours prononcé sur cette place. Il est plus déterminant que tous les mots possibles, aussi contradictoires soient-ils, prononcés sur cette place ou non, et déposés entre les joints des dalles. Dans ce sens-là, celui de l'accueil des contradictions et des positions extrêmes de la réalité israélienne, la place Rabin est un lieu urbain (dans le sens que nous lui donnons depuis le milieu du XIXe siècle en Europe): un miracle d'urbanisme au cœur de l'unique ville d'Israël véritablement urbaine, Tel-Aviv.

contre [les événements] *remplacé par* [le massacre]

ajouté

[ayant véritablement un caractère urbain] *remplacé par* [véritablement urbaine]

Quelque chose dans l'essence urbaine et accueillante de cette place est en contradiction avec la cicatrice terrible et profonde dont elle est porteuse: l'assassinat de Rabin. L'occupation et la manière dont elle exprime la rencontre entre le judaïsme et la force

[Le meurtre de Rabin est la cicatrice la plus terrible et profonde infligée à l'urbanité accueillante de la place.] *remplacé*

L'[expression effrayante de l'] *supprimé*

Übersetzen **Rosie Pinhas-Delpuech**

brutale restent étrangères à l'urbanité de cette place. Et c'est peut-être à cause de cette étrangeté qu'elle a pu domestiquer les traces effilochées du meurtre. Les signes spontanés du deuil, les inscriptions, dessins et graffitis, ont complètement disparu de l'endroit. À la place, on a élevé un monument avec une inscription claire. Une infime partie des graffitis a été recouverte de verre stérile. Le meurtre de Rabin a subi une stérilisation. Sur la place et dans la conscience israélienne. La force du sentiment collectif exprimé après le meurtre se rejoue tous les vendredis après-midis : un petit groupe de retraités, anciens travaillistes, se réunit autour du monument de Rabin et chante les chants des débuts d'Israël. C'est pathétique et déconnecté de la réalité actuelle. À la vue des retraités fredonnant leurs chansons ou des touristes qui viennent se recueillir devant le monument, on pense à la phrase de l'historien Pierre Nora : les monuments sont les lieux même d'où la mémoire est exclue. J'observe ces groupes avec des sentiments mêlés de compassion et de rejet, avec une conscience politique partagée entre la satisfaction devant la victoire du civisme israélien sur la brutalité, et le savoir que cette victoire comporte une part énorme de déni de la brutalité. Je traverse l'étendue déserte, depuis le monument de Rabin jusqu'à celui de la Shoah, en tenant à la main une glace qui dégouline sur les dalles. La place est paisible. Elle a absorbé en elle et digéré le meurtre.

Marginal annotations:

étrangeté [profonde] *supprimé*

domestiquer [et presque fait disparaître] *supprimé* — effilochées [et blessées] *supprimé* du meurtre

ajouté

[L'unique signe de la puissance du sentiment public] *remplacé par* [La force du sentiment collectif]

[les anciens airs] *remplacé par* [les chants] — retraités, [parmi les] *supprimé*

pathétique [, nostalgique] *supprimé*

ou des [groupes de] *supprimé*

phrase [cinglante] *supprimé*

politique [et sociale] *supprimé*

entre [le contentement] *remplacé par* [la satisfaction] — civisme israélien [quotidien] *supprimé*

Rosie Pinhas-Delpuech zum ausgewählten Text: Wer sind die Verwilderten?

Zur Übersetzung eines Artikels von Ronit Matalon

Ronit Matalon (1959–2017) ist eine große israelische Autorin, die ein viel zu früher Tod im Alter von 58 Jahren mitten aus einer regen literarischen Tätigkeit gerissen hat. Ich hatte das Glück, sie zu entdecken, für Frankreich zu übersetzen und ihr Schreiben zu begleiten, bis sie an den Folgen einer Krebserkrankung starb. Ihrem Schaffen bin ich 2008 zum ersten Mal begegnet, als sie ihr Meisterwerk *Kol Tsaadenu (Das Geräusch unserer Schritte)* veröffentlichte. Meine französische Übersetzung erschien 2012 unter dem Titel *Le Bruit de nos pas* (Stock). Dieses Geräusch der Schritte setzt schon in der ersten Zeile ein, es reizt das Ohr der Übersetzerin und lässt es bis zum Ende des Buchs nicht mehr los. Aus Gründen, die ich in Nurith Avivs Film *Traduire* erläutere, zählt die Übersetzung dieses Buchs zusammen mit Yaakov Shabtais *Pour inventaire (Zikhron Devarim,* deutsch von Stefan Siebers, *Erinnerungen an Goldmann,* Frankfurt a. M.: Dvorah, 1990) zu den Meilensteinen meines Werdegangs. Das erste mit der fast körperlichen und animalischen Vertrautheit eines Geräuschs von Schritten im Korridor, das zweite mit seinen in großen Kreisbewegungen angelegten Sätzen wie Sphärenmusik oder Bachpartiten – sie haben mich gelehrt, welch zentrale Bedeutung bei einer Übersetzung dem Rhythmus zukommt.

Aus diesem Grund fiele es mir schwer, sähe ich mich geradezu außerstande, ein Buch nochmals zu übersetzen. Ich könnte die Übersetzung verbessern, aber ich könnte den Pulsschlag, ja beinahe den Herzton nicht ändern, den ich hörte, als ich das Buch zum ersten Mal übersetzte. Ebenso gut könnte man die Autorin fragen, ob sie ihr Buch nochmals schreiben würde.

Ganz anders verhält es sich mit der Sprache eines Autors, den eine Zeitung mit dem Schreiben eines Artikels zu einem bestimmten Thema beauftragt. Manche behalten den Stil ihrer Romane mehr oder weniger bei, andere nicht. Ronit Matalon nun war sowohl Journalistin als auch Universitätsprofessorin. In ihren Artikeln und Essays findet sich nichts von ihrem Stil als literarische Autorin. Im Gegenteil, man hat den Eindruck, sie gebe sich Mühe, sich an die Konventionen eines Zeitungsartikels oder eines akademischen Essays zu halten. Daraus erwächst für die Übersetzerin ein Gefühl der Fremdheit, sie fühlt sich austauschbar, verbesserungsfähig und verliert die exklusive Beziehung, die sie mit der literarischen Sprache der Autorin verbindet. Die Übersetzung von Zeitungsartikeln oder wissenschaftlichen Essays ist ein beinahe technisches Unterfangen, bei dem Subjektivität und Kreativität in den Hintergrund treten. Umso frustrierender ist es, sie später nochmals zu lesen, da man weder die Handschrift der Autorin noch diejenige der Übersetzerin wiedererkennt.

Was aber bleibt, ist die Kraft eines visionären Denkens, das nichts von seiner Schärfe eingebüßt hat angesichts eines historischen Ereignisses aus der Vergangenheit, dessen Konsequenzen immer noch brandaktuell sind. Der am 11. August 2014 in der Zeitung *Libération* erschienene Artikel entstand aufgrund eines Auftrags an mehrere Autorinnen und Autoren, über Plätze der Welt zu schreiben, die zum Schauplatz von Volksaufständen wurden, sei es in Peking oder im Zug des Arabischen Frühlings. Die Geschichte des Rabin-Platzes in Tel Aviv ist eine ganz besondere. Er hieß zuerst »Platz der Könige Israels« – eine kurze, untypische und unglückliche Episode in der biblischen Geschichte – und wurde dann umbenannt in »Rabin-Platz«, nach der Ermordung Rabins im Jahr 1995 bei einer großen Friedensdemonstration. Jitzchak Rabin war General, ein Sieger im Sechstagekrieg, ein ehemaliger »Falke«, der die harte Gangart mit der Besetzung der palästinensischen Gebiete vertrat. Dreißig Jahre später wird er Premierminister und ändert seinen Standpunkt, er wird ein Handwerker des Friedens und setzt sich für den Rückzug aus den besetzten Gebieten und die Anerkennung Palästinas ein, weshalb ihn der religiöse Fanatiker Jigal Amir, indoktriniert von der extremistischen Randgruppe, die sich der Rückgabe der von Israel seit 1967 besetzten Gebiete vehement widersetzt, ermordet.

Zwanzig Jahre später wissen sorglose Teenager nicht mehr, was wirklich passiert ist. Und Ronit Matalon schreibt 2004 das, was uns heute im Wesentlichen beschäftigt: »die Versionen einer von der Gesellschaft hervorgebrachten, alternativen Geschichte, die geheimen Mythologien, die im kollektiven Bewusstsein wuchern und hartnäckiger sind als die historisch beglaubigten Tatsachen«, und die Nichtigkeit der Gedenkstätten, die das Gedächtnis töten.

Da haben wir es: Fake News, Vergessen, Verwirrung oder Unkenntnis der Geschichte, eines der Gesichter der Verwilderung. Aber Ronit Matalon tritt nicht als Lehrmeisterin auf. Sie benennt die verschiedenen Schichten der Tragödien, die sich im öffentlichen Raum überlagern, und verweist auf die Wichtigkeit der Agora in einer Demokratie. Seither wurde die Agora mit Seerosenbecken und mit schattigen Bänken ausgestattet, die das weite Rechteck zerstückeln, auf dem früher Wut und Protest zusammenströmten. Die Demonstrationen gehen weiter, sie schwappen über auf die umliegenden Straßen, die Geschichte folgt ihrem Lauf, Übersetzungen sind verbesserungsfähig, sie dienen manchmal dazu, die Worte einer großen, verstorbenen Autorin neu zu beleben.

Aus dem Französischen von Ruth Gantert

Übersetzen **Rosie Pinhas-Delpuech**

181

Carte blanche
für Anna Rusconi

Anna Rusconi übersetzt Romane, Erzählungen und Essays aus dem Englischen und Französischen. Sie unterrichtete an der Mailänder Hochschule Civica Altiero Spinelli, wo sie studiert hat, und an der Universität Pisa. Sie betreut Studentinnen und Studenten, die sich an der Universität Lausanne in Literarischem Übersetzen aus dem Englischen spezialisieren, und gründete 2013 die Sommerschule Gina Manieri e Anna Rusconi für literarisches Übersetzen. Außerdem koordiniert sie die internationalen Weiterbildungsseminare des Übersetzerhauses Looren und ist im Vorstand des Berufsverbands der literarischen Übersetzer Strade. Zu den Autorinnen und Autoren, die sie übersetzt hat, gehören Alice Munro, Jared Diamond, Helen Macdonald, David Szalay, Rivka Galchen, Martha Gellhorn, Murakami Haruki, Anosh Irani, Lewis Carroll und Jack London.

Anna Rusconi übersetzt:
Helen Macdonald, *Vesper Flights*

Tekels Park

Non dovrei farlo, perché quando guidi in autostrada devi tenere gli occhi bene aperti, e anche perché andare a toccare apposta certe corde è una compulsione strana e sconcertante come premere col dito su un livido in via di guarigione. Invece lo faccio lo stesso. Ultimamente è meno rischioso, perché stanno trasformando questo tratto di M3 in *smart road*, quindi la lunga discesa in direzione di Camberley è piena di autovelox e cartelli di limite di velocità a 50 miglia orarie e nel percorrerla mentre mi dirigo altrove posso scivolare in corsia esterna per avvicinarmi lentamente a un pezzo di recinzione che, alta sotto cieli bianchi come antichi ghiacci, corre verso ovest.

Ogni giorno transitano di qui circa centomila automezzi. Intorno alla metà degli anni Settanta ero capace di svegliarmi nel cuore della notte e di sentire una singola motocicletta sfrecciare nell'una o nell'altra direzione, lungo sbadiglio ronzante che si dopplerava nella memoria per poi riecheggiare nei sogni. Ma, come la neve, anche il rumore del traffico col tempo si fa indistinto. A dieci anni, ascoltando il rombo della seconda cascata più grande d'Europa, pensai soltanto *è come l'autostrada quando piove*.

Non dovrei guardare. Regolarmente guardo. I miei occhi intercettano il punto in cui lo sfarfallio zootropico dei pini oltre il recinto cede il passo a una toppa di cielo in cui svettano la cima nera di una sequoia e la geometrica impalcatura di un'araucaria, e nella testa mi sboccia un'apprensione di spazio perduto, perché conosco già *perfettamente* tutta la zona intorno a quegli alberi, almeno per com'era trent'anni fa. E un attimo dopo ecco che è già passata, e io continuo a guidare lasciando uscire il respiro che trattenevo da quasi un chilometro, come se non respirando potessi fermare tutto – il movimento, il tempo, la polvere e l'andar dei piedi di una vita intera.

Un ricordo vecchissimo, risibile ma vero. Ho imparato la lettura rapida sforzandomi di decifrare i cartelli militari che fiancheggiavano la strada di scuola all'epoca delle elementari. KEEP OUT era facile, ma per capire DANGER – UNEXPLODED ORDNANCE mi occorsero mesi. Dovevo leggere tutte le parole *contemporaneamente*, perché la macchina di mia madre correva e i cartelli erano molto ravvicinati. Ogni mattina mi mettevo al finestrino e guardavo la base militare venirmi incontro, aspettando che le parole apparissero per provarci di nuovo. La sensazione che mi coglieva allora, il desiderio di apprendere qualcosa d'importante che mi passava accanto in velocità, è la stessa che provo oggi quando oltre la recinzione dell'autostrada cerco il luogo dove sono cresciuta.

[...]

Ma in particolare sono grata per le altre libertà di cui ebbi modo di godere in quel periodo. Dopo la scuola mi preparavo un sandwich, prendevo il mio binocolo Zeiss Jena 8x30 Jenoptem e partivo per le mie mete preferite. C'erano muri coperti d'edera e alberi ornamentali, sequoie piantate in memoria di Lord Wellington (allora naturalmente le chiamavano Wellingtonia) e padiglioni creosotati con finestre tappezzate di escrementi di mosca. »Arthur Conan Doyle amava venire a sedersi qui« mi raccontavano a proposito del più piccolo, all'ombra rada di un pioppo balsamico, quello con le stampe originali delle fate di Cottingley appese alle pareticolor crema. Nel giardino all'italiana c'era uno stagno rotondo e poco profondo con una fontana sputacchiante, tritoni comuni e ditischi marginati su cui la sera i vespertilionidi si tuffavano per bere; e poi c'erano i tre ettari di terreno con le stalle fatiscenti da una parte, e le distese di pini silvestri, e gli umidi sentieri nascosti dalle felci, dai rododendri, dalle kalmie coi loro ghirigori di gemme florali, e le strade che non andavano da nessuna parte perché negli anni Cinquanta i terreni, espropriati ai teosofi, erano stati tagliati in due dall'autostrada di nuova costruzione. Io amavo quelle strade. A piedi nudi percorrevo l'asfalto cariato lungo il diritto viale di roveri che terminava in cumuli di foglie e in un nuovo sentiero del desiderio che piegava a destra, seguendo il perimetro della recinzione autostradale. Alle spalle di Tekels Park si snodava un viottolo senza uscita, in mezzo a terrapieni alti tre o quattro metri su cui scarpinavo per raggiungere l'enorme faggio grigio col tronco graffiato di cuori e date e iniziali, e il pensiero che qualcuno avesse scoperto quell'albero mi riempiva di una

Übersetzen **Anna Rusconi**

specie di timore reverenziale perché io non ci avevo mai visto nessuno, mai maimai, e un giorno dal terriccio alla sua base ripescai un sacchettino di pelle semi putrefatto che mi riempì la mano di vecchie monete da tre pence. Mi raccontavano che prima dell'autostrada lì era pieno di lucciole, di stagni, di beccaccini. [...]

Potevo scorrazzare in giro da sola perché in quel posto mi conosceva chiunque – anche se, dopo avermi vista per l'ennesima volta a caccia di tritoni nello stagno, con l'acqua fino alle ginocchia, o nei pressi dell'alberghetto, con i sessanta centimetri di flessibilità bruna e dorata di una grassa biscia dal collare avvinghiati alle braccia, qualcuno due paroline coi miei andava a scambiarle.

[...]

E intanto che lui si rollava una sigaretta io correvo a esplorare le felci e il sottobosco, dove i rododendri erano cresciuti fin quasi a diventare degli alberi coi rami modellati da antiche potature. Quando ero piccola erano *perfetti* per arrampicarmi: impalcature di gomiti ad angolo retto e acute curve lignee tra cui e su cui potevo issarmi, per poi sedere dentro un baldacchino di foglie scure brulicante e ticchettante di minuscole cicadelleche, a un esame ravvicinato, rivelavano forti somiglianze con i draghi più vivaci e colorati dei bestiari. Nel folto degli alberi c'era anche il nido delle formiche rosse, quella luccicante e instabile montagnola di particelle che di anno in anno si spostava e puzzava di acido formico. Se ci tiravi sopra dei fiori azzurri, prima che le formiche li portassero via facevano in tempo a diventare rosa, e per un certo periodo preparai i cadaveri degli uccelli morti che trovavo in giro ripiegandoli con attenzione e mettendoli in gabbiette di fil di ferro che poi andavo a posizionare in cima al nido. Dopo qualche settimana, quando tornavo per liberarli, erano ridotti a bianchi ossicini spolpati che non perdevano mai del tutto l'odore di formica.

Helen Macdonald, *Vesper Flights*. London: Jonathan Cape, 2020, S. 23–31.
Italienische Übersetzung von Anna Rusconi: *Voli vespertini*. Torino: Einaudi, 2022.
Deutsche Übersetzung von Ulrike Kretschmer: *Abendflüge*. München: Hanser, 2021.

Anna Rusconi zum ausgewählten Text:
The Searchers

Als ich darum gebeten werde, einen Beitrag für *Viceversa* zu schreiben, arbeite ich gerade an *Vesper Flights*, der wundervollen Essaysammlung der Engländerin Helen Macdonald. Das Thema des Jahrbuchs lautet »Wildwege«, »Per sentieri selvaggi«:* Was hat dieses Buch mit »Wegen in die W ildnis« zu tun? Nun, sehr viel. Wegen der Orte, die es beschreibt – von der Spitze des Empire State Building bis zur Atacama-Wüste, von den australischen Blue Mountains bis zum lebhaften Treiben in Cambridge; wegen seiner Prosa, die zwar die Sprachregeln formal respektiert, aber eigenwillige Bilder, gewagte Kollokationen und syntaktische Schnörkel von kraftvoller Klarheit hervorbringt; und wegen eines Rhythmus, der sich immer wieder auflöst und neu zusammensetzt und abschweift, um dem Flug der Schwalben, der unsicheren Sprache eines Flüchtlings, dem unterirdischen Wachstum eines Pilzgeflechts oder dem Aufflammen von lähmender Migräne zu folgen. Macdonald ist eine Wissenschaftshistorikern, die vom niemals selbstverständlichen Verhältnis von Mensch und Natur, Kultur und Natur, Geschichte und Natur erzählt. Sie ist eine alles andere als sentimentale Autorin, die jedoch zu rauer Großmütigkeit und tiefer Ergriffenheit imstande ist und unbekannte Pfade beschreitet, in der Welt und in ihrem Inneren. Natürlich hat sie etwas mit den Wildwegen zu tun. Und ich mit ihr.

Denn ich bin ihre Übersetzerin.

Ich wähle einen Essay mit dem Titel »Tekels Park«, der mir ziemlich zu schaffen macht: »banale« Fragen von Terminologie und wissenschaftlicher Korrektheit; unterschiedliche Sprachebenen; das Problem der volkstümlichen Tier- und Pflanzennamen, die im Englischen schöpferisch und eloquent, im Italienischen dagegen beschränkt und regional sind; Interpretationsschwierigkeiten aufgrund eines nicht standardgemäßen Wortschatzes und eines Stils, der reich an

Übersetzen **Anna Rusconi**

---

* *Sentieri selvaggi* ist der italienische Titel von John Fords Western *The Searchers* (1956), im deutschsprachigen Raum *Der schwarze Falke*. (A. d. Ü.)

Schatten, Nachklängen und toten Winkeln ist; und die unzähligen Versuche, die angemessenste Satzreihe zu finden, um den Reichtum von Form und Inhalt wiederzugeben.

Im zweiten Absatz taucht eine Kindheitserinnerung auf, das Geräusch von nachts auf der Autobahn vorbeifahrenden Autos, Mitte der siebziger Jahre: »Back in the mid 1970s I could lie awake in the small hours and hear a single motorbike speeding west or east: a long, yawning *burr* that dopplered into memory and replayed itself in dreams. But like snow, traffic noise thickens with time. By the time I was ten I could stand by Europe's second largest waterfall, listen to it roar, and think, simply, *it sounds like the motorway when it's raining.*« Diese Passage nimmt einen Dialog mit unseren Erinnerungen auf, denn die Kindheit prägt sich bei allen tief in die Sinne ein. Doch was bedeutet *dopplered into memory?* Und wie kann die Übersetzung diese Dynamik bewahren?

Das Bild verweist auf den Doppler-Effekt, der bewirkt, dass Höhe und Frequenz eines Klangs stärker werden, wenn die Quelle näher kommt, und schwächer, wenn sie sich entfernt. Aber kann ich auf Italienisch, in einer Sprache, die nicht sehr flexibel für Neologismen ist, *dopplerare* sagen? Beziehungsweise *dopplerarsi*, das wie jedes reflexive Verb die Handlung auf der einen Seite intimer und auf der anderen schwerfälliger macht. Macdonald ist kühn, und wenn die Autorin kühn ist, dann bin ich es ebenfalls. Auch, weil eine Verbindung von Akustik und Bedeutung, eine klangliche Nähe des *Worts* Doppler zu dem evozierten Sinn besteht, aus der ein Geräusch hervorgeht, das sich in der Erinnerung verdoppelt. Das sich ... (ver)*dopplert*. Und ich möchte nicht zu sehr normalisieren. Den Widerklang hebe ich mir dagegen für *replayed itself* auf.

Aber jetzt kommt das Beste. Denn kaum versuche ich den nächsten Satz zu übersetzen, der eigentlich ganz geradlinig und scheinbar klar ist, stelle ich fest, dass ich nicht mehr sicher bin, ob ich ihn verstehe: *But like snow, traffic noise thickens with time.* Was heißt das, die Verkehrsgeräusche »verdicken sich« mit der Zeit, nachdem sie sich *verdopplert* haben? Seit den 1970er Jahren hat die Lärmbelastung gewiss zugenommen: Meint die Autorin also, dass die Geräusche sowohl in der Wirklichkeit wie im Kommen und Gehen der Erinnerung stärker werden, je näher sie herankommen, wie Schneeflocken, die dichter werden, je länger es schneit? Oder dass, weil unser Gehör mit den Jahren an Schärfe verliert, die Verkehrsgeräusche undeutlich werden wie herabfallender Schnee? Der vielleicht schon gefallen ist? Oder sind wir es, die sie voller Wehmut verstärken? *Wie der Schnee / der Schneefall* thickens *der Verkehrslärm mit der Zeit.* Es geht um die Wahrnehmung des Moments, die nachträgliche Erinnerung und die Gesamtwirkung des Bilds. Kurz darauf erzählt die 1970 geborene Macdonald, das Grollen des zweitgrößten Wasserfalls Europas klinge ihr schon in den Ohren, wie das der Autobahn, wenn es regnet. Inzwischen bin ich verwirrt, möchte aber instinktiv das bewahren, was mir als mögliche Ambivalenz des Englischen erscheint. Dann liest, wie es oft vorkommt, ein Kollege, Lucas Moreno, den Satz mit frischem, distanziertem Geist und alle Zweifel fallen in sich zusammen: Die richtige Bedeutung sei ganz klar die zweite, sagt er mir. Wenn ich das Original jetzt lese, erscheint es auch mir merkwürdig, dass ich so unsicher war. Aber die Ungewissheit ist das tägliche Brot des Übersetzers, und das Risiko unter- oder überzuinterpretieren lauert immer, besonders bei Autoren, die bei jedem Wort, jeder Zeile, auf jeder Seite größtmögliche Elastizität der Deutung verlangen und Zweifel und Umsicht verstärken, die jedoch im richtigen Maße zum unverzichtbaren Handwerkszeug gehören.

Weiter zum dritten Absatz: »My eyes catch on the place where the zoetrope flicker of pines behind the fence gives way to a patch of sky with the black peak of a redwood tree against it and the cradled mathematical branches of a monkey puzzle, and my head blooms with an apprehension of lost space, because I know *exactly* all the land around those trees, or at least what it was like thirty years ago.« Die Autorin kehrt an einen Ort zurück, der in der Erinnerung ausgiebig vorweggenommen wird, dem in der Erzählung aber eine minutiöse Beschreibung der Baumgeometrie (*monkey puzzle*, welch Meisterwerk der allgemeinsprachlichen Nomenklatur!) vorausgeht: eine Bildsequenz, die in einer Emotion aufgeht, um sich dann wieder im Kognitiven zu verankern und mit veränderter Stimmung in einer neuen Erinnerung auszuklingen.

Ich lasse die rhythmischen und klanglichen Aspekte beiseite, die wie immer auch für die Bedeutung überaus wichtig sind: Dafür reicht der Platz hier nicht aus. Was sofort auffällt, ist, dass im Italienischen die Wortfügung *bloom with* nicht existiert und ihre wortgetreue Übertragung einen Manierismus – *fiorire di/in* – hervorbrächte, der weit-

Übersetzen **Anna Rusconi**

aus gehobener als im Englischen wäre, eine Sprache, die beneidenswert geschmeidig ist, was die Kombinationsmöglichkeiten angeht. Und dann wäre da *apprehension*, dem der unbestimmte Artikel vorausgeht, gefolgt von *lostspace*, ohne Artikel. Eine Herausforderung in 44 Zeichen, aber bei Macdonald ist das normal.

Die Bedeutung von *apprehension* konzentriert sich, laut Wörterbüchern wie Ragazzini und OED, im Wesentlichen auf drei semantische Felder: das physische Ergreifen und Besitzen, das kognitive Wahrnehmen und Begreifen und den Zustand von Bangigkeit. Das Wort kommt nicht besonders häufig vor: auf einer Skala von 1 bis 10 liegt es im Bereich 5, was laut OED im modernen Englisch einer gehobenen Sprache gleichkommt. Es geht auf das lateinische *apprehensiō* (Erfassen, Ergreifen) zurück und gelangte im 15. Jahrhundert über das französische *appréhension* (Verständnis und Besorgnis) in die englische Sprache. Während im Englischen die Bedeutung »bewusste Wahrnehmung« mittlerweile archaisch ist, bleibt sie im Italienischen unterschwellig präsent, denn das Verb *apprendere* ist direkt mit dem Konzept des intellektuellen Begreifens verbunden. Im Übrigen steht in der Psychologie die *apprensione* »am Anfang des Verstehens« (Grande Dizionario della lingua Italiana Utet online). Darüber hinaus geht die Begegnung mit dem Neuen häufig mit einem unbestimmten Gefühl von Beklemmung einher, das auf Italienisch als *apprensione* bezeichnet wird.

Nun ist es so, dass im gängigen Italienisch für den Lernprozess fast immer das Verb *apprendere* oder das Substantiv *apprendimento* verwendet wird, welches auf eine ablaufende Handlung verweist. Der Begriff *apprensione*, der hingegen eher auf einen Zustand oder eine Verfassung verweist, wird heute vor allem mit Beklemmung und Beunruhigung in Verbindung gebracht, obgleich die Wörterbücher weiterhin als erste Bedeutung Wissen und Verständnis anführen. Wie gesagt konzentriert das Englische die Kraft mehrerer semantischer Felder auf ein Substantiv, während das Italienische die Bedeutungen unterscheidet und auf mehrere Substantive oder – aus diachronischen Gründen – unterschiedliche Sprachebenen verteilt. Dem möchte ich hinzufügen, dass auf Englisch *apprehension* auch das »Endprodukt« des Verstehens ist: der Vorgang des Verstehens *und* das, was verstanden wird.

Aber zurück zum Satz »my head blooms with an apprehension of

lost space«: Was meint die Autorin? Abgesehen davon, dass im Italienischen Subjekt und Ergänzung den Platz tauschen, was der schon
erwähnten Frage der Sprachebene geschuldet ist, handelt es sich um
etwas, das im Geist aufblüht wie das langsame und zarte Aufgehen
einer Knospe. Ein greifendes Aufblühen, das (den) *lost space* einfängt
und es Macdonald erlaubt, sich diesen wieder anzueignen; doch es ist,
obgleich von vorwegnehmender Besorgtheit durchzogen, ein luftiges
Ergreifen, das offen und weit ist, eine Wiederaneignung, die über die
Augen und die Erinnerung geschieht und Erleichterung und florale
Ausdehnung mit sich bringt. Das diesen verlorenen Raum, indem es
ihn ergreift und einnimmt, in Wirklichkeit *befreit* und ihm vitale, früh-
lingshafte, generative Energie zurückgibt. Ein Aufblühen, das den
Geist wieder mit dem Gegenstand der Erinnerung und der Emotionen
verbindet: Diesen *lost space*, den die *apprehension*, das Wieder-Er-
kennen, aufblühen lässt, der aber auch ein ganz bestimmter Ort ist,
das die Bäume umgebende Land, welches die Autorin *exactly* kennt,
zumindest mit der Genauigkeit der Erinnerung.

Wenige Sätze, in denen sich Mikro und Makro, Spezifisches und
Allgemeines, Intimes und Universelles überschneiden, dank eines
Substantivs, *apprehension*, das ein weites Feld transportiert, welches sich im Englischen unvermittelt öffnet, während es im Italienischen droht verloren zu gehen: Wenn ich *apprensione* (Besorgnis)
wähle, ist das korrekt, jedoch verliere ich die Unmittelbarkeit der kognitiven Erfahrung und die Nuance der geografischen und emotionalen Wiederaneignung; wähle ich *percezione* (Wahrnehmung), gehen
hingegen der Hintergrund von destabilisierender Beunruhigung und,
erneut, die Wiederaneignung und Eroberung verloren, während *rico-
noscimento* (Wiedererkennung) andere Einschränkungen brächte,
und so geht es mit jeder Option weiter. Im Originaltext haben wir einen
Geist und pulsierende Sinne, Kraft und Zartheit, die Raum verlangen,
und idealerweise darf sich nichts, zumindest für den Moment, dreist
gegenüber dem Rest durchsetzen.

Auf jeden Fall möchte ich nicht auf einen substantivierten Infinitiv
zurückgreifen – *un apprendere, un cogliere, un percepire* –, nicht nur,
weil sich im Italienischen hinter dieser Form häufig eine Notlösung
verbirgt, sondern auch, weil am Ende des nächsten Absatzes ein »apprehend something important« folgt, das hingegen den Infinitiv verlangt, sich jedoch seinerseits obigen Satz nicht einverleiben und auch

nicht von ihm einverleibt werden soll. Und der, dem Himmel sei Dank, der Pfeiler ist, auf dem ich schließlich die von mir gewählte Lösung aufbauen kann: Nach ausführlicher Erwägung denke ich, dass ich mich für *apprensione* entscheide und damit den Verweis auf *apprehend* bewahre, von dem die Leserschaft noch nichts weiß.

Während ich meiner Entscheidung Zeit gebe, sich zu setzen, denke ich darüber nach, wie oft man in diesem Beruf ergebnislos auf abenteuerlichen Wegen wandelt, die in die Ferne und in unvorhersehbare Richtungen führen, und dann, nachdem man umhergewandert ist und ungeplante Etappen erkundet hat, schließlich entdeckt, dass der Ort, von dem man losgegangen ist, das Ziel war, und die beste Lösung eine der ersten, die man verworfen hatte, vielleicht die allererste oder die wortgetreueste Übersetzung. Denn Übersetzen bedeutet auch, den längsten Weg zu nehmen, um von A nach B zu kommen, einen Weg der Suche und *apprehension*, und sich auf eine Reise zu begeben, die Fallen und Überraschungen bereithält. Und siehe da, gerade habe ich entdeckt, dass der Originaltitel von *Sentieri selvaggi,* diesem Meilenstein der Filmgeschichte, *The Searchers* ist. Dem ist eigentlich nichts hinzuzufügen.

Aus dem Italienischen von Julia Rader

Das Literaturjahr 2021

Welche Bücher haben Sie im letzten Jahr entdeckt, im Original oder in der Übersetzung? Hatten Sie Gelegenheit, Autorinnen und Dichter an Lesungen zu treffen? Waren Sie vorsichtig und haben stattdessen einige der vielen Online-Ereignisse verfolgt? *Viceversa* blickt zurück auf das Literaturjahr 2021 und empfiehlt rund achtzig Neuerscheinungen aller vier Landesteile, gefolgt von einer Aufstellung der wichtigsten Begebenheiten des Jahres. Die Chronik erwähnt Jubiläen, Festivals und Preise, würdigt aber auch verstorbene Autorinnen und Autoren. Ausführliche Buchbesprechungen, Hintergrundartikel und Interviews sind das ganze Jahr über auf der Plattform www.viceversaliteratur.ch zu lesen.

Kurzkritiken, Deutschschweiz

Von Flurin Beuggert, Verena Bühler, Marina Galli, Ruth Gantert,
Klaus Hübner, Martina Keller, Jens-Peter Kusch, Tobias Lambrecht,
Beat Mazenauer, Dominik Müller, Daniel Rothenbühler, Tamara
Schuler und Peter Utz

Martin Bieri, *Unentdecktes Vorkommen. Gedichte*

Neugier und Zerstörung, Rettung und Bemächtigung – das Verhältnis
von Natur und Mensch ist durch und durch gespalten. Martin Bieri findet dafür einen lyrischen Ausdruck. Die Zeilen- und Strophenmuster
variieren von Gedicht zu Gedicht, mal klingen sie schroff und streng,
mal luftig und frei. Martin Bieri stellt in *Unentdecktes Vorkommen*
wissenschaftlich-technische Vorhaben ins Zentrum, mit denen der
Mensch die Natur unterwirft, die dabei aber auch eine erstaunliche
Schönheit entfalten. (bm)

München: Allitera (Lyrikedition 2000)

Katja Brunner, *Geister sind auch nur Menschen. Sprechtexte*

Was geschieht mit Kindern, die zur Welt kommen und sogleich in die
Ecke gestellt werden; und was passiert mit Menschen, deren Lebens-
zyklus sich dem Ende zuneigt? Mit solchen Fragen zielt der Band *Geis-
ter sind auch nur Menschen* direkt ins Herz unserer hoch optimierten
Gesellschaft. Es gibt keinen profitablen Ort, weder für die Kleinen
noch für die Alten. Für diesen Skandal findet Katja Brunner in ihren
zwei Sprechstücken eine Sprache, die ungebärdig ist und schneidend
scharf. In losen Szenen erzählt sie von der Ohnmacht und Verwund-
barkeit der Menschen am Rande, die nur zu gerne ignoriert werden.
(bm)

Luzern: Der gesunde Menschenversand

Markus Bundi, *Die letzte Kolonie. Roman*

Die »Untersch« sind Menschen, die unter Tage in der »letzten Kolonie«
leben, ohne Licht und frische Atemluft. Doch es geht das Gerücht,
dass es ein helles »Oben« gebe, wohin es einige dieser Höhlenbewoh-

ner drängt. Durch Schleusen und Gänge verlassen sie die Unterwelt und erkennen, dass hinter der Zweiteilung nicht eine Katastrophe, sondern menschliches Kalkül steckt. Markus Bundi entwickelt in seinem Roman eine vielschichtige Dystopie, die unverblümt auch von unserer Gegenwart erzählt. (bm)

Wien: Septime

Arno Camenisch, *Der Schatten über dem Dorf*

Arno Camenisch leuchtet die Unglücksfälle aus, die im Lauf der Jahre ihre Schatten auf das Dorf seiner Kindheit in der Surselva, auf seine Familie und auf ihn persönlich geworfen haben. Als Grundthema zieht sich der Tod von drei Kindern beim Spielen mit Feuer durch das Buch. Der Autor versucht, dieses Ereignis zu fassen und nachzuvollziehen, wie die Dorfgemeinschaft damit umgeht. Keine romanischen Einsprengsel und kaum schweizerdeutsche Ausdrücke finden sich dieses Mal in seiner Sprache. Der Text ist tagebuchartig und vermittelt den Eindruck faktischer Authentizität. Dass die jäh über die Menschen einbrechenden Katastrophen am Schluss in einer tröstlichen Gesamtschau aufgehen, ist die Schwäche dieses Buchs, dessen präzise Alltagsbeschreibungen hingegen sind ein Qualitätsmerkmal von Camenischs Schreiben. (vb)

Schupfart: Engeler

Martina Clavadetscher, *Die Erfindung des Ungehorsams. Roman*

Künstliche Intelligenz, Emanzipation, Herkunft und die eigene Bestimmung: Martina Clavadetscher lässt drei Frauenfiguren sprechen, die unterschiedlicher nicht sein könnten und doch quer durch Raum und Zeit miteinander verbunden sind. Dieses dichte, klangvolle Schauermärchen öffnet die Tür zu einer düsteren Welt, die nur gerade eine Handvoll Jahre in der Zukunft liegt. *Die Erfindung des Ungehorsams* macht deutlich, wie komplex und konfliktbeladen das Zusammenleben von Menschen und KIs sein wird und welche Bedeutung der Literatur zukommt. (ts)

Zürich: Unionsverlag

Thomas Duarte, *Was der Fall ist. Roman*

Was treibt den Ich-Erzähler um halb ein Uhr nachts in einen Polizei-
posten und was bringt ihn dazu, dem diensthabendenden Polizisten
seine Geschichte zu erzählen? Weshalb verrät er dabei die ohne Auf-
enthaltserlaubnis arbeitende Putzfrau Mira, die er selbst in einem
Hinterzimmer seines Büros untergebracht hat? Und worin besteht
eigentlich seine Aufgabe als Angestellter eines wohltätigen Vereins?
Unaufgeregt und mit feiner Ironie entlarvt Thomas Duartes Roman
Gemeinplätze und bringt vorgefasste Sichtweisen ins Wanken. Dabei
reflektiert er nicht nur das Erzählen und Rezipieren von Geschichten,
er porträtiert auch mit frohgemuter Verzweiflung die Absurdität unserer Lebens- und Arbeitsbedingungen. (rg)

Basel: Lenos

Regina Dürig, *Federn lassen. Novelle*

Federn lassen ist eine ebenso poetische wie ungeschminkte Aneinan-
derreihung von Situationen, die ein Frauenleben von Kindheit an ab-
wehren, hinnehmen, über sich ergehen lassen muss. In meist zwei-
bis vierseitigen lose flatternden Texten, die eine lyrische Struktur
verraten, erzählt Regina Dürig, wie das Kind beim Essen und Spielen
in Nöte gerät, die Jugendliche sich in der Pubertät der neugierigen
Zudringlichkeit der Schulkameraden erwehrt, die junge Frau sich immer wieder erzwungenen Missverständnissen ausgesetzt sieht und
die Erwachsene schließlich von all dem genug hat und das Thema zur
Sprache bringt. Doch im letzten Kapitel »Q & A« erweist sich die
Sprachlosigkeit noch immer als »ein Riss zwischen Decke und Wand«,
in dem die Wahrheit schier lautlos verschwindet. (bm)

Graz: Droschl

Adelheid Duvanel, *Fern von hier. Sämtliche Erzählungen.*
Herausgegeben von Elsbeth Dangel-Pelloquin. Mit Texten von
Friederike Kretzen und Elsbeth Dangel-Pelloquin

Fern von hier versammelt erstmals sämtliche Erzählungen von Adelheid
Duvanel in einem Band. Die kurz bis sehr kurz gehaltenen Prosaminia-
turen sind flüchtige Momentaufnahmen, die hartnäckig nachhallen:
Gezeigt werden die Perspektiven der Wenig- bis Gar-nicht-Gehörten

und ihre behelfsmäßig konstruierten Wirklichkeiten. Adelheid Duvanel gelingt es, ohne jedes Pathos die Tragikomik des wirklichen Lebens einzufangen. Fünfundzwanzig Jahre nach ihrem Tod erhält das Werk der Basler Schriftstellerin damit hoffentlich die Aufmerksamkeit, die ihm gebührt. (ts)

Zürich: Limmat

Zsuzsanna Gahse, *Bergisch teils farblos*

In ihrem neuen Buch *Bergisch teils farblos* entzaubert Zsuzsanna Gahse spielerisch die jahrhundertealte Verklärung der Berge als urwüchsige Heimat. In und mit den erodierenden Bergen reflektiert eine namenlose Ich-Erzählerin mit ihren Freunden Fragen der Wahrnehmung, der Sprache, der Kunst und auch der digitalen Welt. Nicht nur Berge werden wie Schachfiguren versetzt, auch Wörter wandern, werden geglättet, eingegipst und ausgehöhlt. Ein Umbau der Alpen klingt zwar absurd, übersteigert aber nur, was tatsächlich passiert. Insofern ist *Bergisch teils farblos* durchaus auch eine Bestandsaufnahme – vor allem aber ein ästhetisches Vergnügen. (jpk)

Wien: Edition Korrespondenzen

Dana Grigorcea, *Die nicht sterben. Roman*

Die Figur des Vlad Dracul fasziniert bis heute weit über Transsilvanien hinaus. Bram Stokers literarische Fiktion trug das ihre dazu bei. Im Roman *Die nicht sterben* lässt Dana Grigorcea den alten Geist im beschaulichen Karpatenstädtchen B. nochmals auferstehen. Eine kunstbeflissene Gesellschaft tröstet sich mit Musik und Kunst über die korrupten Verhältnisse hinweg – bis die Dinge in Bewegung geraten und den Roman in eine verführerisch mysteriöse Sphäre eintauchen lassen. Geheimnis, Folklore und Politik vermischen sich auf turbulente Weise, das rumänische Malaise aber bleibt bestehen. (bm)

München: Penguin

Andreas Grosz, *Zwei gottlos schöne Füchslein. Teil 2*
Von 2000 bis 2010 lebt ein Paar im Schächental. Unter dem Titel *Zwei gottlos schöne Füchslein* veröffentlicht Andreas Grosz 2019 und 2021 zwei Bände mit Aufzeichnungen, deren erster den Monaten April bis September, der zweite Oktober bis März gewidmet ist. Auf das Sommerbuch folgt also ein Winterbuch – und der Winter ist hart im alten Bauernhaus: Die Wasserleitung droht einzufrieren, die Temperatur sinkt manchmal unter zehn Grad. Beobachtungen der Natur, Begegnungen mit Nachbarn und Freunden, Reisen nach Berlin, Paris und Rom, nach Genf oder ins Tessin sind ebenso Gegenstand der Notate wie Träume und Lektüren, Erinnerungen, das Tagesgeschehen und Kürzestgeschichten. In rascher Abfolge bestechen sie mit tiefer Melancholie, aber auch mit feinem Humor und einem beglückenden Sinn für Sprache. (rg)

Wädenswil: pudelundpinscher

Ursula Hasler, *Die schiere Wahrheit. Glauser und Simenon schreiben einen Kriminalroman*
Im Juni 1937 begegnet Friedrich Glauser seinem literarischen Idol Georges Simenon im Seebad Saint-Jean-de-Monts an der französischen Atlantikküste. Die beiden nutzen das zufällige Treffen, um sich über ihre literarischen Strategien auszutauschen. Davon angeregt, wagen sie gleich auch einen Versuch und entwerfen gemeinsam einen Kriminalroman. Die fiktive Begegnung ist ein kluges literarisches Spiel, das die Geistesverwandtschaft zwischen den beiden Autoren markant herausarbeitet. (bm)

Zürich: Limmat

Rolf Hermann, *In der Nahaufnahme verwildern wir. Gedichte*
Unweit von Leuk, wo Rolf Hermann aufwuchs, hat Rainer Maria Rilke in den 1920er Jahren auf Französisch vier Gedichtzyklen verfasst. Diese »Quatrains Valaisans« nimmt Hermann im Band *In der Nahaufnahme verwildern wir* zum Anlass für eine freie lyrische Variation. Er geht den Fluss entlang oder durch die nebelverhangene Stadt und bilanziert dabei im wendigen inneren Gedankenflug Verluste und Wandel. Er schaut durch eine mit Schieber durchsetzte Bretterwand in die

Welt hinaus und bewundert anstatt der Rosen die Vitalität von Neophyten. Die vier Zyklen variieren Rilke und bleiben doch ganz nah beim Lyriker Hermann. (bm)

Luzern: Der gesunde Menschenversand

Annette Hug, *Tiefenlager. Roman*
Das Wissen über den gefährlichen Atommüll muss über ebenso viele Jahrtausende erhalten werden, wie dieser strahlen wird. Dazu könnte man eine klosterähnliche Ordensgemeinschaft bilden. Dieses Projekt nimmt Annette Hug zum Ausgangspunkt ihres Romans *Tiefenlager* und denkt es narrativ durch. Die fünf Protagonisten, welche den Kern des neuen »Ordens« bilden, erzählen die unterschiedlichsten Szenarien herbei. Dabei wird deutlich: Dieser schwindelerregenden Herausforderung werden technokratische Lösungen allein nicht beikommen; sie ist eine gesellschaftliche und kulturelle Frage, die ein allseitig offenes Denken und nicht zuletzt eine permanente Sprachreflexion verlangt. Die vielschichtige, offene und anspruchsvolle Konstruktion des Romans weist selbst in diese Richtung. (pu)

Heidelberg: Wunderhorn

Michael Hugentobler, *Feuerland. Roman*
Michael Hugentoblers zweiter Roman *Feuerland* erzählt die »Biografie eines Wörterbuches«. Der Engländer Thomas Bridges verzeichnet im 19. Jahrhundert die Sprache der Yamana, ein Urvolk Feuerlands, in einem Buch mit rot-blauem Umschlag. Fünfzig Jahre später fällt dieses Buch dem Volkskundeprofessor Dr. Hestermann in die Hände, der es vor den Fängen der Nationalsozialisten rettet. Hugentobler nimmt uns mit auf die wunderliche Reise dieses Buches, von dem eine Magie ausgeht, die alle erfasst, die es in den Händen halten. *Feuerland* ist ein Roman über die Bedeutung von Wörtern, über die Frage, was Sprache hinterlassen kann, es ist aber auch eine äußerst vergnügliche Erzählung mit skurrilen Figuren und wunderlichen Geschichten. (mk)

München: dtv

Literaturjahr 2021

Isabella Huser, *Zigeuner*

Bis ins ausgehende 18. Jahrhundert verfolgt Isabella Huser die Geschichte ihrer jenischen Vorfahren zurück. Bürokratische Schikanen verweigern ihnen, in der Schweiz sesshaft zu werden, obwohl sie seit Generationen hier wohnen. Ihr Vagantenleben ist nicht der Grund, sondern die Folge der Ausgrenzung. Die Husers lassen sich ihre Würde aber nicht rauben. Das zeigt sich am plastischsten an jenen Figuren, für deren Zeichnung sich die Autorin an lebende Vorbilder und nicht bloß an Archivdokumente halten konnte. (dm)

Zürich: Bilgerverlag

Judith Keller, *Oder? Roman*

Judith Kellers Roman *Oder?* ist ein Buch ohne Plot und ohne Anfang oder Ende. Die Hauptfigur Alice Kneter und ihre Freundin Charli schlagen sich eine Nacht um die Ohren, denken sich Geschichten aus, fragen nach dem Vater von Alice und verstricken sich dabei in den Möglichkeiten des Erzählens. Die Autorin erzeugt daraus eine potenzielle Literatur, die komisch ist und reich an Finten. Sie verspricht kein wohliges Leseerlebnis für Regenwetter oder am Strand: *Oder?* ist ein Buch, das sich bei der Lektüre permanent verwandelt und in alle Richtungen entwickelt. (bm)

Luzern: Der gesunde Menschenversand

Ariane Koch, *Die Aufdrängung. Roman*

Kleinstadtliteratur aus der Schweiz strahlt oft genau das aus, wogegen sie anschreibt: Mief. Nicht bei Ariane Kochs Debütroman. Ein Gast wird in einem zu großen Haus in einer zu kleinen Stadt zur Belastung – oder dazu gemacht, denn die Gastgeberin ergeht sich genüsslich in jeder Art von Unbehagen. Was folgt, ist eine kühle Fuge voller hinterhältiger Ideen über Gastsein und Gastgeben, über unterdrückte Wünsche und überspannte Unterstellungen. Stil und Stimmung scheinen die Handlung in einer bizarren Schneekugel zu platzieren, die vielleicht Tim Burton designt hat. Einfach großartig. (tl)

Berlin: Suhrkamp

Christian Kracht, *Eurotrash. Roman*

In seinem neuen Roman *Eurotrash* begibt sich der Ich-Erzähler Christian Kracht mit seiner versehrten Mutter auf eine Reise durch die Schweiz und in die eigene Vergangenheit. Der seit *Faserland* vertraute Sprachduktus entwickelt wieder einen unglaublichen Sog, mit all den Widersprüchen, Übertreibungen und Plattitüden über sich und die Welt seiner Familie in ihrer Nazi- und Kapitalverstrickung. In und hinter allem scheint nicht nur die eigene Familiengeschichte auf, sondern auch das »maßlose Gedächtnis« der Weltliteratur. *Eurotrash* kann man als Vergangenheitsbewältigung und gleichzeitig als deren ironische Brechung lesen. (jpk)

Köln: Kiepenheuer & Witsch

Eva Maria Leuenberger, *kyung*

Eva Maria Leuenbergers zweiter Gedichtband *kyung* ist eine Hommage für die Dichterin und Künstlerin Theresa Hak Kyung Cha und zugleich eine lyrische Exploration des eigenen Schaffens im Spiegel von deren Werk. Und nicht zuletzt ist *kyung* ein leidenschaftliches Statement gegen Gewalt und Ausbeutung, das sich der poetischen Rede bedient. Dafür findet Eva Maria Leuenberger eine ganz eigene, sehr persönliche Handschrift, die sich visuell eigenwillig auf oft nur sehr spärlich beschrifteten Druckseiten von jeglichen gebundenen Formaten befreit. (bm)

Graz: Droschl

Urs Mannhart, *Gschwind oder Das mutmasslich zweckfreie Zirpen der Grillen. Roman*

Urs Mannharts neuer Roman *Gschwind* spielt in einer zeitlich nahen Zukunft, die bald schon Realität sein könnte: Klimawandel, Wundermetalle und Erdbeben im Berner Oberland. Mannhart legt mit dem schnellen Text eine Art Business-Thriller vor, der es knapp verpasst, in eine echte Farce auszuarten. Schade, dass der Titelheld so stereotyp ist – der Roman strotzt vor guten Ideen, einprägsamen Episoden und spannend recherchierten Passagen zu Minenraubbau, politisierten Mediendebatten und der Psychologie der Wirtschaftsgläubigkeit. (tl)

Berlin: Secession

Anaïs Meier, *Mit einem Fuss draussen*

Gerhard, Lebenskünstler, ü50 und selbst ernannter Kommissär, findet einen Fuß im Stadtpark. Sofort nimmt er die Ermittlungen auf, in denen auch betrunkene Angler, vergiftete Tiere und die Parkwächterin Blüehler eine Rolle spielen. Der unangepasste Einsiedler macht sich auf ins Abenteuer, strauchelt zwischendurch, reüssiert schließlich doch – und findet sogar noch die Liebe. *Mit einem Fuss draussen* ist das humorvolle Porträt eines Außenseiters, der sich mit viel List und Eigensinn durch die Welt schlängelt – eine willkommene Realitätsflucht und ein Protagonist, mit dem man sich trotz seiner Eigenheiten ganz gern identifiziert. (ts)

Berlin und Dresden: Voland & Quist

Francesco Micieli, *Der Auftrag*. Gedichte und *Das Kind und die Fotoschachtel*. *Kriaturi dhe kartuni fotografivet*. Fotos von Markus Baumann

In *Der Auftrag* spielen die Corona-Monate eine zentrale Rolle – Masken und Abstandsregelungen, Verunsicherung und Zwangsisolation haben die Menschen verändert. Was genau es mit dem »Auftrag« auf sich hat, bleibt das Geheimnis dieser hochpoetischen Notate. Dem Buch *Das Kind und die Fotoschachtel* ging das Auffinden einer Archivschachtel voller Fotografien aus Micielis süditalienischem Geburtsort voraus – faszinierende Bilder, die ein ganz besonderes Licht haben. Der Autor hat für jedes der über neunzig Fotos die passenden Verse gefunden, in deutscher Sprache und in seiner ersten Muttersprache, dem altalbanischen Arberësh. Beeindruckend! (kh)

Biel/Bienne: Die Brotsuppe / Basel: Mäd Book

Michèle Minelli, *Kapitulation. Roman*

»Drei«, »Zwei«, »Eins«, »Zündung!«, so nennt Michèle Minelli die vier Kapitel ihres neuen Romans und legt damit eine explosive Handlung an, die zu einem Großeinsatz der Polizei im Zürcher Kunsthaus führt. Bevor es so weit ist, folgt die Erzählung sechs Frauen verschiedener Herkunft, deren Berufsträume meist an der Arroganz einer männerdominierten Gesellschaft scheitern: Frauen werden nicht beachtet oder nicht ernst genommen, ihre äußere Erscheinung wird kommen-

tiert und abgewertet, sie erfahren Übergriffe und Gewalt, Diskrimina-
tion, Rassismus. *Kapitulation* überzeugt mit dem rasanten Wechsel
zwischen kurzen, klug gezeichneten Szenen, mit Präzision und Sar-
kasmus – und einem Vertrauen in die Kunst. (rg)

Zürich: Lectorbooks

Gabriela Muri, *Melvil oder Das verfügbare Gedächtnis*. Roman
Mit einem überraschenden Debüt wartet die Kulturwissenschaftlerin
Gabriela Muri auf. Ihr Roman *Melvil* erzählt von Melvil Given, der in der
Informationstechnologie forscht. Er teilt sich mit Greg das Büro, der
sich täglich in Stapel von Papieren versenkt. Zwischen den beiden
entwickelt sich eine Diskussion über Technik und Zukunft, Mensch
und Maschine. Eingespannt in die Widersprüche an der Schnittstelle
von analog und digital, kommt sich der Titelheld langsam selbst ab-
handen. Die Autorin orchestriert das Geschehen zwischen Paranoia
und Detailschärfe zu einem fulminanten Buch, das sich in die Traditi-
on von Autoren wie Don DeLillo stellt. (bm)

Wien: Songdog

Adolf Muschg, *Aberleben*. Roman
A., ein siebzigjähriger Schriftsteller, bricht seine Krebstherapie ab,
steigt aus seiner Ehe aus und verlässt die Schweiz, um die Zeit, die
ihm noch bleibt, in Berlin zu verbringen. Dort bewegt er sich mehr in
der Welt seiner Erinnerungen und Gedanken als in der realen Stadt. In
gepflegter Sprache, mit Dialogen voller kluger Merksätze kokettiert A.
mit der Fiktionalität seiner Welt. Muschg greift Figuren aus früheren
Romanen wieder auf, stellt intertextuelle Bezüge her, von denen auch
gebildete Leserinnen und Leser nur einige erkennen. Aktuelle Themen
wie die Flüchtlingskrise, der entfesselte globalisierte Kapitalismus
und ein tödliches Virus werden zwar genannt, wirken aber belanglos.
Ihre Tragik löst sich auf in der heiter-versöhnlichen Haltung des Ich-
Erzählers. (vb)

München: C.H.Beck

Theres Roth-Hunkeler, *Geisterfahrten. Roman*
Lisa erlangt das Pensionsalter und fährt mit ihrem Halbbruder ins Tessin, um das lange Schweigen über die Toten der Familie zu brechen, das den 83-Jährigen periodisch in Depressionen stürzt. Dort ergibt sich mit dem Auftreten weiterer Figuren ein Panorama komplexer Familienverhältnisse. Die Urszene des Familienunglücks – ein realer Autounfall – wird mit dokumentarischer Präzision aufgezeichnet, während Lisa im Präsens erzählt, wie die fiktiven Figuren der Gegenwart fühlen und handeln. Auf kunstvolle Weise verbindet der psychologische Familienroman den Bericht über die faktische Realität der Vergangenheit mit der szenischen Darstellung einer fiktiven Gegenwart. (dr)

Luzern: Bücherlese

Peter Stamm, *Das Archiv der Gefühle. Roman*
Die Welt scheint in einen tiefen Schlaf gefallen zu sein in Peter Stamms neuem Roman – und dieser Zustand weist über die Zeit der Pandemie hinaus auf die Situation des 55-jährigen Ich-Erzählers, der sich schlafwandlerisch durch sein Leben bewegt, ohne Entscheidungen zu treffen und ohne auf seine Mitmenschen einzuwirken. Alleinstehend, kinderlos, ohne Arbeit blickt der ehemalige Archivar auf seine Vergangenheit zurück, auf eine erste, zu zögerlich angebotene Liebe, auf zwei längere Beziehungen, die im Nichts verliefen. Ist es möglich, aus der Rolle des »Dabeiseienden«, des neben den anderen und neben sich selbst stehenden Beobachters auszubrechen? Peter Stamms atmosphärisch dichter Erzählton fasziniert wie das im Buch häufig auftauchende »Rauschen«. (rg)

Frankfurt a. M.: S. Fischer

Flavio Steimann, *Krumholz. Roman*
Die zufällige Begegnung einer Textilarbeiterin und eines »Waldmenschen« im Krumholz bringt um 1914/15 beiden den frühen Tod. Er tötet sie und wird später guillotiniert. Die erste Romanhälfte gilt ihrer Lebensgeschichte, die zweite, mit ständigen Rückgriffen, der seinen. Mörder und Opfer sind Unglücksmenschen, geschädigt und gedemütigt durch familiäre und soziale Missstände. In akkurater Komposition

des Ganzen führt der Roman ihr Schicksal vor Augen, in scharfsichtiger Detailgenauigkeit zeigt er die dinglichen Gegebenheiten der Zeit, und mit klingenden Wörtern und rhythmisierten Sätzen bringt er sie zum Singen. Der Autor ist ein literarischer Komponist. (dr)

Hamburg: Nautilus

Beat Sterchi, *Capricho. Ein Sommer in meinem Garten*

Fast vierzig Jahre nach seinem legendären Erstlingsroman *Blösch* meldet sich Beat Sterchi als begnadeter Erzähler zurück. Er braucht dafür keine breit angelegte Romanhandlung mehr, sondern bloß die kleine Geschichte von einem, der in einem spanischen Dorf seinen Gemüsegarten anbaut und mit den Alten plaudert, die hier noch wohnen. Dass der handlungsarme Bericht so spannend, so abwechslungsreich, so poetisch ist und das Gartenglück die wirtschaftlichen Umbrüche und die Verwerfungen der Geschichte nicht ausblendet, ist das Geheimnis dieses liebevollen und liebenswerten Buches. (dm)

Zürich: Diogenes

Veronika Sutter, *Grösser als du. Kurzgeschichten*

Melanie, Gloria, Helen, Anni ... Frauen verschiedenen Alters und in unterschiedlichen Lebenssituationen sind die Hauptfiguren in Veronika Sutters erstem Buch *Grösser als du*. Ein zentrales Thema verbindet die fünfzehn lose zusammenhängenden Geschichten: Gewalt gegen Frauen. Dank eines geschickten Aufbaus der Erzählungen gelingt es Sutter, jene subtilen Mechanismen sichtbar zu machen, die von einer Liebes- in eine toxische Beziehung führen. Ein berührendes Buch, das zum Nachdenken über eine gesellschaftliche Realität anregt, die nach wie vor ein Tabu darstellt. (mg)

Zürich: Edition 8

Silvia Tschui, *Der Wod. Roman*

Silvia Tschui erzählt in *Der Wod* die Geschichte einer deutsch-schweizerischen Familie über mehrere Generationen, von der Zwischenkriegszeit bis in die Gegenwart. Die Erzählung folgt den verschiedenen Familienmitgliedern auf ihren Lebenswegen, verwebt die Episoden ineinander und vermittelt so ein klug komponiertes, vielschichtiges Bild einer vom Krieg gezeichneten Familie. Dabei fragt die Erzählung stets danach, was Menschen zu dem macht, was sie sind, was ein Krieg über mehrere Generationen hinweg anrichten kann, warum Menschen anderen geliebten Menschen Böses antun, was in einer Familie weitergegeben wird und welche Fehler perpetuiert werden. Tschuis Roman ist so dicht und reduziert wie ausufernd und beladen; durch die brillante Erzählstruktur vermag die Autorin alles zusammenzuhalten. (mk)

Hamburg: Rowohlt

Ilia Vasella, *Windstill. Roman*

Ilia Vasella erzählt unaufgeregt und einfühlsam von einem Todesfall inmitten einer sommerlichen Urlaubsidylle. Die zufällig zusammengewürfelten Feriengäste reagieren ganz unterschiedlich auf Maries Tod, doch davon unberührt bleibt niemand. Franz ist versteinert und verliert sich in Erinnerungen, Pierre ruft den Notarzt, Stephan lenkt die Kinder ab. Dorothea denkt zurück an die vergangenen Tage, den unbeschwerten Ferienalltag, Maries Eigenheiten. *Windstill* ist eine verblüffend tröstliche Übung, die einen zumindest ein bisschen vorbereitet auf den nur allzu gern verdrängten Tod. (ts)

Zürich: Dörlemann

Simone Weinmann, *Die Erinnerung an unbekannte Städte. Roman*

Am Tag null verdunkelte sich auf einmal der Himmel, die Infrastruktur brach zusammen, die Welt fiel in eine vorindustrielle Finsternis. Das war vor fünfzehn Jahren, seither haben sich die Menschen in ihrer Misere eingerichtet. Zwei Jugendliche aber hegen noch Träume von einem Süden, in dem es besser sein soll. Mit ihrem Lehrer machen sie sich dahin auf den Weg. Simone Weinmanns Roman zeichnet ein atmosphärisch dichtes Bild von einer Zeit nach der Klimakatastrophe, welches sich für die Menschen, für ihre Wünsche und Hoffnungen interessiert. (bm)

München: Antje Kunstmann

Levin Westermann, *farbe komma dunkel*

Ein Dichter sitzt in der französischen Provinz fest, ein Schmerz in der Hüfte behindert ihn. So sitzt er im Wintergarten, schaut auf die Schafe, die Hühner und den Pfau, liest Gedichte und hängt seinen sinistren Gedanken nach. Mehr und mehr steigert er sich in »eine glühend heiße wut« über den Zustand der Welt. Aus dieser Konstellation hat Levin Westermann in *farbe komma dunkel* ein lyrisches Selbstgespräch von hypnotischer Kraft geformt. So betrüblich das Fazit des Dichters ist, so beglückend liest sich sein Gedicht. (bm)

Berlin: Matthes & Seitz

Kurzkritiken, rätoromanische Schweiz

Von Valeria Martina Badilatti, Gianna Olinda Cadonau, Ladina Caduff,
Walter Rosselli und Rico Valär

Flurina Badel, *üert fomantà / jardin affamé*

Man nehme eine Handvoll Poesie, streue sie auf ein weites Feld, füge
eine gute Prise tropischen Klangs hinzu, und in diesem hungrigen Garten werden die schönsten Gedichte blühen. *üert fomantà*, »Hungriger
Garten«, so heißt Flurina Badels kleine zweisprachige Anthologie im
Verlag Les Troglodytes. Der Garten mag hungrig sein – aber wie gut
nährt er den Geist! Mit seinen schönen Illustrationen von Jérémie Sar-
bach vereint das Kunstbuch literarische und visuelle Qualität. Ein Ju-
wel aus dem Unterengadin, dank der eleganten Übersetzung Denise
Mützenbergs am anderen Ende der Schweiz, in Genf, zu entdecken. (wr)

Genève: Les Troglodytes

Cristoffel e Jon Bardola, *La figlia dal cuntrabandier.* Reediziun commentada e chürada da Mevina Puorger e Jachen Andry

Frisch aufgemacht und sinnfällig kontextualisiert – in dieser Reihe der
neu herausgegebenen rätoromanischen Texte des Kleinverlags editionmevinapuorger erscheint die Erzählung *La figlia dal cuntrabandier*
(Die Tochter des Wilddiebs). Es handelt sich um eine im Jahr 2030 an-
gesiedelte Novelle des Unterengadiner Schriftstellers Cristoffel Bardola (1867–1935), die 1936 postum von seinem Bruder Jon Bardola
(1877–1954) veröffentlicht wurde. Das »Futuristische« daran sind insbesondere Luftschiffe, die überall im Engadin landen und starten, die
komplette Touristifizierung des Tals sowie die emanzipierte weibliche
Hauptfigur. Dagegen erinnert die Arbeitswelt und Wohnumgebung der
Einheimischen ohne Maschinen oder Heizung an die Entstehungszeit
des Textes. Auf gewisse sprachliche Eingriffe und einen Teil des um-
fangreichen Glossars hätte man eventuell verzichten können, aber
dass diese ungewöhnliche Erzählung nun in sorgfältiger Editionsar-
beit aufliegt, ist ein Gewinn. (rv)

Turich: editionmevinapuorger

Viola Cadruvi, *Panuglias da fim. Roman*

Mit *Panuglias da fim* präsentiert Viola Cadruvi ihr zweites Buch. In leichtem Ton erzählt die Autorin von Benedetg Deplazes, einem 81-jährigen leidenschaftlichen Raucher, der auf der Suche nach seiner verschwundenen silbernen Zigarettenschachtel über sein Leben und seine Wertvorstellungen nachdenkt und ganz nebenbei die Mitbewohner im Altersheim zu einem Hygienestreik aufruft. Dabei kehren alte Erinnerungen zurück – immer wieder gehen seine Gedanken nach Paris zu Sébastien, seinem Liebsten, den er zugunsten einer Ehe im Heimattal verließ. Der Protagonist reflektiert sein Leben ohne Bitterkeit. So taucht manchmal bloß eine feine, nachdenkliche Melancholie im sonst heiteren und immer wieder witzigen Ton auf, wie die Rauchschwaden, *las panuglias da fim*, die Benedetg Deplazes so gerne in die Luft bläst. Die Figuren werden differenziert beschrieben, deren Alltag im Altersheim Chasa S. Valentin liebevoll erzählt, ohne dass dabei die Spannung des Geschehens nachlässt. (goc)

Turitg: Ediziun Apart

Franz Hohler, *Fümader passiv / Passivraucher*

Seit der grandiosen pseudorätoromanischen Kurzfassung des »Totemügerli« (»Il malur da la fuorcla«) kennen wir Franz Hohlers Flair für das »Gebirgslatein«: »Ich bin, was das Rätoromanische betrifft, ein Passivraucher. Ich versteh es ganz gut ...« Weiß wie eine Wolke ist das von Anita Capaul und Bettina Vital herausgegebene zweisprachige Büchlein von außen – innen widerspiegelt es aber bunt gemischt Hohlers spielerische Freude an den verschiedenen Idiomen. Es vereint passende Zitate, ein Interview und in die Mundart übertragene Gedichte von Dumenic Andry, Luisa Famos, Jon Guidon, Alexander Lozza und Jessica Zuan mit mehreren ins Rätoromanische übersetzten Erzählungen von Franz Hohler. Dabei kommen verschiedene Autoren und Übersetzerinnen zum Zuge, die allesamt dazu beitragen, den kreativen Gebrauch, die Lebhaftigkeit und Schönheit dieser »ständig weitervegetierenden« Sprache schmackhaft zu machen. (vmb)

Cuira: Chasa Editura Rumantscha

Rut Plouda, *cafè e culaischem*

Der Kurzgeschichtenband *cafè e culaischem* (Kaffee und Vogelbeeren) vereint auf knapp 75 Seiten 40 facettenreiche Texte der Unterengadiner Autorin Rut Plouda. Die Geschichten, humorvollen Anekdoten und lyrischen Passagen sind stark in den Realitäten des Engadins verhaftet. Der Erzählton ist zumeist klar und schnörkellos, lediglich einzelne Naturbeschreibungen münden in poetische Bilder. Sprache ist der Autorin mehr als bloßes Mittel zum Zweck: In verschiedenen Texten wird über ihre Grenzen und Unzulänglichkeiten nachgedacht. Rut Ploudas Texte sind also vielschichtig und geben einen intimen Einblick in eine Bündner Bergwelt, die voller Geschichten und Gedanken steckt. (lc)

Schlarigna: Uniun dals Grischs, Chasa Paterna 139

Anna Ratti, *La chesa dals sömmis*

In ihrem Buch *La chesa dals sömmis* versammelt die Oberengadiner Autorin in fünf Teilen Sagen, Träume, Geheimnisvolles und Texte für die Nacht. Die Geschichten sind kurz, bisweilen sehr kurz. Die Lesenden betreten mysteriöse Landschaften, Häuser und andere magische Orte. Da tummeln sich ruhelose Gestalten, eine Selvana, Geisterkühe und vieles mehr. Die verschiedenen Dimensionen der Realität escheinen in einer klaren, unmittelbaren Sprache. Sie ist in der mündlichen Erzähltradition verankert. In wenigen Sätzen wird die jeweilige Situation beschrieben, die Realität und die Magie definiert. Die magischen und surrealen Geschehnisse rücken dadurch nah, werden fast zum alltäglichen Teil der gemeinhin erlebten Realität. Die Figuren, obwohl sprachlich nur schemenhaft skizziert, werden fassbar und lebendig. So leuchtet der Zauber nicht nur im Inhalt der Geschichten, sondern auch in jedem Satz dieses »Hauses der Träume«. (goc)

Cuira: Chasa Editura Rumantscha

Die Redaktion empfiehlt auch:

AA. VV., *Chalender Ladin 2022*. Redactura: Bettina Vital. Schlarigna: Uniun dals Grischs.

AA. VV., *Litteratura 40. Sin via*. Prosa, lirica, essais, recensiuns, cronica, idioms, RG. Cuira: Uniun per la Litteratura Rumantscha.

Arno Lamprecht, *Ischea è'la – nossa vita in Val*. Valchava: Biblioteca Jaura.

Jachen Luzzi, *Mi'orma sa svolar. Poesias e versiuns poeticas*. Turich: editionmevinapuorger.

Olga Prevost, *Rimas/Poesias*. Vallader/Deutsch. St. Moritz: Gammeter Media AG.

Laura Schütz, *Hotel Destin*. Cuira: Chasa Editura Rumantscha.

Gianni Bertossa, *Gabriel de Gabrieli ed il Gabrielor*. Turitg: Ediziun Apart.

Kurzkritiken, französische Schweiz

Von Alain Ausoni, Ursula Bähler, Sarah Benninghoff,
Stéfanie Brändly, Claudine Gaetzi, Aurélien Maignant,
Giulietta Mottini, Ami Lou Parsons, Lucie Tardin und
Renato Weber

AA. VV., *Cuisson au feu de bois*

Mit dem Kollektivband *Cuisson au feu de bois* eröffnet Paulette éditrice ihre neue LGBTQIA+-Reihe »Grattaculs«. Der Band versammelt 23
Texte von bekannten Autorinnen, von Künstlerkollektiven, von Autoren, die bereits veröffentlicht haben oder dies zum ersten Mal tun. Gedichte, Erzählungen kurzer Episoden oder Lebensgeschichten, Erleb-
nisberichte, ja sogar Kreuzworträtsel handeln von einem bestimmten
Umgang mit sich selbst, mit den anderen und mit dem Schreiben.
Unter dem Zeichen der Diversität erkunden die Beiträge verschiedene
Formen der Identität und der Literatur. (alp)

Genève: Paulette éditrice

Raluca Antonescu, *Inflorescence*

Raluca Antonescus dritter Roman erzählt die Geschichten verschiedener Frauenfiguren: Da ist Catherine, die im Jahr 2008 gegen die Ab-
holzung der Wälder in Patagonien kämpft, oder Aloïse, die fast in der
Art eines Wolfskinds im französischen Jura der Zwischenkriegszeit
aufwächst. Die verschiedenen Geschichten verflechten sich und kreisen rund um die Beziehung zu den Pflanzen und zur Natur. Mittels der
generationenübergreifenden Erzählung reflektiert der Roman auch
das Familiengedächtnis über die Jahre und über die Grenzen hinweg.
(alp)

Genève: La Baconnière

Anne Brécart, *La Patience du serpent*

Anne Brécarts achtes Buch entführt uns an die mexikanische Küste,
wo ein junges Genfer Paar mit seinen Kindern eine neue Lebensweise
sucht, die sich von derjenigen der Eltern unterscheidet. Auch wenn der

Roman auf einige Wiederholungen und Erklärungen verzichten könnte, überzeugen seine Wärme und Großzügigkeit sowie der Reichtum dieser Reise, in der sich verschiedene Kulturen und Glaubenswelten begegnen. (gm)

Genève: Zoé

Julien Burri, *Roches tendres*

Julien Burris Roman ist eine sanfte Einladung an die Leserinnen und Leser, dem Erzähler auf der Suche nach seiner Frau Grace zu folgen, die plötzlich verschwunden ist. Dieses Ereignis lässt ihn an den Ort ihrer Begegnung zurückkehren, das Haus seiner Kindheit, das zahlreiche Geschichten und Erinnerungen birgt, die wieder auftauchen. Mit seiner präzisen und bildhaften Sprache stellt das Buch die stoffliche Substanz und die Natur ins Zentrum und kreist nachdenklich-meditativ um die Erinnerung und um unsere emotionalen Bindungen. (gm)

Genève: Éditions d'autre part

Benoît Damon, *Après les cendres*

Unsere Zellen vermehren und verändern sich: Dieser Prozess hält uns am Leben und führt uns unweigerlich zum Tod, auch wenn wir dazu neigen, dies zu vergessen, wie Benoît Damon feststellt. Der Ich-Erzähler von *Après les cendres*, dessen Vater vor mehreren Jahren verstorben ist, begibt sich auf die Suche, oder eröffnet eine Untersuchung, wie er es nennt, bei der er sich seinen Erinnerungen zuwendet, das Genfer Umland durchstreift und vor allem häufig den Friedhof besucht. Die Fragen, die er sich stellt, sind so persönlicher wie universeller Natur: Was tut man mit dem Körper der Toten, wie geht man mit der Trauer um, wie akzeptiert man das eigene Ende? Diese durchaus humorvolle Erzählung durchdringt der Gedanke »Der Tod lehrt das Leben«. (cg)

Genève: Héros-Limite

Literaturjahr 2021

Laurent Enet, *Tropique poing levé*

In seinem Erstling evoziert Laurent Enet in poetischer Prosa zum großen Teil verlorene Reiche. Wie die Grenzen dieser Reiche – von denen
man vielleicht nur geträumt hat – schwer fassbar sind, so lässt sich
auch dieser Text mit seinen unerwarteten Wendungen nicht mit einem
literarischen Genre umschreiben: Historische Chronik, Erzählung
oder Reiseführer in einem, trägt er auch märchenhafte Züge, lässt an
eine politische Fabel, eine anthropologische Studie oder philosophische Überlegungen denken. Gleichzeitig gibt er sich wie eine innere
Reise durch unsere Zweifel, unsere Hoffnung, unser Sehnen nach einer anderen Welt. (cg)

Devesset: Cheyne

Rebecca Gisler, *D'oncle*

Die 1991 in Zürich geborene Rebecca Gisler schreibt auf Deutsch und
Französisch und legt mit *D'oncle* (*Vom Onkel*, Atlantis Verlag) einen
kühnen, witzigen und feinfühligen Romanerstling vor. Anhand eines
speziell sturen und liebenswerten Exemplars zeichnet sie das Porträt
eines Familienmitglieds, das bisher in der Literatur wenig zu Ehren
kam. Geschickt vereint die Autorin tragische und komische Momente
in ihrer Erzählung von der Welt des Onkels. Gewohnheiten und kleine,
eigentlich banale Rituale werden dank eines außerordentlichen Sinns
für Rhythmus und Dramaturgie zu aberwitzigen und abenteuerlichen
Ereignissen epischer Tragweite. (sbr)

Paris: Verdier

Blaise Hofmann, *Deux petites maîtresses zen*

Nach mehreren Reiseberichten und nach dem Libretto für die Fête des
Vignerons begibt Blaise Hofmann sich wieder auf Reisen mit *Deux petites maîtresses zen*. Er erzählt darin acht Monate mit seiner Familie
auf dem Weg von Japan bis nach Indien. Die Ängste der Eltern, die zu-
nehmende Standardisierung des Reisens und die chaotische Neuge-
staltung eines globalisierten Planeten mitten in der Covid-Pandemie
können der Zen-Kunst der beiden Kinder des Erzähler-Autors, Eve und
Alice, nichts anhaben. In ständigem Zwiegespräch mit literarischen
Vagabunden des vorigen Jahrhunderts verschließt der oft solipsisti-

sche Text zuweilen die Augen vor den Absurditäten des zeitgenössischen westlichen Tourismus, lässt aber durchaus eine Bitterkeit spüren. Der Sprachduktus transportiert etwas von unserer heutigen Fassungslosigkeit, von der Schwierigkeit, Raum und Zeit einer immer einheitlicheren Welt zu begreifen. (am)

Genève: Zoé

Nedjma Kacimi, *Sensible*

Die Erzählerin von Nedjma Kacimis Erstling *Sensible* verflicht die kollektive Geschichte des algerischen Erbes in Frankreich mit ihrer persönlichen Geschichte als Frau französisch-algerischer Herkunft. Mit Vehemenz lehnt sie sich auf im Namen der (französischen) Jugend von heute, deren Hautfarbe allein eine »kaum bekannte institutionelle Gewalt« auslöst. Überhaupt zielt die von ihr praktizierte »wiederherstellende Chirurgie« darauf ab, denjenigen eine Integrität zurückzugeben, welche unter der Vergangenheit leiden, die nicht vergeht. Essay, Autobiografie, Geschichtsbuch, Dichtung und Poetry Slam in einem, berührt *Sensible* unerbittlich und fulminant die wunden Punkte unserer Realität – die sich nicht unbedingt da befinden, wo die Politik sie vermutet. (ub)

Paris: Cambourakis

Salomé Kiner, *Grande couronne*

Grande couronne ist der erste Roman der Journalistin und Literaturkritikerin Salomé Kiner. Die Erzählerin im Teenager-Alter wächst Ende der 1990er Jahre in einem Pariser Vorort auf und träumt von einem glamourösen Leben in der Hauptstadt. Ihr Alltag besteht jedoch aus lauter Problemen und lässt wenig Hoffnung auf eine solche Zukunft. Während ihre Familie zerfällt, versucht sie ihre Ausbildung abzuschließen, sich um die jüngeren Brüder zu kümmern und Geld zu verdienen, um sich die Designerkleidung zu kaufen, die alle ihre Freunde tragen. Der mutige Roman erweckt mit scharfem Humor und einem präzisen, rhythmischen Schreibstil die Atmosphäre einer Epoche und schafft komplexe Figuren, die einem ans Herz wachsen. (gm)

Paris: Christian Bourgois

Frédéric Lamoth, *Le Chemin des limbes*

Die Vergangenheit aus der Vorhölle zurückholen – das tut die junge Marie-Ange, die schon immer den Schatten eines Familiengeheimnisses auf sich spürte. Frédéric Lamoths siebtes Buch spielt in den 1960er Jahren und beruht auf historischen Tatsachen: die Zwangsinternierung minderjähriger, schwangerer Mädchen sowie die Misshandlung und der sexuelle Missbrauch von Kindern, die in kirchlichen Einrichtungen untergebracht wurden, weil sie Waisen waren oder weil man sie ihren Familien weggenommen hatte. Subtil und mit feiner Psychologie zeigt der Roman, wie im Namen der Schicklichkeit und der christlichen Nächstenliebe, manchmal in bester Absicht, Menschenleben unwiederbringlich zerstört wurden. (cg)

Sainte-Croix: Bernard Campiche

Douna Loup, *Les Printemps sauvages*

Getragen von einer rhythmischen, kraftvollen Sprache nimmt uns *Les Printemps sauvages* mit auf die Reise der jungen Erzählerin von Seen zu Wäldern und von Wäldern zu Inseln, wobei sie ihren eigenen Körper entdeckt und die vielen Möglichkeiten, die er ihr bietet, um mit der Welt und mit den anderen in Beziehung zu treten. Bildungsroman, Utopie, Fabel, Manifest – geschmeidig bewegt sich Douna Loup zwischen den Genres und präsentiert mithilfe der Fiktion den freien und lustvollen Entwurf eines Denkens und einer Ästhetik der Verwilderung. (sbr)

Genève: Zoé

Damien Murith, *Dans l'attente d'un autre ciel*

Dans l'attente d'un autre ciel ist die Geschichte des Kindes Léo und seiner Mutter, die auf die Rückkehr des Vaters wartet, bis sie fast den Verstand verliert. Léo wächst in der Kälte grauer Wohnblöcke auf, im dreizehnten Stock, auf dem sich sein Zimmer, dasjenige der Mutter, Balkon und Küche befinden. Léos einziger Freund ist die Katze, doch seine Mutter brüllt und will sie weghaben, weil das Tier auf den Boden uriniert und den ungepflegten Zustand der Wohnung noch verschlimmert. Der sparsame Einsatz kurzer, abgehackter Sätze gilt den Sinneseindrücken und der raschen Folge von Momentaufnahmen. Die wenigen Zeilen oder Absätze lassen Platz für die Leere, zwischen den Stockwerken wie zwischen den Menschen. Allmählich verfestigt sich diese Leere und sorgt für wachsende Spannung und Unbehagen. (sbe)

Lausanne : Éditions d'en bas

Rose-Marie Pagnard, *Gloria Vynil*

Gloria Vynil leidet unter einer traumatischen Amnesie und ist dennoch eine lebhafte junge Frau. Die Fotografin und Videokünstlerin dokumentiert mit ihrem Projekt die bevorstehende Zerstörung des Naturkundemuseums. Gegen ihren Willen wird sie erfahren, was in jenem Sommer geschah, als sie sechs Jahre alt war. Dank ihrer Tante, die wie ein Engel über sie wacht, dank eines Malers, der Dinge vor dem Vergessen retten will, dank eines Präparators, der gebrochene Knochen repariert, und dank ihres Bruders Till, der Geschichten zu erzählen weiß, wird Gloria ihre Schuldgefühle überwinden. Ein schöner Roman über Erinnerung und Resilienz. (cg)

Genève: Zoé

Frédéric Pajak, *J'irai dans les sentiers. Arthur Rimbaud, Lautréamont et Germain Nouveau*

Die geschriebene und gezeichnete Geschichte zeigt Ähnlichkeiten mit dem berühmten *Manifeste incertain* (dessen erste sechs Bände in der deutschen Übersetzung von Ruth Gantert bei Edition clandestin erschienen sind). Diesmal folgt Pajak den Spuren dreier in der Mitte des 19. Jahrhunderts geborener Dichter, die sehr jung zu schreiben begannen und deren Werk schon Teenager zu faszinieren vermag: Isidor Ducasse – der Graf Lautréamont –, Germain Nouveau und Arthur Rimbaud. Für Pajak ist es auch eine Rückkehr in die Zeit seines siebzehnten Jahrs, als er mit der ersten Liebsten auf Reisen ging und dauerhafte Freundschaften schloss. Wehmütig, ohne Bitterkeit evoziert er ein Alter der reinen Liebe und des rasenden Schmerzes, der künstlerisch prägenden Eindrücke und der verachteten Konventionen. (aus)

Lausanne: Noir sur Blanc

Bruno Pellegrino, *Dans la ville provisoire*

Ein junger Mann wird in eine von Wasser umgebene Stadt geschickt, um das Inventar der Habseligkeiten einer bedeutenden, am Ende ihres Lebens angekommenen Übersetzerin zu erstellen. Aber in dieser »provisorischen« Stadt, in der alles im Fluss und nichts unveränderlich erscheint, laufen die von der Übersetzerin hinterlassenen Spuren Gefahr, vom nächsten Acqua alta weggespült zu werden. Pellegrinos originelle und brillante Sprache kleidet Venedig in matte Töne, wie wenn das frühere, farbenfrohe Bild sich im überall eindringenden Wasser aufgelöst hätte. So zeigt *Dans la ville provisoire* die fragile Schönheit der menschlichen Hinterlassenschaft, den allmählichen Verfall der Dinge unter dem Zahn der Zeit. (lt)

Genève: Zoé

Pierrine Poget, *Warda s'en va. Carnets du Caire*

Nach einem Aufenthalt in Kairo berichtet Pierrine Poget von ihren Streifzügen durch die ägyptische Hauptstadt und kreist um Fragen der Schreibpraxis und des Reisetagebuchs als Objekt in der Zeit. Sie vergleicht die vor Ort notierten Eindrücke mit ihrer Reaktion beim Wiederlesen aus zweijähriger Distanz und entwickelt schließlich in einem dritten Schritt eine Analyse der Erinnerungen und ihrer Auffrischung. Geschickt alterniert die Autorin Geschichten ihrer einsamen, poetischen und manchmal ungelenken Erkundung der fremden Stadt mit Reflexionen über das Verhältnis zum geschriebenen Wort und zum Gedächtnis. Feinsinnig und ohne sich in den Fallstricken des Themas zu verfangen, beschreibt sie die mit einem Ortswechsel verbundene persönliche Verunsicherung. (alp)

Genève: La Baconnière

Daniel de Roulet, *L'Oiselier*

L'Oiselier erzählt eine Geschichte an der Schnittstelle zwischen historischer Fiktion und Kriminalroman: Daniel de Roulet lässt den berühmten Journalisten Niklaus Meienberg auferstehen und vier Fälle durchleuchten, die vermutlich durch ein staatliches Komplott zwecks Befriedung der jurassischen Autonomiebewegung unter dem Deckel gehalten wurden. Respektvoll leiht sich der Autor Meienbergs Züge, um hinter dieser Maske seine eigene Gegenuntersuchung anzugehen, die mit Lust am Lack des helvetischen Selbstverständnisses kratzt. Anhand einiger Ereignisse der damaligen Politik zeigt *L'Oiselier*, wie sehr ein Land, das sich gern fein heraushält, in die von brutalen Kämpfen geprägte Geschichte verstrickt ist. (am)

Genève: La Baconnière

Catherine Safonoff, *Reconnaissances*

In 25 kurzen Kapiteln bezeugt Catherine Safonoff ihre Dankbarkeit gegenüber geliebten Menschen und begibt sich auf Erkundungsreise in die Vergangenheit, nicht nur ins Gebiet der Erinnerung, sondern auch in dasjenige des Schreibens. Wie in all ihren Büchern schreibt sie ihrem Leben nach. In *Reconnaissances* wirft sie einen Blick zurück auf ihre ersten Romane und erinnert sich an die Umstände, unter denen sie entstanden sind. Dabei wird klar, dass die Zeit des Schreibens auch eine Zeit des Lebens ist, dass alles miteinander verwoben, neu gelesen und neu interpretiert werden kann. Die Autorin tut es mit zu wenig Nachsicht für sich selbst und mit enormer Großzügigkeit für andere. (cg)

Genève: Zoé

Isabelle Sbrissa, *Tout tient tout*

Die Literatur und insbesondere die Poesie konfrontiert uns immer wieder mit einem Paradox: Die individuellen Ausdrucksformen sind ungemein vielfältig, dabei ist das Werkzeug beschränkt – die Sprache mit ihrem geschlossenen Wortschatz, ihrem grammatikalischen und syntaktischen Korsett. Isabelle Sbrissa versucht nun nicht, diese Elemente neu zu kombinieren, sondern verändert das Material selbst, mit radikalen Eingriffen in die Form, mit fragmentierten Versen. Der erfrischende, persönliche Band der Dichterin vereint Betrachtungen über das Schreiben und über die Sprache mit unmittelbaren Beobachtungen der Welt um sie herum. (alp)

Genève: Héros-Limite

Bertrand Schmid, *L'Aiguilleur*

Irgendwo in einem riesigen Wald eines östlichen Landes lebt Vassili während eines harten Winters allein in einer Hütte, an deren Wand ein Porträt des Helden hängt. Die Partei hat ihm die Aufgabe übertragen, für den Unterhalt einer kaum befahrenen Schienenstrecke zu sorgen. Sein Leben nimmt eine neue Wendung, als er Briefe im Schnee findet: Vor seinen Augen ersteht die Zeit, als er eine Familie, Gefährten, eine Geliebte hatte. Der Romanzweitling ist da weniger stark, wo Vassili sich in Visionen der Vergangenheit verliert, überzeugt jedoch mit seinen gleichzeitig präzisen und poetischen Beschreibungen der Alltagshandlungen seines Protagonisten. (cg)

Paris: Inculte

Anne-Sophie Subilia, *abrase*

Ob Roman, Reisebericht oder Lyrik, Anne-Sophie Subilias Texte sind immer an einem Ort verankert. Der zweite Gedichtband der Autorin entspringt einer Reise auf die Azoren. Die Sprache dieser Poesie ist aufs Wesentliche reduziert, als wäre sie abgeschliffen und von oberflächlichen Schichten befreit worden. Die von subtilen metalinguistischen Überlegungen durchzogenen Gedichte kreisen um die Beziehung zwischen dem Körper und seiner Umgebung, zeugen aber auch von einem starken Interesse für die anderen. So erstreckt sich die Erfahrung der Reise auf eine Insel auf etwas unendlich viel Größeres, mit Anklängen an die Unermesslichkeit des Universums und an das Geheimnis unserer Existenz. (cg)

Chavannes-près-Renens: Empreintes

Laurence Verrey, *L'ombre est une ardoise*

In ihrem Gedichtband *L'ombre est une ardoise* versteht es Laurence Verrey meisterhaft, eine fixe Kurzform – das Werk besteht aus hundert Vierzeilern in sechs Kapiteln – und eine Vielzahl von Tönen und Themen unter einen Hut zu bringen: das Entstehen, das Schaffen (Schreiben), die Sprache, die menschliche Suche, die Prüfungen des Lebens, die Frage der Identität, die Umwelt, Eros und Thanatos und anderes mehr. Allerdings könnten gewisse formale Ansätze konsequenter verfolgt werden und leidet die Verständlichkeit bisweilen unter dem uneinheitlichen Stil und unter zweideutigen oder rätselhaften Versen. Verreys lyrisches Talent offenbart sich vor allem auf der Klangebene ihrer Texte. (rw)

Vevey: L'Aire

Mary-Laure Zoss, *D'ici qu'à sa perte*

Eine undefinierte Stimme, ein »man« oder »wir«, evoziert ohne Großbuchstaben und Punkte (also ohne alles, was einen Anfang oder ein Ende anzeigen könnte), nur mit Gedankenstrichen und Strichpunkten, verlassene Gebäude, gebrauchte Gegenstände, Landschaften sowie einige kaum skizzierte Figuren. Die Dinge scheinen nicht zu ihrer Umgebung zu passen, spürbar ist eine Schwierigkeit, zu handeln und sich auszudrücken. Der Geist wandert und verliert sich, die Welten der Toten und der Lebenden greifen ineinander. Den ganzen Band durchziehen Fragen nach der Sprache, als bestehe eine Durchlässigkeit zwischen Welt und Wörtern, wobei die Dinge etwas von unserem »Erdenleben« ausdrückten, zwischen Lesbarkeit und Unlesbarkeit. Ein meisterhafter, origineller und feinsinniger Band. (alp/cg)

Boucq: Faï fioc

Aus dem Französischen von Ruth Gantert

Kurzkritiken, italienische Schweiz

Von Sara Lonati, Gloria Lurati, Sebastiano Marvin, Ariele Morinini, Laura Piccina, Natalia Proserpi, Luca Santià und Anna Margherita Vallaro

Fabio Andina, *Tessiner Horizonte – Momenti ticinesi*. Aus dem Italienischen von Karin Diemerling, mit Zeichnungen von Lorenzo Custer

Nach dem Erfolg des Romans *La pozza del Felice* (*Tage mit Felice*, Übersetzung von Karin Diemerling, Rotpunktverlag 2018) und den Kurzgeschichten von *Sei tu, Ticino?* (2020) erzählt Fabio Andina erneut von seinem bergigen Tessin. Er beschreibt es vielmehr in einem raffinierten Band, der mit dem Architekten und Designer Lorenzo Custer nicht nur Wort und Zeichenstift, sondern mit der deutschen Übersetzung Karin Diemerlings auch zwei verschiedene Sprachen vereint. Form und Inhalt sind so schlicht wie reichhaltig: Das Notizbuch zeugt einmal mehr von der Verschmelzung des schreibenden Ich mit der Umwelt dank seiner Fähigkeit, sie wahr- und aufzunehmen, ohne dabei den Menschen ins Zentrum zu stellen. (sl)

Zürich: Rotpunktverlag

Yari Bernasconi, *La casa vuota*

Der Lyrikband des Tessiner Dichters Yari Bernasconi folgt dem existenziellen, hermeneutischen und literarischen Weg des Ich durch unsicheres Gelände, durch Schatten und Licht, zwischen dem trostlosen Bild von Trümmern und dem pulsierenden Leben der tierischen und pflanzlichen Wesen. In Prosa oder Versen mit ungleicher Silbenzahl, die sich durch Enjambements auszeichnen, schafft Bernasconi eine Poetik des Blicks, in der die Ruine auf das Ende hinweist, aber auch von der vergangenen Zeit zeugt. Die Dinge sind ein illusorischer Trost für die Vergänglichkeit des Lebens, die Natur hingegen bleibt als einzige, authentische Quelle des Staunens und der Lebendigkeit. (lp)

Milano: Marcos y Marcos

Yari Bernasconi, Andrea Fazioli, *A Zurigo, sulla luna*. *Dodici mesi in Paradeplatz*

Die von Yari Bernasconi und Andrea Fazioli gemeinsam verfasste narrative Reportage ist in zwölf plus eine Episode aufgeteilt und mit einem dokumentarischen Anhang versehen. Es handelt sich um das Ergebnis eines ungewöhnlichen, nach genauem Plan durchgeführten Experiments: Die beiden Autoren besuchten und beschrieben ein ganzes Jahr lang monatlich den Paradeplatz, einen symbolischen Ort im Zürich der Banken und des Kapitals. Der immer wieder unerwartete und überraschende Dialog der beiden Autoren mit ihrer Umgebung führte zu einem Werk, das von ihrem Vertrauen in die Literatur als Weg zur Erkenntnis zeugt, den die beiden Autoren mit spielerischer Neugier verfolgen. (am)

Mendrisio: Capelli

Vanni Bianconi, *Tarmacadam*. *Ventuno incantesimi*

Der Band kreist um Wörter und ihre Etymologie, um die Unmöglichkeit, gewisse fremdsprachige Ausdrücke zu übersetzen; die Sprache erscheint als Zugang zur Welt und verbindet disparate Elemente. Die »einundzwanzig Zaubersprüche«, aus denen das Buch besteht, erweisen sich als Wörter, anhand derer der Tessiner Dichter Geschichten erzählt, Überlegungen anstellt, oft entfernte Zeiten und Orte anspricht und Werke anderer Autoren zitiert. Mit seinen ganz verschiedenartigen Texten widerspiegelt *Tarmacadam* ein Weltbild, in dem sich Sprachen, Kulturen und Personen treffen und vermischen – auch dank der Übersetzung. (ls)

Milano: Nottetempo

Luca Brunoni, *Indelebile*

Luca Brunonis dritter Roman ist keine leichte Kost, fesselt aber mit der harten Realität, von der er erzählt. Im nur zum Teil wiedererkennbaren Tessin der 2000er Jahre jobbt Gionata, dealt mit Drogen und sieht keinen Sinn in seinem Leben. Von der Last seiner Schuldgefühle und eines schrecklichen Geheimnisses kann er sich erst befreien, als er versucht, einer jungen Frau zu helfen, die auf Abwege gerät, und als er seine Vergangenheit gesteht, die nach und nach ans Licht kommt.

Der düstere und aufrichtige Roman wirft Fragen auf über uns selbst und über das Böse; er zeigt den Menschen und die Welt in ihrer ungeschönten Blöße. (ls)

Mendrisio: Capelli

Alessandro Chidichimo, *Tu, toi*
Alessandro Chidichimo stammt aus Cosenza (Italien) und lebt in Genf. Der Spezialist für die Geschichte der Linguistik legt mit *Tu toi* seinen literarischen Erstling vor. Es ist der lange innere Monolog in der zweiten Person eines akademischen Forschers, eines Linguisten, der auf seinen täglichen Streifzügen Gedanken und Erinnerungen nachhängt. Der unglaublich dichte, sprunghafte Text verflicht mit feiner, bereits im Titel angetönter Zweideutigkeit die Sprachen: Auf Italienisch und Französisch lässt der Protagonist uns an seinem Leben als nach Genf emigrierter Wissenschaftler teilnehmen und taucht uns dabei in einen wirbelnden Gedankenstrom in mündlicher Sprache, reich an Lehnübersetzungen und Neuschöpfungen, in manchmal überbordender Syntax, mit Einschüben und Fußnoten auf vollbepackten Seiten. (np)

Odogno: Dasein

Daniele Dell'Agnola, *La luna nel baule / Der Mond in der Truhe / La glina en l'arcun*. Traduzione di Chasper Pult e Anna-Alice Dazzi Gross
Jolanda Giovanoli, eine achtzigjährige Frau aus dem Bergell, erzählt ihre Geschichte dem Autor Daniele Dell'Agnola, der sie aufschreibt. 54 Jahre lang hat sie ein Hotel mit Restaurant geführt, bis sie beschließt, in den Ruhestand zu treten. Ihre Erzählung aus dem Leben einer einfachen Familie über vier Generationen lässt auch Raum für umfassendere Themen wie den Krieg, die Emigration, die Beziehungen zwischen den Generationen und die Stellung der Frauen in der zweiten Hälfte des 20. Jahrhunderts. Der Roman erscheint in einem dreisprachigen Band (Italienisch, Deutsch und Rätoromanisch) mit einem didaktischen Apparat der Pädagogischen Hochschule Graubünden. (gl)

Locarno/Coira: Armando Dadò / Pro Grigioni italiano.

Laura Di Corcia, *Diorama*

Laura di Corcias *Diorama* verfolgt anhand einer Auswahl von Gedichten und Prosatexten die menschlichen Wege durch die Geschichte. Von der Vorzeit über das Mittelalter bis zur Gegenwart durchquert der Band verschiedene Zeiten und Orte und stellt seine Figuren in größere Zusammenhänge, in den Wandel der Zeit und des Lebens. Die dargestellten Personen sind versehrt, gezeichnet von einer Verletzung, die an einen Bruch, an ein kollektives Trauma denken lässt. Sie kämpfen mit einem historischen und existenziellen Schmerz, einem Zustand der Entwurzelung, der schwierigen Suche nach einer Zuflucht. (np)

Roma: Tlon

Massimo Gezzi, *Le stelle vicine*

Nach fünf Gedichtbänden wendet sich Massimo Gezzi der Prosa zu: *Le stelle vicine* vereint zwölf Kurzgeschichten. Die Flammen auf dem Umschlag lassen an Cesare Paveses Bilderwelt denken; der Titel verweist auf ein Zitat von John Steinbeck, das dem Band vorangestellt ist und das die gleichnamige Erzählung in der Mitte aufnimmt. Kennzeichen dieser in rascher Folge wechselnden Erinnerungsbilder ist die Mehrstimmigkeit der erlebten Rede in besonderen Lebenssituationen: Geschickt schlüpft der Autor in den Kopf (und die Sprache) seiner unterschiedlichen Figuren – gewöhnliche Männer und Frauen, körperlich oder geistig Kranke, Jugendliche und Kinder – und führt die Leserinnen und Leser dabei ständig in Neuland. (sl)

Torino: Bollati Boringhieri

Giorgio Orelli, *Rosagarda*

Im Anschluss an *Pomeriggio bellinzonese* (Bellinzona: Casagrande, 2017) fügt *Rosagarda* Giorgio Orellis erzählerischem Werk einen weiteren Baustein hinzu. Der Band nimmt drei Geschichten aus der Oberen Leventina in einer unveröffentlichten Fassung auf, die von den im Haus der Familie aufbewahrten Typoskripten übertragen wurde. In einer umfassenden, vielschichtigen Sprache veredelt die Prosa ein breites Anekdotenrepertoire, das eng mit der Thematik der Alpen und mit Jugenderinnerungen verbunden ist, zu einer menschlich und literarisch wertvollen Erzählung. (am)

Bellinzona: Casagrande

Carlo Silini, *Le ammaliatrici*

Nach *Il ladro di ragazze* (2015) und *Latte e sangue* (2019) beschließt Carlo Silini mit *Le ammaliatrici* die bei Gabriele Capelli herausgegebene Tessiner Saga des 17. Jahrhunderts und die Lebensgeschichte der »Schweizer Hexe« Maddalena de Buziis. Die Handlung spielt in Schweizer Vogteien und im Mailand unter spanischer Herrschaft. Die beiden Frauen Maddalena und Maria del Matè werden von der Gesellschaft ausgegrenzt und zum Spielball skrupelloser Machtmenschen. Mit einer gekonnten Mischung aus Geschichte, Legende und Erfindung schafft es der Autor einmal mehr, mitzureißen, zu bewegen und zu unterhalten. (amv)

Mendrisio: Capelli

Maria Rosaria Valentini, *Eppure osarono*

Ende des 19. Jahrhunderts machten sich junge Leute aus dem zwischen Rom und Neapel gelegenen Valle di Comino auf den Weg nach Paris oder London, um für Maler und Fotografen Modell zu stehen. Lucietta, Lia und Severino haben ihr Heimatdorf verlassen, um einen nicht näher definierten Traum zu verfolgen. *Eppure osarono* nimmt auf eindrückliche Weise Themen auf, die der Autorin am Herzen liegen – die Stellung der Frau, das Verhältnis zwischen Mensch und Natur und die wichtige Rolle des Essens im Leben der Menschen. Maria Rosaria Valentini verbindet sie mit großer Aufmerksamkeit für die Sprache und mit einer starken Präsenz der Poesie in ihrer Prosa. (sm)

Milano: Brioschi

Aus dem Italienischen von Ruth Gantert

Chronik

16.1. Alice-Salomon-Poetik-Preis an Lioba Happel
Die in Berlin und Lausanne lebende Autorin erhielt den mit 6000 Euro dotierten Preis der Berliner Hochschule für ihre Lyrik und Prosa, welche die Jury überzeugte, »weil sie nicht überzeugen will«.

16.1. Tod des Autors und Verlegers Louis Romain Jenzer
Der 1945 in Melchnau geborene Louis Romain Jenzer war Verleger (Verlag Minerva), Satiriker und Autor. Er starb im Alter von 75 Jahren.

29.1. Prix du Roman des Romands an Christian Lecomte
Der 1957 geborene Autor erhielt den Preis der Schülerinnen und Schüler für seinen Roman *Cellule dormante* (Favre), in dem es um einen jungen Algerier geht, der als Jihad-Kämpfer nach Europa geschickt wird.

4.2. Conrad-Ferdinand-Meyer-Preis an Julia Weber
Die Autorin erhielt den mit 20000 Franken dotierten Preis für ihren Romanerstling *Immer ist alles schön* (Limmat).

13.2. Tod der Autorin Helen Meier
Helen Meier wurde 1929 in Mels geboren. Sie arbeitete in der Flüchtlingshilfe und als Sonderschullehrerin. 1984 wurde sie beim Ingeborg-Bachmann-Wettbewerb in Klagenfurt entdeckt, ab 1987 war sie freie Schriftstellerin. In ihren Geschichten berichtete sie von den Rändern der Gesellschaft: von vereinsamten Alten, von Außenseitern mit Behinderung, von spießigen Bürgern. 2000 erhielt sie für ihr Gesamtwerk zum zweiten Mal den Preis der Schweizerischen Schillerstiftung und den Droste-Preis der Stadt Meersburg. Helen Meier verstarb 91-jährig in Trogen.

13.2. Tod des Soziologen, Autors und Künstlers Urs Jaeggi
Urs Jaeggi wurde 1931 in Solothurn geboren. Er war Soziologieprofessor in Bochum (1966–1972), in New York (1972) und in Berlin (1972–1993). Parallel zu seiner wissenschaftlichen Arbeit war er auch Autor

und bildender Künstler. Er erhielt den Literaturpreis der Stadt und des Kantons Bern, den Kunstpreis des Kantons Solothurn und 1981 den Ingeborg-Bachmann-Preis. Urs Jaeggi starb im Alter von 89 Jahren in Berlin.

24.2. Tod des Westschweizer Lyrikers und Übersetzers Philippe Jaccottet

Philippe Jaccottet zählte zu den wichtigsten französischsprachigen Lyrikern des 20. Jahrhunderts. Seit 1953 lebte er in der französischen Gemeinde Grignan in der Nähe von Avignon. Er war auch ein bedeutender Übersetzer aus dem Deutschen und Italienischen (u. a. von Thomas Mann, Rainer Maria Rilke, Friedrich Hölderlin, Robert Musil, Giacomo Leopardi, Giuseppe Ungaretti, Eugenio Montale). In seiner Lyrik suchte er die »seltsame und tiefe Begegnung mit der Welt«, vor allem der Natur. Er wurde mehrfach ausgezeichnet, so mit dem Grand Prix C. F. Ramuz 1970, dem Grand Prix de Poésie der Stadt Paris 1986, dem Petrarca-Preis 1988, der Bourse Goncourt / Adrien Bertrand für Poesie 2003, dem Großen Schillerpreis 2010 und dem Schweizer Grand Prix Literatur 2014. Philippe Jaccottet starb in Grignan im Alter von 95 Jahren.

6.3. Aller-retour Festival für Übersetzung und Literatur

Das von der ch Stiftung, Pro Helvetia, dem Übersetzerhaus Looren und dem Centre de traduction littéraire de Lausanne ausgerichtete Festival wurde direkt aus dem Freiburger Kulturlokal Le Nouveau Monde gestreamt, u. a. mit Zsuzsanna Gahse und Marion Graf, Camille Logoz, Fabiano Alborghetti, Christophe Mileschi, Maja Pflug und Klaudia Ruschkowski. Am Übersetzungswettbewerb für nicht professionelle Übersetzerinnen sowie für Schüler der Sekundarstufe II wurden Gedichte von Ariane von Graffenried, Eva Maria Leuenberger und Thierry Raboud übersetzt.

20.3.–3.4. Printemps de la poésie

Der Westschweizer Frühling der Poesie unter der Leitung von Antonio Rodriguez präsentierte pandemiebedingt vor allem ein virtuelles Programm mit Video, Podcast und Zoom-Veranstaltungen.

25.–28.3. Wortlaut 2021.digital

Unter der Leitung von Rebecca S. Schnyder fand das 13. St. Galler Literaturfestival Wortlaut diesmal digital statt, u. a. mit Maja Olah, Werner Rohner und Laura Vogt.

1.4. Tod des Literaturprofessors Philippe Renaud

Philippe Renaud wurde 1931 in Lausanne geboren. Er doktorierte in Genf, wo er das Séminaire de littérature romande gründete und Titularprofessor wurde. Er schrieb auch Romane und Kurzgeschichten, arbeitete an Zeitschriften mit und war Mitbegründer des Onlinemagazins *Coaltar*. Philippe Renaud starb im Alter von 90 Jahren.

7.4. Bündner Literaturpreis an Asa S. Hendry, Luca Maurizio und Ursina Trautmann

Der mit 10 000 Franken dotierte Bündner Literaturpreis 2021 wurde auf drei Personen verteilt: Asa S. Hendry erhielt ihn für den Romanerstling *Sin lautget* (Chasa Editura Rumantscha), der italienischsprachige Cantautore und Kabarettist Luca Maurizio für seine poetischen Lieder und seine Gesellschaftssatire und die deutschsprachige Ursina Trautmann für ihre Arbeit als Journalistin, freie Autorin und Slam-Poetin.

14.–17.4. Aprillen – das Berner Lesefest

Das Literaturhaus Aprillen im Schlachthaus Theater Bern fand im Onlinemodus statt, eröffnet von Reto Hänny, mit vielsprachiger Lyrik, politischer Literatur, poetischen Dialogen, einer Mittaglesung mit Beat Sterchi auf Radio RaBe und erstmals einer Reihe Graphic Novel.

15.4. Alfred-Kerr-Preis für Literaturkritik an Roman Bucheli

Der NZZ-Redaktor und stellvertretende Leiter der Feuilletonredaktion Roman Bucheli wurde für seine Arbeit als Literaturkritiker mit dem Alfred-Kerr-Preis ausgezeichnet. Die Jury lobte seine stilistische Brillanz, seine breiten Kenntnisse, sein kritisches Urteil, immer mit Haltung auf der Seite der Autorinnen und Autoren. Die Preisvergabe sollte an der Leipziger Buchmesse stattfinden.

21.4. Prix des Lecteurs de la ville de Lausanne an Laurent Koutaïssoff

Der 1966 geborene Autor erhielt den Preis einer nicht professionellen Jury für seinen vierten Roman *Atlas* (Bernard Campiche).

23.4. Lieblingsbuch des Deutschschweizer Buchhandels

Benedict Wells' Roman *Hard Land* (Diogenes) wurde zum Lieblingsbuch des Deutschschweizer Buchhandels gekürt.

1.5. Tod des Autors Hans Peter Gansner

Hans Peter Gansner wurde 1953 in Chur geboren. Er studierte Literatur in Basel, Film- und Theaterwissenschaften in Aix-en-Provence. Der freie Autor schrieb Romane, Erzählungen, Hörspiele, Gedichte, Krimis, historische Festspiele, Theaterstücke, Essays und Übersetzungen. Er starb 67-jährig in Schaffhausen.

10.5. Prix du polar romand an Laurence Voïta

Der mit 3000 Franken dotierte Krimi-Preis ging an Laurence Voïta für *Au point 1230* (Romann).

12.5. Schweizer Literaturpreise und Grand Prix Literatur an Frédéric Pajak

Das Bundesamt für Kultur verlieh die Preise am Vorabend der Solothurner Literaturtage mit einem Film. Ausgezeichnet wurden Corinne Desarzens für *La Lune bouge lentement mais elle traverse la ville* (La Baconnière), Alexandre Lecoultre für *Peter und so weiter* (L'Âge d'homme), Dragica Rajčić Holzner für *Glück* (Der gesunde Menschenversand), Silvia Ricci Lempen für *I sogni di Anna* (Vita activa), X (Christoph) Schneeberger für *Neon Pink & Blue* (Die Brotsuppe), Benjamin von Wyl für *Hyäne. Eine Erlösungsfantasie* (Lectorbooks) und Levin Westermann für *Bezüglich der Schatten* (Matthes & Seitz). Den Spezialpreis Vermittlung erhielten die Biblioteca Braille e del libro parlato (Tenero), die Bibliothèque Braille Romande et livre parlé (Genève), die Bibliothèque Sonore Romande (Lausanne) und die Schweizerische Bibliothek für Blinde, Seh- und Lesebehinderte (Zürich). Der Schweizer Grand Prix Literatur ging an den französisch-schweizerischen Autor und Zeichner Frédéric Pajak für sein Gesamtwerk, insbesondere das *Manifeste incertain* (deutsch bei Edition clandestin, Biel/Bienne).

13.5. »Plume de paon« des Berufsverbands A*dS an Anita Capaul

An der 19. Generalversammlung des gesamtschweizerischen Berufsverbands der Autor*innen und literarischen Übersetzer*innen wurde Anita Capaul, Verlagsleiterin der Chasa Editura Rumantscha, für ihr großes und sorgfältiges Wirken für die rätoromanische Literatur weit über die Sprachgrenzen hinaus mit der A*dS-Auszeichnung »Plume de paon« geehrt.

13.–16.5. Solothurner Literaturtage

Die Solothurner Literaturtage fanden zum zweiten Mal als Onlinefestival statt, zum ersten Mal unter der Leitung von Dani Landolf. Autorinnen und Moderatoren waren vor Ort, die Veranstaltungen wurden als Audio- oder Videostream übertragen. Für einige Events war eine begrenzte Zahl Plätze erhältlich. Zu der Werkschau des Schweizer Literaturschaffens und den »fünften Landessprachen« gesellte sich auch Spoken Word, Graphic Novels, Übersetzungen und Podiumsgespräche, ein Programm für Kinder und Branchengespräche für ein Fachpublikum.

15.5. Kinder- und Jugendbuchpreis an Martin Panchaud

Zum zweiten Mal wurde anlässlich der Solothurner Literaturtage der Schweizer Kinder- und Jugendbuchpreis verliehen. Er ging an den 39-jährigen in Zürich lebenden Genfer Autor und Zeichner Martin Panchaud für sein Buch *Die Farbe der Dinge* (übersetzt von Christoph Schuler, Edition Moderne).

16.5. Solothurner Literaturpreis an Iris Wolff

Die 1977 im siebenbürgischen Hermannstadt geborene Iris Wolff erhielt den mit 15 000 Franken dotierten Preis für ihr Gesamtwerk.

18.5. Erste Ausgabe des neuen Magazins *Livresuisse*

Der Westschweizer Berufsverband Livresuisse lancierte sein zweimal jährlich erscheinendes Magazin *Livresuisse*, das dem zeitgenössischen Literaturschaffen der Westschweiz gewidmet ist.

21.5. Salzburger Stier an Lara Stoll

Die Schweizer Jury kürte die 33-jährige Slam-Poetin Lara Stoll und überreichte ihr den 40. Salzburger Stier.

26.5. Deutscher Hörbuchpreis »beste Unterhaltung« an Thomas Hürlimann

Das Hörbuch *Einsiedeln* von Thomas Hürlimann erhielt den Deutschen Hörbuchpreis in der Kategorie beste Unterhaltung. Der Schweizer Autor erzählt darin frei von seiner Internatszeit im Benediktinerkloster Einsiedeln.

28.–30.5. Literaare

Das Thuner Literaturfestival wurde von Monika Helfer eröffnet. »Thun liest ein Buch« wählte *Alpefisch* von Andreas Neeser (Zytglogge). Martin R. Dean, Levin Westermann, Zora del Buono, das Lucify-Kollektiv oder die Literaturzeitschrift *Narr* waren u. a. Gäste des Festivals.

30.5.–23.12. Lauschig – Worte im Freien

Rund dreißig Autorinnen und Musiker waren in verschiedenen Parks der Deutschschweiz oder an Sofalesungen »lauschig unterwegs«.

20.6. Tod des Journalisten und Autors Erich Hirtler

Der 1958 in Vevey geborene Erich Hirtler arbeitete als Journalist für verschiedene Luzerner Zeitungen. Er schrieb seit 1979 zuerst Lyrik, dann Romane. 2016 erschien sein letztes Buch, *Die Abartigen* (Rodion). Erich Hirtler starb im Alter von 63 Jahren im Tessin.

23.6. Prix Pittard de l'Andelyn an Joseph Incardona

Der Preis der Stiftung Pittard de l'Andelyn ging an den Genfer Autor mit italienischen Wurzeln Joseph Incardona für seinen Thriller *La soustraction des possibles* (Finitude).

25.–27.6. Internationales Literaturfestival Leukerbad

Zum 25. Jubiläum des Internationalen Literaturfestivals Leukerbad reisten 44 Autorinnen, Verleger und Übersetzerinnen an – so viele wie nie zuvor. Erstmals lud das James-Baldwin-Zelt neben dem alten Bahnhof und ein weiteres Zelt auf dem Dorfplatz zu Lesungen ein. Die achtteilige Gesprächsreihe »Perspektiven« ging vielfältigen Fragen zu Literatur und Gesellschaft nach.

28.6. Dorothee Elmiger Stadtschreiberin von Bergen-Enkheim
Die Schweizer Autorin wurde 48. Inhaberin des prestigeträchtigen
Amtes. Zum Preisgeld in Höhe von 20000 Euro gehört auch das Wohn-
recht in dem Frankfurter Stadtteil Bergen-Enkheim.

29.6.–3.7. Bieler Gespräche
Die 15. Bieler Gespräche fanden diesmal im Sommer statt. Autorinnen
und Übersetzer trafen sich teils per Zoom, teils auf der Terrasse der
Berner Hochschule der Künste und diskutierten im Entstehen begrif-
fene Werke oder verschiedene Übersetzungen eines Textes.

**1.7. Prix Atelier Studer/Ganz an sechs Autorinnen und Autoren der
Romandie**
Léonie Adrover, Alain Ausoni, Isabel Garcia Gomez, Marcel Nagel, Tas-
ha Rumley und Marie Martin Wyler erhielten den Prix Atelier Studer/
Ganz 2021. Sie nahmen an einem Atelier mit den Autoren Eugène und
Antoine Jaccoud teil und stellten ihre Texte am 5. November im Théâ-
tre 2.21 in Lausanne vor.

2.–11.7. Erzählzeit ohne Grenzen
Ausnahmsweise fand das von der Stadt Singen sowie von Stadt, Kanton und Verein Agglomeration Schaffhausen getragene Festival im
Sommer statt. Rund 2000 Literaturinteressierte verfolgten die 59 Veranstaltungen mit insgesamt 33 Autorinnen und Autoren.

6.7. Zuger Übersetzer-Stipendium an Vera Bischitzky
Die 1950 in Berlin geborene Herausgeberin und Übersetzerin aus dem
Russischen ins Deutsche Vera Bischitzky erhielt das 13. Zuger Über-
setzer-Stipendium für die Übersetzung des Romans *Das Steilufer* von
Iwan Gontscharow. Mit 50000 Franken Preisgeld ist es der höchst-
dotierte Übersetzerpreis im deutschsprachigen Raum.

11.7.–29.11. Tales. Seetaler Poesiesommer
Vom Juli bis November dauerte das »Festival der leisen Töne« unter
der Leitung von Ulrich Suter, mit Auftakt im Schloss Heidegg. Über
fünfzig Veranstaltungen fanden in Innenräumen oder draußen in der
Natur statt.

12.–17.7. Literaturfestival Zürich

Das vom Literaturhaus Zürich und vom »Kaufleuten« ausgerichtete Literaturfestival, das teilweise im alten botanischen Garten stattfindet, präsentierte hochkarätige internationale Autorinnen und Autoren, aber auch Schweizer Lesungen und Spoken Word.

17.8. Großer Literaturpreis der Kantone Bern und Jura an Bernard Comment

Die interkantonale Literaturkommission Bern und Jura verlieh ihren Großen Literaturpreis an den in Paris lebenden Autor Bernard Comment für sein Gesamtwerk. Weitere Literaturpreise gingen an Julie Guinand für *Survivante* (D'autre part) und an Alexandre Lecoultre für *Peter und so weiter* (L'Âge d'homme).

26.8. Prix Bibliomedia an Thomas Flahaut

Der 42. Bibliomedia-Preis ging an den 1991 im französischen Montbéliard geborenen Thomas Flahaut für seinen Roman *Les nuits d'été* (L'Olivier).

31.8. Prix Michel-Dentan an Bruno Pellegrino

Der von den Stiftungen Coromandel und Jan Michalski unterstützte Preis ging an den 1988 in Morges geborenen Autor Bruno Pellegrino für seinen dritten Roman *Dans la ville provisoire* (Zoé).

1.–5.9. ChiassoLetteraria

Unter dem Titel »Pianeta proibito« lud das Festival rund dreißig Autorinnen, Musiker, Dichterinnen und Publizisten aus der Schweiz, aus Italien und aus der ganzen Welt ein. Darunter waren u. a. Luca Brunoni, Begoña Feijóo Fariña, Barbara Schibli und Maria Rosaria Valentini.

3.–5.9. »LiTrans Übersetzertage« im Aargauer Literaturhaus Lenzburg

Der Fokus der erstmals vom Literaturhaus Lenzburg kuratierten Übersetzungstage lag auf Osteuropa. Ingo Herzke, Norma Cassau, Olga Radetzkaja und Timea Tankó leiteten Masterclasses in Übersetzen aus dem Englischen, Französischen, Russischen und Ungarischen. Michail Schischkin bestritt eine öffentliche Lesung.

3.–5.9. Le livre sur les quais und Prix du public RTS an Joseph Incardona

Ehrenpräsident des zwölften internationalen Festivals in Morges war der spanische Autor Javier Cercas, Gastland waren die Niederlande und Gastverlag die französischen Éditions de l'Olivier. Die rund 150 Veranstaltungen, literarische Kreuzfahrten, Diskussionen, Begegnungen mit Übersetzer*innen und Ateliers, zogen über 18000 Interessierte an. Die Reihe »Les revues sur les quais« präsentierte aktuelle Schweizer Literaturmagazine. Joseph Incardona erhielt den Prix du public RTS für seinen Thriller *La soustraction des possibles* (Finitude).

3.9. Prix lémanique de la traduction an Nicola Denis und Nicole Taubes

Der mit je 10000 Franken und einem zweiwöchigen Arbeitsaufenthalt im Übersetzerhaus Looren dotierte Prix lémanique de la traduction wurde zum 13. Mal verliehen. Er ging an die Deutsche Nicola Denis und die Französin Nicole Taubes, die beide in Frankreich leben.

10.–12.9. Babel festival di Letteratura e traduzione a Bellinzona

BabelBabele befasste sich zwanzig Jahre nach 9/11 mit dem Mythos des Turmbaus von Babel, mit der Sprachenvielfalt und der Diaspora. Zu Gast waren u. a. die Übersetzerinnen Renata Colorni und Ilde Carmignani und die Autoren Matthias Énard und Charif Majdalani, aus der Schweiz Elisa Shua Dusapin, Stella N'Djoku, Vanni Bianconi, Pascal Janovjak, Usama Al Shahmani und Yusuf Yesilöz.

14.9. Literaturstipendien der Fondation Leenaards an Carla Demierre, Camille Luscher und Paulette éditrice

Die Autorin Carla Demierre, die Übersetzerin aus dem Deutschen Camille Luscher und der von Guy Chevalley und Noémi Schaub geleitete Verlag Paulette éditrice erhielten je eines der kulturellen Stipendien der Fondation Leenaards.

14.9. Kulturpreis Leenaards an die Genfer Verlegerin Caroline Coutau

Die Verlegerin Caroline Coutau (Editions Zoé) erhielt den mit 30000 Franken dotierten Kulturpreis der Fondation Leenaards für ihr unermüdliches Engagement für die Literatur.

16.–19.9. Literarischer Herbst Gstaad
Zu Gast beim Forum für zeitgenössische Literatur in der Region Ober-
simmental - Saanenland - Pays-d'Enhaut waren u. a. Regina Dürig,
Pedro Lenz, Melitta Breznik, Nora Gomringer, Thilo Krause und Eva
Maria Leuenberger. Christa Baumberger stellte Friedrich Glauser vor,
dessen »Briefe, Berichte, Gespräche« sie herausgegeben hat (Limmat).

17.9. Symposium »Literaturen der Schweiz« in Zürich
In Kooperation mit dem Literaturhaus Zürich, Alit – Verein Literatur-
stiftung (»Weltenliteratur«), Weiter Schreiben Schweiz, Übersetzerhaus Looren und Stiftung Litar fand in der Zürcher Helferei ein Symposium zu den »fünften Landessprachen der Schweiz« und ihren
Autorinnen und Autoren statt.

19.9. Spycher Literaturpreis Leuk an Zsófia Bán
Die Stiftung Schloss Leuk (Wallis) vergab den Preis an die in Brasilien
geborene ungarische Autorin Zsófia Bán. »Ihr Realismus hat Magisches, ihre bevorzugte Gattung ist die Short Story und ihre Texte sind
grundiert mit einem emphatischen Blick auf Außenseiter, die wir aus
der jüdischen Literatur Mitteleuropas kennen«, schrieb die Jury.

20.9. Tod des Lausanner Autors und Publizisten Roland Jaccard
Roland Jaccard wurde 1941 in Lausanne geboren. Er war Journalist
und führte bis 2001 die Rubrik »Psychanalyse« in *Le Monde*. Er verfasste Essays über Freud und leitete die Reihe »Perspective critique«
im Verlag Presses universitaires de France. Sein Tagebuch erschien in
mehreren Bänden bei Grasset. 2006 gründete er die Zeitschrift *Per-
spectives critiques*. Er lebte in Paris und in Lausanne. Am 20. September, kurz vor seinem 80. Geburtstag, starb er in Paris durch Suizid.

22.9. ZKB-Schillerpreis an Dorothee Elmiger
Der auf Vorschlag der Schweizerischen Schillerstiftung von der Zürcher Kantonalbank verliehene und mit 10 000 Franken dotierte Preis
ging an die 1985 in Wetzikon geborene Autorin für ihr drittes Buch *Aus
der Zuckerfabrik* (Hanser). Die Preisverleihung fand im Literaturhaus
Zürich statt.

24.9. Deutscher Sprachpreis an Ralph Dutli

Der mit 5000 Euro dotierte Deutsche Sprachpreis der Henning-Kaufmann-Stiftung in Dortmund wurde dem Schweizer Autor und Übersetzer Ralph Dutli für seine Verdienste um die deutsche Sprache verliehen.

25.9. Loorentag

»Fenster auf! Ein Freiluft-Lyriknachmittag«: Unter diesem Titel lud das Übersetzerhaus Looren zu seiner Jahresveranstaltung, diesmal mit dem Dichter Jürg Halter und seinen Übersetzerinnen und Übersetzern.

1.10. Prix SPG an Anna Szücz

Die 1988 in Budapest geborene Autorin und Psychiatrieärztin erhielt den mit 5000 Franken dotierten Erstlingspreis der Société privée de Gérance für ihren Roman *L'anatomie d'une décision* (Encre fraîche).

1.10. Tod der Autorin Andrea Maria Keller

Andrea Maria Keller wurde 1967 in Appenzell geboren, wo sie aufwuchs. Sie studierte an der Universität Freiburg und lebte dann als freischaffende Lyrikerin und Lektorin in Bern. 2006 erhielt sie einen Förderbeitrag der Internationalen Bodenseekonferenz, 2015 ein Stipendium »Weiterschreiben« der Stadt Bern. Andrea Maria Keller starb im Alter von 54 Jahren.

1.–3.10. Textures – literarische Begegnungen in Fribourg

Rund fünfzig vor allem französischsprachige Veranstaltungen umfasste die erste Ausgabe von Textures, die von fast 2500 Personen besucht wurde, unter der Leitung von Matthieu Corpataux. Literaturzeitschriften waren ebenso präsent wie Autorinnen, Theaterleute und Künstler, Übersetzerinnen und Kritiker. Literaturinteressierte trafen sich auch auf dem Büchermarkt im Grossen Bollwerk.

1.–3.10. Lettere dalla Svizzera alla Valposchiavo

Die erste Ausgabe des von Begoña Feijóo Fariña ins Leben gerufene Schweizer Literaturfestivals in Poschiavo war ein Fest der vier und mehr Landessprachen, u. a. mit Dumenic Andry, Odile Cornuz, Daniele Dell'Agnola, Doris Femminis, Pedro Lenz, Pierre Lepori, Dragica Rajčić

Holzner und Noëlle Revaz. Das Jahrbuch der Schweizer Literaturen *Viceversa* stellte in einer großen, von Kompositionen der Musikerin Federica Gennai begleiteten Veranstaltung Autorinnen und Übersetzer vor.

2.–16.10. Rosie Pinhas-Delpuech unterrichtete die Masterclass Gilbert Musy

Die 1946 in Istanbul geborene Übersetzerin aus dem Hebräischen, Herausgeberin und Autorin unterrichtete die vom Centre de traduction littéraire de Lausanne mit Unterstützung von Pro Helvetia organisierte Masterclass für Übersetzerinnen und Übersetzer. Sie war zu Gast im Château de Lavigny und bestritt auch mehrere öffentliche Veranstaltungen.

3.10. Terra-Nova-Preise der Schweizerischen Schillerstiftung

Die mit 5000 Franken dotierten Literaturpreise für Autorinnen und Autoren, die am Anfang ihrer Karriere stehen, gingen an Thomas Flahaut für *Les nuits d'été* (L'Olivier) und an Lukas Maisel für *Buch der geträumten Inseln* (Rowohlt). Renato Weber erhielt den Übersetzungspreis für seine Übertragung von Kurzgeschichten des Tessiner Autors Giovanni Orelli, *Les Myrtilles du Moléson* (La Baconnière). Die Preise wurden anlässlich des Festivals Textures in Fribourg verliehen.

4.10. Lehrgang literarisches Übersetzen an der Casa della Letteratura per la Svizzera italiana

In Zusammenarbeit mit dem Centre de traduction littéraire de Lausanne, dem Übersetzerhaus Looren und dem Dipartimento di traduzione della Fondazione Unicampus San Pellegrino di Rimini bietet das Tessiner Literaturhaus in Lugano eine einjährige Ausbildung in literarischem Übersetzen an. Dozentinnen des Kurses sind Anna Ruchat (Deutsch-Italienisch) und Maurizia Balmelli (Französisch-Italienisch).

9.10. Literaturpreis »Text & Sprache« an Dorothee Elmiger

Die mit 20000 Euro dotierte Auszeichnung des Kulturkreises der deutschen Wirtschaft ging an Dorothee Elmiger für ihr drittes Buch *Aus der Zuckerfabrik* (Hanser).

10.10. Tod von Matthyas Jenny

Matthyas Jenny war Verleger, Autor, Festivalbetreiber und Buchhändler. Er gründete 1976 das erste deutschsprachige Poesietelefon. Es folgten das Internationale Literaturfestival Basel, das Lyrikfestival in Basel und er war auch der Initiator der Messe BuchBasel. In seinem Verlag Nachtmaschine erschienen über 150 Bücher. Von 2007 bis 2015 führte er Basels kleinste Buchhandlung im Bachlettenquartier. Der Vater der Schriftstellerin Zoë Jenny und des Malers Caspar Jenny starb im Alter von 76 Jahren in seiner Geburtsstadt Basel.

10.10. Präsentation des ersten Lehrgangs »Luminanza« am FIT Lugano

Der neue Tessiner Dramaturgie-Reaktor Luminanza bot Gelegenheit, die im Rahmen der Ausbildung entstandenen Theaterstücke am internationalen Theaterfestival FIT in Lugano zu entdecken. Die sieben Werke wurden auch auf Deutsch und Französisch übersetzt.

15.–16.10. LiteraturANairs: Bestial

Flurina Badel und Bettina Vital kuratierten ein »tierisches« Festival für rätoromanische Literatur in Nairs, mit Vorträgen, Gesprächen, Liedern und Lesungen u. a. mit Attilio Bivetti, Flurin Caviezel, Göri Klainguti, Leta Semadeni und Leo Tuor. Eleonore De Felip aus Innsbruck gab Einblick in die Literary Animal Studies mit Texten von E.T.A. Hoffmann, Franz Kafka und Friederike Mayröcker.

16.–17.10. »Lettres de Soie« und Preis der Stiftung Henri Gaspoz an Michaël Perruchoud

Um Korrespondenzen jeglicher Art drehte sich das von Manuela Maury präsidierte fünfte Festival »Lettres de Soie« im Walliser Dorf Mase. Der mit 10 000 Euro dotierte Preis der Stiftung Henri Gaspoz ging an den Autor und Verleger Michaël Perruchoud.

20.–24.10. Piazzaparola »Robinson – Geografie della solitudine«

Die von Yvonne Pesenti und Natascha Fioretti in Zusammenarbeit mit dem LAC Lugano arte e cultura kuratierte Lese- und Filmreihe ging von der literarischen Reise Robinson Crusoes aus und präsentierte u. a. Yari Bernasconi und Andrea Fazioli, Alex Capus, Frédéric Pajak.

21.–24.10. Salon du livre in Genf

Palexpo, Natacha Bayard und die künstlerische Leiterin Nine Simon organisierten mit Unterstützung der Fondation pour l'Écrit rund 160 literarische Veranstaltungen an Kulturorten der Stadt Genf. Ehrengast war die französische Autorin Maylis de Kerangal, der kongolesische Autor Blaise Ndala erhielt den Prix Ahmadou Kourouma.

23.10. Premio Masciadri an Mauro Valsangiacomo

Im Rahmen der Veranstaltung »Europawäldli« des Seetaler Poesiesommers im KKBL Beromünster erhielt der Tessiner Lyriker, Verleger und Künstler Mauro Valsangiacomo den sechsten Premio Masciadri.

23.10. 50-Jahre-Jubiläum der Landis & Gyr-Stiftung

Die 1971 gegründete Zuger Stiftung war eine der ersten in der Schweiz, die sich gezielt auf den Kulturbereich fokussierten. Sie setzt ihren Schwerpunkt auf Ostmittel- und Südosteuropa. Zum Jubiläum erschien die literarische Anthologie *Die Fantasie ist der Sonntag der Erinnerung* (Essais agités).

27.–31.10. Zürich liest

Das vom Zürcher Buchhändler- und Verlegerverein (ZBVV) und zahlreichen Partnern organisierte 11. Buch- und Literaturfestival vereinte rund 200 Autorinnen und Autoren, die sich an unterschiedlichsten Orten vielfältigen Literaturformen und Themen widmeten: Gelesen, diskutiert und inszeniert wurde in Buchhandlungen und Verlagen, auf Theaterbühnen und Schifffahrten, bei Rundgängen, im Tram, in der Stadtgärtnerei.

29.–31.10. Literaturtage Zofingen

»Die Schweiz zu Gast in Zofingen« hieß aus naheliegenden Gründen das Motto der diesjährigen Zofinger Literaturtage. Zu sehen und zu hören waren u. a. Regina Dürig, Romana Ganzoni, Pascal Janovjak, Max Lobe, Michèle Minelli, Ariela Sarbacher und Silvia Tschui.

4.–7.11. Buchfestival Olten

Die fünfte Ausgabe des Festivals Olten fand an verschiedenen Orten statt. Schweizer Verlage präsentierten sich im Kulturzentrum Schützi. Es gab u. a. einen Schreibwettbewerb. Der mit 5000 Franken dotierte Dreitannen-Literaturpreis ging an Pedro Lenz und an Eveline Hasler.

4.–7.11. BuchBasel und Schweizer Literaturpreis an Martina Clavadetscher

Unter der Co-Leitung von Katrin Eckert und Marion Regenscheit fand das 9. Internationale Literaturfestival in Basel statt. Die Eröffnungsrede hielt Judith Schalansky. Die über 100 Autorinnen, Moderatoren und Übersetzerinnen zogen rund 5000 Besucher an. Der Schweizer Buchpreis ging an Martina Clavadetscher für ihren Roman *Die Erfindung des Ungehorsams* (Unionsverlag). Nominiert waren außerdem Thomas Duarte mit *Was der Fall ist* (Lenos), Michael Hugentobler mit *Feuerland* (dtv) und Veronika Sutter mit *Grösser als du* (Edition 8).

4.11. Prix Alice Rivaz an Silvia Ricci Lempen

Der mit 5000 Franken dotierte Preis der Association Alice Rivaz wurde der in Rom aufgewachsenen Autorin, die in Lausanne lebt und auf Französisch und Italienisch schreibt, für ihren Roman *Les Rêves d'Anna* (Éditions d'en bas) überreicht.

5.–7.11. Dis da Litteratura

Unter der Dachorganisation Uniun per la Litteratura Rumantscha (ULR) stellte das vierköpfige Organisationskomitee ein Programm mit rund 50 Autorinnen und Künstlern zusammen. Über 400 Personen besuchten die insgesamt 18 Veranstaltungen der dreißigsten rätoromanischen Literaturtage in Domat/Ems mit dem Motto »giud via« (abseits) beziehungsweise »Nua via?« (Wohin des Wegs?). Zum Jubiläum schrieben neun Autorinnen einen Text zum Thema »Litteratura e jau« (Literatur und ich).

6.11. Prix Lettres frontière an Laurent Koutaïssoff

Der 1966 geborene Lausanner Autor Laurent Koutaïssoff erhielt den Preis für seinen Roman *Atlas* (Bernard Campiche). Sein französischer Preis-Kollege war Samuel Aubin für seinen Roman *Istanbul à jamais* (Actes Sud).

11.–14.11. Eventi letterari Monte Verità und Premio Enrico Filippini
Die neunte Ausgabe des Literaturfestivals oberhalb von Ascona stand unter dem von Dante inspirierten Motto »Un'altra vita« (ein anderes Leben). Der künstlerische Leiter Paolo Di Stefano kuratierte zusammen mit Maike Albath und Maurizio Canetta ein internationales Programm. Der Premio Enrico Filippini ging an den Lausanner Verlag Éditions d'en bas.

12.11. Bündner Kulturpreis an Leo Tuor
Der mit 30 000 Franken dotierte Bündner Kulturpreis ging an den Autor Leo Tuor aus Sumvitg für sein Werk, u. a. die Surselver Trilogie *Giacumbert Nau* (1988), *Onna Maria Tumera* (2002) und *Settembrini* (2006). Die Jury lobte seine »wachen Augen, sein kulturelles Wissen und seine Lust auf formale Erfindungen und Experimente«.

12.11. Giorgio-Orelli-Preis an Massimo Raffaelli
Der Literaturkritiker Massimo Raffaelli erhielt den Giorgo-Orelli-Preis in Bellinzona für seine »Fähigkeit, die Literatur in allen Formen zu untersuchen, mit wissenschaftlicher Stringenz und geistiger Unabhängigkeit«, wie die Jury lobte.

12.11. Großer Preis der Deutschen Akademie für Kinder- und Jugendliteratur an Franz Hohler
Die Deutsche Akademie für Kinder- und Jugendliteratur verlieh den von der Unterfränkischen Kulturstiftung des Bezirks Unterfranken in Höhe von 5000 Euro gestifteten Großen Preis an Franz Hohler für ein Werk, das den Kindern neue (Sprach-)Welten eröffne, so die Jury.

13.11. Salon des Petits Éditeurs
Der vom Verlag Encre fraîche organisierte Genfer Salon vereinte rund vierzig vor allem in der Westschweiz publizierende Verlage. Das zahlreich erschienene Publikum informierte sich über Neuerscheinungen, besuchte Lesungen, literarische Spaziergänge und das Konzert des Slam-Poeten Narcisse.

18.11. Hermann-Kesten-Preis an Irena Brežná

Die Autorin Irena Brežná erhielt den mit 10 000 Euro dotierten Preis des PEN-Zentrums in Darmstadt für ihr von Migrationserfahrungen geprägtes Werk. »Literatur als politisches Statement, sprachbewusst und sprachmächtig zugleich«, wie es in der Laudatio hieß.

19.11. National Book Award an Elisa Shua Dusapin

Die französisch-schweizerisch-koreanische Autorin Elisa Shua Dusapin erhielt den National Book Award für *Hiver à Sokcho* (Zoé), in der englischen Übersetzung von Aneesa Abbas Higgins (Open Letter).

20.11. Tod der Literarturkritikerin und Übersetzerin Gunhild Kübler

Die 1944 in Karlsruhe geborene Gunhild Kübler war freie Mitarbeiterin der NZZ, betreute dann ein literarisches Supplement der *Weltwoche* und gehörte von 1990 bis 2006 zur Kritikerrunde des »Literaturclubs«. Für ihre Übersetzung der Gedichte Emily Dickinsons erhielt sie den Paul-Scheerbart-Preis 2008. Die Gesamtausgabe erschien zweisprachig (Hanser, 2015).

22.11. »aspekte«-Literaturpreis an Ariane Koch

Die 1988 geborene Basler Autorin schreibt Theater- und Performance-texte, Hörspiele und Prosa. Für ihren Debütroman *Die Aufdrängung* (Suhrkamp) erhielt sie anlässlich der Frankfurter Buchmesse den mit 10 000 Euro dotierten »aspekte«-Literaturpreis.

23.11. Jan-Michalski-Literaturpreis an Memorial International

Der mit 50 000 Franken dotierte Jan-Michalski-Litertaturpreis ging an Memorial International, Alena Kozlova, Nikolai Mikhailov, Irina Ostrovskaya und Irina Scherbakova für ihr gemeinsames Buch *Знак не сотрется. Судьбы остарбайтеров в письмах, воспоминаниях и устных рассказах* (Memorial). Auf Englisch übersetzt von Georgia Thomson OST: *Letters, Memoirs and Stories from Ostarbeiter in Nazi Germany* (Granta).

25.–28.11. Fureur de lire
Die 17. Ausgabe des Genfer Festivals fand unter der Leitung von Donatella Bernardi und mit der Programmauswahl von Elisabeth Chardon und Eva Cousido vor allem in der neu renovierten Maison de Rousseau et littérature, aber auch in Bibliotheken und online statt. Im Zentrum stand dieses Jahr das literarische Schaffen der Romandie.

26.11. Übersetzungspreis Pierre-François Caillé an Benjamin Pécoud
Der Waadtländer Autor und Übersetzer Benjamin Pécoud erhielt den mit 3000 Euro dotierten Preis für seine bei Zoé erschienene Übersetzung von Vincenzo Todiscos Roman *Das Eidechsenkind* (Rotpunktverlag).

27.11. Schweizer Symposium für literarische Übersetzerinnen und Übersetzer
Unter dem Titel »Ich lese was, was du nicht liest. Zur Übersetzungskritik – zweiter Teil« organisierte der Verband Autorinnen und Autoren der Schweiz (A*dS) in Zusammenarbeit mit dem Übersetzerhaus Looren, der Schweizer Kulturstiftung Pro Helvetia und dem Centre de traduction littéraire de Lausanne (CTL) in der St. Galler Hauptpost und online das 13. Schweizer Symposium für literarische Übersetzerinnen und Übersetzer.

27.11. Literaare Herbstlese
Der Fokus lag im Thuner Frachtraum auf Schweizer Autorinnen und Autoren, mit Christoph Simon, Annette Hug, Simon Deckert, Mireille Zindel und Claudio Landolt. Friederike Kretzen, Judith Keller und Lukas Gloor sprachen über das Werk von Adelheid Duvanel.

13.12. Prix de Poésie Pierrette Micheloud an Antonio Rodriguez
Der mit 20 000 Franken dotierte Lyrik-Preis ging an den Lausanner Professor und Dichter für seinen Band *Europa popula* (Tarabuste).

14.12. Tod der Autorin, Dramatikerin und Radiomitarbeiterin Maja Beutler

Maja Beutler wurde 1936 in Bern geboren. Sie schloss die Dolmetscherschule in Zürich ab und arbeitete als Übersetzerin. 1976 veröffentlichte sie die Geschichtensammlung *Flissingen fehlt auf der Karte*. 1983/84 war sie als Hausautorin am Stadttheater Bern tätig, sie war außerdem jahrelang freie Mitarbeiterin beim Schweizer Radio. Sie gehörte zu den wenigen Schweizer Dramatikerinnen im deutschsprachigen Raum. In den Jahren 1976, 1980 und 1984 erhielt sie Buchpreise der Stadt Bern, 1983 den Preis der Schweizerischen Schillerstiftung, 1985 den Welti-Preis für das Drama und 1988 den Literaturpreis der Stadt Bern. Maja Beutler starb nach langer Krankheit im Alter von 85 Jahren.

15.12. Lilly-Ronchetti-Preis des A*dS an Silvia Härri

Die Genfer Autorin Silvia Härri erhielt den mit 3000 Franken und einem einmonatigen Aufenthalt in Paris dotierten Lilly-Ronchetti-Preis für *Dérives*, das Projekt eines Lyrikbandes, der um das Gedächtnis kreist.

Übersetzungen von Schweizer Literatur in andere Landessprachen, 2021

Ins Deutsche übersetzt

AA. VV., *Luminanza 2021*. Reattore per la drammaturgia svizzera di lingua italiana. Übersetzungen von Theaterstücken aus dem Italienischen von Domingo Avilés, Barbara Barnini, Marina Galli, Gerhard Kuck, Alessandra Pfitscher, Martina della Rosa, Barbara Wiebking. luminanza.ch

AA. VV., *Nachbilder*. Eine Foto Text Anthologie. Herausgegeben von der Plattform Kulturpublizistik der Zürcher Hochschule der Künste und vom Fotomuseum Winterthur. Übersetzungen aus dem Englischen und Französischen von Ruedi Widmer, Dominic Oppliger, Joel Scott und Charlotte Thießen. Leipzig: Spector Books.

AA. VV., *Projekt Schweiz*. Vierundvierzig Porträts aus Leidenschaft. Herausgegeben von Stefan Howald. Übersetzungen aus dem Französischen und Italienischen von Ruth Gantert, Markus Hediger und Barbara Sauser. Mit zahlreichen Abbildungen. Zürich: Unionsverlag.

AA. VV., *Schweizer Literaturpreise 2021*. Übersetzungen aus dem Französischen und Italienischen von Ruth Gantert und Markus Hediger. Bern: BAK.

AA. VV., *Viceversa Literatur 15. Familiengeschichten*. Herausgeber Service de Presse Suisse. Übersetzungen aus dem Albanischen, Englischen, Französischen, Italienischen und Polnischen von Florian Bissig, Karin Diemerling, Marina Galli, Ruth Gantert, Andreas Jandl, Andreas Münzner und Barbara Sauser. Zürich: Rotpunktverlag.

Fabio Andina, *Tessiner Horizonte – Momenti ticinesi,* aus dem Italienischen von Karin Diemerling. Mit Zeichnungen von Lorenzo Custer. Zürich: Rotpunktverlag (Edition Blau).

Enrico Bernard, *Hystrio. Roman*. Aus dem Italienischen von Esse Rio Spina. Trogen: BeaT.

Yari Bernasconi, *Neue staubige Tage – Nuovi giorni di polvere*. Aus dem Italienischen von Julia Dengg. Mit einem Nachwort von Fabio Pusterla. Zürich: Limmat. (ch-Reihe)

Vincent O. Carter, *Meine weisse Stadt und ich. Das Bernbuch*. Aus dem amerikanischen Englisch von Pociao, Roberto de Hollanda. Zürich: Limmat.

Daniele Dell'Agnola, *La luna nel baule/Der Mond in der Truhe/La glina en l'arcun*. Aus dem Italienischen von Chasper Pult. Locarno/Coira: Armando Dadò / Pro Grigioni italiano.

Joël Dicker, *Das Geheimnis von Zimmer 622. Roman*. Aus dem Französischen von Michaela Meßner und Amelie Thoma. München: Piper.

Alexandre Hmine, *Milchstraße*. Aus dem Italienischen von Marina Galli. Zürich: Rotpunktverlag (Edition Blau). (ch-Reihe)

Philippe Jaccottet, *Clarté Notre-Dame. Gedichte und Prosa.* Aus dem
Französischen von Elisabeth Edl und Wolfgang Matz. Berlin: Wallstein.
(Edition Petrarca)

Pascal Janovjak, *Der Zoo in Rom. Roman.* Aus dem Französischen von Lydia
Dimitrow. Basel: Lenos. (ch-Reihe)

Alberto Nessi, *Blues in c. Journal eines Jahres.* Aus dem Italienischen von Maja
Pflug. Zürich: Limmat.

Clare O'Dea, *Der Tag, an dem die Männer Nein sagten.* Aus dem Englischen von
Barbara Traber. Basel: Bergli Books. (ch Reihe)

Frédéric Pajak, *Ungewisses Manifest 6. Wunden.* Aus dem Französischen von
Ruth Gantert. Biel/Bienne: Edition clandestin.

Bruno Pellegrino, *Wo der August ein Herbstmonat ist. Roman.* Aus dem
Französischen von Lydia Dimitrow. Biel/Bienne: Die Brotsuppe.

Rut Plouda, *Moosgrün.* Aus dem Romanischen (Vallader) von Claire Hauser Pult.
Luzern: Bücherlese. (ch-Reihe)

Jean Prod'hom, *November.* Aus dem Französischen von Yves Raeber. Biel/
Bienne: Die Brotsuppe. (ch-Reihe)

Fabio Pusterla, *In der vorläufigen Ruhe des Flugs/Nella quiete provvisoria del
volo.* Gedichte italienisch und deutsch. Ausgewählt und übersetzt von
Christoph Ferber. Mit einem Nachwort von Georges Güntert. Zürich:
Limmat. (ch-Reihe)

Daniel de Roulet, *Staatsräson. Roman.* Aus dem Französischen von Yves
Raeber. Zürich: Limmat.

Alfonsina Storni, *Chicas. Kleines für die Frau.* Aus dem Spanischen übersetzt
und herausgegeben von Hildegard Keller. Zürich: Edition Maulhelden

Alfonsina Storni, *Cimbelina. Theaterstücke.* Aus dem Spanischen übersetzt und
herausgegeben von Hildegard Keller. Zürich: Edition Maulhelden.

Alfonsina Storni, *Cuca. Geschichten.* Aus dem Spanischen übersetzt und
herausgegeben von Hildegard Keller. Zürich: Edition Maulhelden.

José-Flore Tappy, *Trás-os-Montes. Poèmes/Gedichte.* Aus dem Französischen
von Andreas Grosz. Zürich: Edition Howeg. (ch-Reihe)

Marc Voltenauer, *Das Licht in dir ist Dunkelheit. Kriminalroman.* Aus dem
Französischen von Franziska Weyer. Köln: Emons.

Ins Französische übersetzt

AA. VV., *Luminanza 2021.* Reattore per la drammaturgia svizzera di lingua
italiana. Traductions de l'italien de pièces de théâtre par Joséphine Bohr,
Sara Cericola, Amanda Fontannaz, Cathy Margaillan, Delphine Meylan,
Elodie Ruhier, Lucie Tardin. luminanza.ch

AA. VV., *Poésie suisse italophone, une anthologie.* Proposée par Françoise
Delorme, www.terraciel.net, terre à ciel, poésie d'aujourd'hui.

AA. VV., *Prix suisses de littérature 2021.* Traductions de l'allemand et de l'italien
par Valentin Decoppet, Isabelle Rüf, Katja Roloff et François Guerrette,
Daniel Rothenbühler. Berne: OFC.

AA. VV., *Viceversa Littérature 15. Histoires de famille. Éditeur* Service de presse
suisse. Traductions de l'albanais, de l'allemand, de l'anglais, de l'italien, du
polonais, du romanche, du russe par Lionel Felchlin, Nathalie Le Marchand,

Camille Logoz, Camille Luscher, Lucas Moreno, Benjamin Pécoud, Walter Rosselli, Natacha Ruedin-Royon, Joannie Schnell, Lucie Tardin, Corinne Verdan-Moser, Véronique Volpato et Renato Weber. Genève: Zoé.

Fabiano Alborghetti, *Maiser.* Traduit de l'italien par Christophe Mileschi. Lausanne: Éditions d'en bas. (Collection ch)

Fabio Andina, *Jours à Leontica.* Traduit de l'italien par Anita Rochedy. Genève: Zoé. (Collection ch)

Dumenic Andry, *Sable / Sablun.* Traduit du romanche (vallader) par Walter Rosselli, préface de Clà Riatsch. Chavannes-près-Renens: Empreintes (Poche Poésie 29). (Collection ch)

Flurina Badel, *Üert fomantà / Jardin affamé.* Traduit du romanche (vallader) par Denise Mützenberg, Genève: Les Troglodytes.

Arno Camenisch, *La Dernière neige.* Traduit de l'allemand par Camille Luscher. Meudon: Quidam.

Pietro De Marchi, *Le Papier d'orange / La carta delle arance.* Traduit de l'italien par Renato Weber. Préface d'Ivan Farron. Chavannes-près-Renens: Empreintes. (Collection ch)

Daniel Fehr, *Recherche Lion.* Traduit de l'allemand par Raphaëlle Lacord & Benjamin Pécoud. Zurich: OSL.

Jon Ferguson, *»2020« Réflexions.* Traduit de l'anglais par Valérie Debieux. Comberjon (France): DashBook (Essais).

Friedrich Glauser, Christa Baumberger (éd.), *»Chacun cherche son Paradis...«. Correspondance choisie.* Traduit de l'allemand par Lionel Felchlin. Lausanne: Éditions d'en bas.

Friedrich Glauser, *La disparue.* Traduit de l'allemand par Lionel Felchlin. Avec une postface de Christa Baumberger. Turich: OSL.

Julia Haenni, *femme disparaît (versions).* Traduit de l'allemand par Julie Tirard. Genève: Théâtre de poche.

Reto Hänny, *L'Ombre de Bloom.* Traduit de l'allemand par Lionel Felchlin. Lausanne: Éditions d'en bas.

Thilo Krause, *Presque étranger pourtant.* Traduit de l'allemand par Marion Graf. Genève: Zoé.

Doris Lecher, *L'Anniversaire d'Esméralda.* Traduit de l'allemand par Maguelone Wullschleger. Zurich: OSL.

Julia von Lucadou, *Sauter des gratte-ciel.* Traduit de l'allemand par Stéphanie Lux. Arles: Actes Sud.

Clare O'Dea, *Le Jour où les hommes ont dit non.* Traduit de l'anglais par Corinne Verdan-Moser. Bâle: Bergli Books. (Collection ch)

Fabio Pusterla, *Requiem per una casa di riposo lombarda / Pour une maison de retraite lombarde.* Traduit de l'italien par Mathilde Vischer. Lausanne: Éditions d'en bas.

Fabio Pusterla, Pierre Chappuis, Patrick McGuinnes, Wang Wen-Hsing. Traductions de l'italien par Laurent Cennamo, Florence Courriol, Christian Viredaz et Mathilde Vischer. Lausanne: La revue de Belles-Lettres, 1.

Iris von Rothen, *Femmes sous surveillance. Quelques mots sans fard sur la condition des femmes.* Traduit de l'allemand par Camille Logoz. Lausanne: Antipodes.

Brigitte Schär, *Sur la piste de Bête*. Traduit de l'allemand par Barbara Fontaine. Zurich: OSL.

Katja Schönherr, *Marta et Arthur*. Traduit de l'allemand par Barbara Fontaine. Genève: Zoé.

Carl Seelig, *Promenades avec Robert Walser*. Traduit de l'allemand par Marion Graf. Genève: Zoé.

Carmen Stephan, *Arabaiana*. Traduit de l'allemand par Camille Luscher et Alexandre Pateau. Arles: Actes Sud.

Matthias Zschokke, *Le Gros poète*. Traduit de l'allemand par Isabelle Rüf. Genève: Zoé.

Ins Italienische übersetzt

AA. VV., *Premi svizzeri di letteratura*. Traduzioni dal tedesco e dal francese di Maurizia Balmelli, Roberta Gado, Carlotta Bernardoni-Jaquinta, Anna Allenbach, Giuseppe Sofo. Berna: UFC.

AA. VV., *Viceversa Letteratura 15. Di famiglia. A cura di Service de Presse Suisse*. Traduzioni dall'albanese, francese, inglese, polacco, romancio, russo e tedesco di Giovanna Albonico, Anna Allenbach, Maurizia Balmelli, Laura Bernasconi, Carlotta Bernardoni-Jaquinta, Gabriella de'Grandi, Roberta Gado, Sebastiano Marvin, Valentina Parisi, Walter Rosselli, Isa Rossini e Anna Margherita Vallaro. Bellinzona: Casagrande.

AJAR, *Vivere vicino ai tigli*. Traduzione dal francese di Enrico Monti. Firenze: Società Editrice Fiorentina.

Katharina von Arx, *Il castello nel cassetto*. Traduzione dal tedesco di Eleonora Tomassini. Roma: L'Orma.

Lukas Bärfuss, *Hagard. Romanzo*. Traduzione dal tedesco di Marco Federici Solari. Roma: L'Orma.

Roland Buti, *Grand National*. Traduzione dal francese di Sonia Folin. Milano: Solferino.

Friedrich Dürrenmatt, *Minotauro*. Traduzione dal tedesco di Donata Berra. Edizione con testo a fronte e illustrazioni dell'autore. Milano: Adelphi.

Elisa Shua Dusapin, *Inverno a Sokcho*. Traduzione dal francese di Giovanna Albonico. Como: Ibis (Finisterrae).

Lukas Hartmann, *La pestilenza. Romanzo*. Traduzione dal tedesco di Gabriella de'Grandi. Prefazione di Christian Garzoni, postfazione di Charles Linsmayer. Locarno: Armando Dadò.

Eveline Hasler, Käthi Bhend, *La notte nel bosco incantato*. Traduzione dal tedesco di Renato Martinoni. Gordola: Marameo.

Hermann Hesse, *Dall'Italia. Diari, poesie, saggi e racconti*. A cura di Volker Michels. Traduzione dal tedesco di Eva Banchelli e Enrico Ganni. Introduzione di Eva Banchelli. Milano: Mondadori.

Blaise Hofmann, *Chi si ricorda di Capucine?* Traduzione dal francese di Christine Fornera Wuthier. Prefazione di Nicola Mazzi. Locarno: Armando Dadò (La Libellula). (Collezione ch)

Philippe Jaccottet, *Passeggiata sotto gli alberi*. Traduzione dal francese di Cristian Rossatti. Prefazione di Fabio Pusterla. Milano: Marcos y Marcos.

Philippe Jaccottet, *Quegli ultimi rumori*. Traduzione dal francese a cura di Ida Merello e Albino Crovetto. Milano: Crocetti.

Pascal Janovjak, *Lo zoo di Roma*. *Romanzo*. Traduzione dal francese di Maurizia Balmelli. Bellinzona: Casagrande. (Collezione ch)

Christian Kracht, *I morti*. Traduzione dal tedesco di Francesca Gabelli. Milano: La nave di Teseo.

Simone Lappert, *Il salto*. Traduzione dal tedesco di Margherita Belardetti. Parma: Guanda.

Doris Lecher, *Il compleanno di Camilla*. Traduzione dal tedesco da Sándor Marazza. Zurigo: OSL.

Pedro Lenz, *Primitivo*. Traduzione dallo svizzero tedesco di Amalia Urbano. Mendrisio: Gabriele Capelli.

Charles Lewinsky, *L'inventore di storie*. Traduzione dal tedesco di Valentina Tortelli. Milano: SEM.

Melinda Nadj Abonji, *Soldato tartaruga*. Traduzione dal tedesco di Roberta Gado. Rovereto: Keller.

Sylvie Neeman, Albertine, *Stanno arrivando!* Traduzione dal francese di Camilla Diez. Bologna: Fatatrac.

Clare O'Dea, *Il giorno in cui gli uomini dissero No*. Traduzione dall'inglese di Anna Rusconi. Basilea: Bergli Books. (Collezione ch)

Frédéric Pajak, *Manifesto incerto*. *Sotto il cielo di Parigi con Nadja, André Breton, Walter Benjamin*. Traduzione dal francese di Niccolò Petruzzella. Roma: L'Orma.

Bruno Pellegrino, *Laggiù, agosto è già autunno*. Traduzione dal francese di Luigi Colombo. Prefazione di Alberto Nessi. Locarno: Dadò.

Grisélidis Réal, *Con tanto dolore e tanto amore*. Traduzione dal francese di Yari Moro. Rovereto: Keller.

Noëlle Revaz, *Ermellino bianco e altri racconti*. Traduzione dal francese di Maurizia Balmelli. Bellinzona: Casagrande.

Marie-Christophe Ruata-Arn, *Matilda, un'ora indietro*. Traduzione dal francese di Federico Appel. Roma: Sinnos.

Usama Al Shahmani, *In terra straniera gli alberi parlano arabo*. Traduzione dal tedesco di Sandro Bianconi. Milano: Marcos y Marcos. (Collezione ch)

Alfonsina Storni, *Due parole*. Traduzione dallo spagnolo di Teresa Porcella. Milano: Carthusia.

Thomas Strässle, *Quando si scrive un'e-mail... Una guida in 18 punti*. Traduzione dal tedesco di Federica Garlaschelli. Zürich: Dörlemann.

Aglaja Veteranyi, *Lo scaffale degli ultimi respiri*. *Romanzo*. Traduzione dal tedesco di Angela Lorenzini. Rovereto: Keller.

Ins Rätoromanische übersetzt

Daniele Dell'Agnola, *La luna nel baule/Der Mond in der Truhe/ La glina en l'arcun*. Traduzione romancia di Anna-Alice Dazzi Gross. Locarno/Coira: Armando Dadò / Pro Grigioni italiano.

Daniel Fehr, *Tschercho liun*. Traducziun putera da Ursina Blumenthal-Urech. Turitg: OSL.

Tim Krohn, Chrigel Farner, *Pippin il patgific*. Translaziuns da Reto Capeder (surmiran), Gabriela Holderegger Pajarola (rumantsch grischun e sursilvan), Mirta Nicolay (puter), Barbara Riesch (sutsilvan), Bettina Vital (vallader). Cuira: Chasa Editura Rumantscha.

Doris Lecher, *Serafina ha ils onns*. Translaziun sursilvana da Leo Tuor. Turitg: OSL.

Doris Lecher, *L'anniversari da Lisetta*. Traducziun vallader da Dumenic Andry. Turich: OSL

Doris Lecher, *L'anniversari da Lisigna*. Traducziun puter da Ursina Blumenthal-Urech. Turitg: OSL.

Redaktion *Viceversa*

Ruth Gantert (rg) ist künstlerische Leiterin des Service de Presse Suisse, Redaktionsleiterin von *Viceversa* und verantwortlich für die deutsche Ausgabe des Jahrbuchs. Die Literaturvermittlerin und Übersetzerin zeichnet für die Gesamtredaktion der Website viceversaliteratur.ch und ist Geschäftsführerin der Kulturstiftung Fondazione Casa Atelier Bedigliora (fcab.ch).

Claudine Gaetzi (cg) ist verantwortlich für die französische Ausgabe von *Viceversa* und Redaktorin der Website viceversalitterature.ch. Nach einer künstlerischen Ausbildung schloss sie ein Zweitstudium in Literatur ab. Sie ist Autorin von Prosa und Gedichten und Literaturkritikerin. 2018 übernahm sie den Verlag Samizdat.

Natalia Proserpi (np) ist verantwortlich für die italienische Ausgabe des Jahrbuchs und der Website viceversaletteratura.ch. Die Assistentin der Universität Lausanne (Fachbereich Italianistik) arbeitet an einer Dissertation über Übersetzungen italienischer Dichter in der zweiten Hälfte des 20. Jahrhunderts. Sie ist auch Übersetzerin und Mitglied der Programmkommission der Bieler Gespräche.

Gianna Olinda Cadonau (goc) leitet die Kulturabteilung der Lia Rumantscha und engagiert sich in verschiedenen Gremien für die Kulturförderung im Kanton Graubünden. Außerdem schreibt sie Gedichte und Prosa auf Romanisch und Deutsch.

Carlotta Bernardoni-Jaquinta schreibt eine Doktorarbeit an der Universität Lausanne über französische und italienische Übersetzungen des russischen Autors Viktor Pelewin. Sie ist Redaktorin der Website viceversaletteratura.ch und freie Kritikerin und Übersetzerin.

Anne-Lise Delacrétaz ist Präsidentin des Service de Presse Suisse. Die Lehr- und Forschungsbeauftragte der Universität Lausanne ist Spezialistin für die Literatur der Westschweiz.

Florian Bissig hat in Zürich, Berlin und Austin Philosophie und Anglistik studiert und mit einer Studie zu S. T. Coleridge promoviert. Er schreibt als freier Journalist über Literatur, Musik und Philosophie und ist literarischer Übersetzer. www.florianbissig.ch

Matteo Ferrari unterrichtet im Tessin und schreibt eine Doktorarbeit über den Autor Plinio Martini. Er ist Redaktor der Website viceversaletteratura.ch.

Sabine Graf ist promovierte Literaturwissenschaftlerin und leitet das lit.z Literaturhaus Zentralschweiz in Stans. Sie lebt in Zürich.

Benjamin Pécoud ist Lehrer, Autor und Übersetzer. Der Mitbegründer des Autorenkollektivs Caractères mobiles (www.caracteresmobiles.ch) lebt in Lausanne.

Barbara Sauser ist Übersetzerin aus dem Italienischen, Französischen, Polnischen und Russischen und lebt in Bellinzona. www.barbarasauser.ch

Kritikerinnen und Kritiker für *Viceversa*

Alain Ausoni ist Lehr- und Forschungsbeauftragter der Universität Lausanne, Co-Leiter des dortigen Centre interdisciplinaire d'étude des littératures. Mit *Mémoires d'outre-langue* (Slatkine, 2018) gewann er (exaequo) den Preis für Essay und Literaturkritik des Institut national genevois.

Valeria Martina Badilatti (vmb) unterrichtet Französisch an der Kantonalen Maturitätsschule für Erwachsene in Zürich. Daneben erteilt sie Romanischunterricht und ist in verschiedenen Bereichen der romanischen Literaturszene tätig.

Ursula Bähler (ub) ist Professorin für französische Literaturwissenschaft und Geschichte der romanischen Philologie an der Universität Zürich. Sie ist Mitherausgeberin des Bandes *À quoi bon la littérature? Réponses à travers les siècles, de Rabelais à Bonnefoy* (Paris: Classiques Garnier, 2019).

Sarah Benninghoff (sb) ist Absolventin des Schweizerischen Literaturinstituts in Biel. Die Autorin und Tänzerin war jahrelang Mitarbeiterin des *Epic*-Magazins. Neben ihrer eigenen Arbeit leitet sie Werkstätten.

Flurin Beuggert (fb) ist Germanist, Historiker und arbeitet am Schweizerischen Idiotikon.

Stéfanie Brändly (sbr) hat Geschichte und literarisches Übersetzen studiert. Sie ist Doktorandin der Universität Lausanne und Mitglied der Programmkommission für Übersetzung der Solothurner Literaturtage. Sie arbeitet auch für Movetia, die Nationale Agentur für Austausch und Mobilität.

Verena Bühler (vb) ist Anglistin, Literaturkritikerin und Lehrerin.

Gianna Olinda Cadonau (goc) ist Redaktionsmitglied von *Viceversa*.

Ladina Caduff (lc) hat Germanistik, Philosophie und Komparatistik studiert. Sie ist im Kulturbereich tätig.

Claudine Gaetzi (cg) ist Redaktionsverantwortliche der französischen Ausgabe von *Viceversa*.

Marina Galli (mg) hat Geschichte, vergleichende romanische Sprachwissenschaft und Italienisch mit Spezialisierung in literarischer Übersetzung studiert. Sie übersetzt aus dem Italienischen und Französischen.

Ruth Gantert (rg) ist Redaktionsleiterin von *Viceversa*.

Klaus Hübner (kh) ist Germanist, Publizist, Literaturkritiker und Zeitschriftenredaktor in München.

Martina Keller (mk) ist Germanistin und Anglistin. Sie ist wissenschaftliche Mitarbeiterin des Kulturamts Thurgau und Literaturkritikerin.

Jens-Peter Kusch (jpk) unterrichtet Deutsch und Religion an einem Gymnasium in Hannover und bildet Deutschlehrerinnen und -lehrer aus.

Tobias Lambrecht (tl) ist Literaturwissenschaftler und Sachbearbeiter.

Sara Lonati (sl) ist wissenschaftliche Bibliothekarin der Kantons- und Universitätsbibliothek Freiburg.

Gloria Lurati (gl) ist Gymnasiallehrerin für Französisch und Italienisch, sowie Fachdidaktikerin für Italienisch an der Universität Zürich.

Aurélien Maignant (am) ist Doktorand an den Universitäten Lausanne und Paris 3 Sorbonne Nouvelle. Er ist Autor von *Cohabiter la fiction. Lecture ordinaire, univers de croyances et interprétation des mondes littéraires* (Lausanne: Archipel, 2020).

Sebastiano Marvin (sm) hat das Schweizerische Literaturinstitut in Biel abgeschlossen. Er arbeitet als Journalist bei der Wochenzeitung *Cooperazione* und im Programmkomitee von ChiassoLetteraria.

Beat Mazenauer (bm) ist freischaffender Autor, Literaturkritiker und Netzwerker.

Ariele Morinini (am) ist promovierter Italianist der Universität Lausanne. Er unterrichtet am Gymnasium. Er ist Autor der Bücher *Il nome e la lingua. Studi e documenti di storia linguistica svizzero-italiana* (Tübingen: Narr Francke Attempto, 2021) und *Silenzi soffiati. Sulla poesia di Giorgio Orelli* (Venezia: Marsilio, 2021).

Giulietta Mottini (gm) hat an der Universität Freiburg Jus studiert und danach das Schweizerische Literaturinstitut in Biel absolviert und am ENSATT in Lyon Dramaturgie studiert. Sie ist Übersetzerin, Literaturkritikerin und Mitarbeiterin des Festivals Visions du Réel in Nyon.

Dominik Müller (dm), Literaturwissenschaftler im Ruhestand, war bis 2018 Dozent für neuere deutsche Literatur an der Universität Genf. Er ist Präsident der Schweizerischen Schillerstiftung.

Ami Lou Parsons (alp) studiert Französische Literatur an der Universität Lausanne. In der Zeitschrift *Archipel* 42 (2020) ist ihre Kurzgeschichte »D.« eschienen.

Laura Piccina (lp) hat Italianistik und vergleichende Literatur an der Universität Freiburg studiert, wo sie zurzeit doktoriert. Sie arbeitet an der kritischen Gesamtausgabe von Vittorio Serenis Übersetzungen der Dichter René Char und Guillaume Apollinaire.

Natalia Proserpi (np) ist Redaktionsverantwortliche der italienischen Ausgabe von *Viceversa*.

Julian Reidy ist Lehrbeauftragter für neuere deutsche Literatur an der Universität Genf. Er promovierte 2011 mit einer Arbeit zur »Väterliteratur«. 2017 erlangte er die Venia Docendi an der Universität Bern. Er ist Mitherausgeber der Christoph-Geiser-Werkausgabe, die ab Herbst 2022 im Secession Verlag erscheint.

Walter Rosselli (wr) ist Autor und Übersetzer. Er lebt im Jura und schreibt auf Französisch, Italienisch und Rätoromanisch.

Daniel Rothenbühler (dr) war Gymnasiallehrer und arbeitet in der Literaturförderung und -vermittlung zwischen der deutsch- und der französischsprachigen Schweiz.

Luca Santià (ls) studiert französische und italienische Literatur an der Universität Lausanne.

Tamara Schuler (ts) hat Weltgesellschaft und Weltpolitik studiert. Sie ist Buchhändlerin und arbeitet bei der Literarischen Vereinigung Winterthur.

Lucie Tardin (lt) hat Kunstgeschichte und Italienisch mit Spezialisierung in literarischem Übersetzen an der Universität Lausanne studiert. Sie arbeitet als Kulturvermittlerin beim Cercle littéraire de Lausanne. Sie hat zwei Kurzgeschichten veröffentlicht, ihre erste Übersetzung erscheint 2022.

Peter Utz (pu) ist emeritierter Professor für neuere deutsche Literatur an der Universität Lausanne.

Rico Valär (rv) ist Professor für rätoromanische Literatur und Kultur an der Universität Zürich.

Anna Margherita Vallaro (amv) ist Gymnasiallehrerin für Französisch und lebt in Florenz.

Moritz Wagner ist wissenschaftlicher Mitarbeiter am Schweizerischen Literaturarchiv (SLA) in Bern. 2016 promovierte er in Genf mit der Arbeit *Babylon – Mallorca. Figurationen des Komischen im deutschsprachigen Exilroman.* Er ist Mitherausgeber der Christoph-Geiser-Werkausgabe, die ab Herbst 2022 im Secession Verlag erscheint.

Renato Weber hat Romanistik studiert und ist Übersetzer aus dem Italienischen und Französischen ins Deutsche. Er hat u. a. Giovanni Orelli, Pietro De Marchi und Matteo Terzaghi übersetzt. Für Orellis *Les Myrtilles du Moléson* (Genève: La Baconnière, 2020) wurde er mit dem Terra-Nova-Preis der Schillerstiftung ausgezeichnet.

Fotografin

Yvonne Böhler ist freischaffende Fotografin mit Spezialgebiet Porträtfotografie. Sie lebt in Zürich und Sonzier (VD). Ihre Fotos erscheinen in zahlreichen Büchern über Schweizer Literatur, sie veröffentlichte u. a. Porträts und Texte in *Das gespiegelte Ich. Deutschschweizer Schriftstellerinnen und Schriftsteller unserer Zeit in Wort und Bild* (Zürich: Benziger, 1990).

Übersetzerinnen und Übersetzer für *Viceversa Literatur*

Karin Diemerling übersetzt aus dem Englischen und Italienischen (u. a. Fabio Andina, Helen Fielding, Steve Hamilton, Simona Baldelli, Giorgio Genetelli, Elena Stancanelli). Sie lebt in Winterthur.

Christoph Ferber übersetzt aus dem Russischen, Italienischen und Französischen. 2014 wurde er für sein Gesamtwerk mit dem Spezialpreis Übersetzung des Bundesamts für Kultur ausgezeichnet, 2016 erhielt er den Paul-Scheerbart-Preis für die Übersetzung der Lyrikauswahl *Was bleibt (wenn es bleibt)* von Eugenio Montale (Mainz: DVB).

Ruth Gantert ist Redaktionsleiterin von *Viceversa*. Sie übersetzt aus dem Französischen (u. a. die ersten sechs Bände von Frédéric Pajaks *Ungewissem Manifest*), aus dem Italienischen (u. a. Kurzgeschichten von Anna Felder) und aus dem Romanischen (u. a. Gedichte von Flurina Badel). Sie ist Mitorganisatorin der Weltlesebühne Zürich.

Katja Meintel übersetzt aus dem Französischen und Englischen, u. a. Abdourahman Waberi (Stefan-George-Preis 2006), Patrick Pécherot, Violaine Bérot und Gilbert Gatore (Nominierung Internationaler Literaturpreis HKW 2015). In Freiburg promovierte sie zum afrikanischen Kriminalroman. Sie lebt im Basler Dreiländereck.

Julia Rader übersetzt aus dem Italienischen und dem Französischen ins Deutsche. Sie lebt in Italien.

Christoph Roeber übersetzt Literatur und Geisteswissenschaft, vorrangig aus dem Französischen, und promoviert am Institut für Allgemeine und Vergleichende Literaturwissenschaften an der Goethe-Universität Frankfurt am Main.

Andrea Spingler ist Übersetzerin aus dem Französischen ins Deutsche. Sie hat u. a. Patrick Modiano, Pascale Kramer, Marie-Hélène Lafon und, zusammen mit Claudia Steinitz und Tobias Scheffel, den Briefwechsel Albert Camus – Maria Casarès übersetzt. Ihre Arbeit wurde vielfach ausgezeichnet, zuletzt mit dem Paul-Celan-Preis 2021.

Steven Wyss arbeitet als freier Übersetzer aus dem Französischen und als Mitarbeiter im Übersetzerhaus Looren. Zurzeit studiert er an der Hochschule der Künste in Bern literarisches Schreiben und Übersetzen.

Übersetzerinnen und Übersetzer für *Viceversa Littérature*

Claudine Gaetzi, Marion Graf, Raphaëlle Lacord, Eva Marzi, Lucas Moreno, Denise Mützenberg, Natacha Ruedin-Royon, Renato Weber.

Übersetzerinnen und Übersetzer für *Viceversa Letteratura*

Anna Allenbach, Laura Bernasconi, Carlotta Bernardoni-Jaquinta, Antonella Conti, Gabriella de'Grandi, Sándor Marazza, Natalia Proserpi, Marcella Pult Palmara, Sarina Reina, Isa Rossini.

Zweitlektorat

Nesrin Safranli, Rotpunktverlag

Korrektorat

Günther Fässler

Fotografien

Die Autorinnen und Autoren, Übersetzerinnen und Übersetzer und bildende Künstler fotografierte Yvonne Böhler, außer Marie-Hélène Lafon (Olivier Roller), Douna Loup (Elisa Larvego), Rosie Pinhas-Delpuech (Sophie Kandaouroff) und Anna Rusconi (Francesca Pagliai).

Illustrationen

S. 145: Die Zeichnung ist von Marino Neri.
Alle anderen Zeichnungen sind von Tom Tirabosco.

Administration

Lukas Vogel

Viceversa Literatur

Jahrbuch der Schweizer Literaturen

»Die jährlich erscheinende *Viceversa* gehört zu den interessantesten, ambitioniertesten Literaturzeitschriften der Schweiz.« (Buchkultur)

Das Jahrbuch *Viceversa Literatur / Viceversa littérature / Viceversa letteratura* entstand 2007 in der Nachfolge der Zeitschrift *Feuxcroisés. Revue du Service de Presse Suisse. Feuxcroisés* war bereits dem Literaturaustausch in der Schweiz gewidmet, richtete sich aber nur an ein französischsprachiges Publikum. *Viceversa* ist mehrsprachig und umfangreicher: Das Jahrbuch erscheint in drei Ausgaben auf Deutsch, Französisch und Italienisch in Zusammenarbeit mit einem Verlag in jeder Sprachregion und mit der Website des Service de Presse Suisse viceversaliteratur.ch.

In den drei Ausgaben von *Viceversa* werden Autorinnen und Autoren aus allen Sprachregionen der Schweiz in ausführlichen Dossiers mit Essays, Gesprächen und unveröffentlichten Texten vorgestellt. Außerdem erhalten Schweizer Übersetzerinnen und Übersetzer die Gelegenheit, literarische Texte ihrer Wahl zu übertragen.

Überblick *Viceversa* (2007–2021)

Viceversa Letteratura 1 (2007), Edizioni Casagrande

Scrittori: Pascale Kramer, Lukas Bärfuss, Corinne Desarzens, Vic Hendry, Ilma Rakusa, Maurice Chappaz, Franz Hohler, Beat Sterchi, Grisélidis Réal. *Scrivere/tradurre:* Friedrich Glauser. *Focus:* Giovane poesia nella Svizzera italiana. *Dossier:* Ascoltare il testo. *Fotografie:* Yvonne Böhler.

Viceversa Littérature 1 (2007), Éditions d'en bas

Écrivains: Lukas Bärfuss, Vic Hendry, Franz Hohler, Aurelio Buletti, Ilma Rakusa, Beat Sterchi. *Traducteurs:* Gerda Scheffel/Robert Pinget, Friedrich Glauser. *Dossier thématique:* Jeune poésie en Suisse italienne. *Dossier spécial:* Entendre le texte. *Photographies:* Yvonne Böhler.

Viceversa Literatur 1 (2007), Limmat Verlag

Porträts: Pascale Kramer, Corinne Desarzens, Vic Hendry, Maurice Chappaz, Aurelio Buletti, Grisélidis Réal. *Fokus:* Junge Lyrik aus der italienischen Schweiz, Poesie/Peripherie. *Übersetzen:* Gerda Scheffel/Robert Pinget, Friedrich Glauser. *Thema:* Texte hören. *Fotografien:* Yvonne Böhler.

Viceversa Letteratura 2 (2008), Edizioni Casagrande

Scrittori: Jean-Luc Benoziglio, Philippe Jaccottet, Agota Kristof, Mariella Mehr, Adolf Muschg, Dragica Rajčić, Madeleine Santschi, Armin Senser. *Scrivere/tradurre:* Christoph Ferber, Valère Novarina/Leopold von Verschuer. *Dossier:* Critica letteraria. *Fotografie:* Yvonne Böhler.

Viceversa Littérature 2 (2008), Éditions d'en bas

Écrivains: Mariella Mehr, Adolf Muschg, Alberto Nessi, Dragica Rajčić, Armin Senser. *Traducteurs:* Christoph Ferber, Valère Novarina/Leopold von Verschuer. *Dossier spécial:* La critique littéraire dans les médias. *Photographies:* Yvonne Böhler.

Viceversa Literatur 2 (2008), Limmat Verlag

Porträts: Jean-Luc Benoziglio, Philippe Jaccottet, Agota Kristof, Alberto Nessi, Madeleine Santschi. *Übersetzen:* Christoph Ferber, Valère Novarina / Leopold von Verschuer. *Thema:* Literaturkritik. *Fotografien:* Yvonne Böhler.

Viceversa Letteratura 3 (2009), Edizioni Casagrande

Scrittori: Jürg Schubiger, Frédéric Pajak, Rafik ben Salah, Tim Krohn, Rose-Marie Pagnard, Eveline Hasler. *Scrivere/tradurre:* Jürg Laederach. *Focus:* Svizzera italiana e retoromanica. *Dossier:* Luoghi reali e utopici nella letteratura elvetica. *Fotografien:* Yvonne Böhler.

Viceversa Littérature 3 (2009), Éditions d'en bas

Écrivains: Jürg Schubiger, Tim Krohn, Eveline Hasler, Rafik ben Salah. *Traducteurs:* Jürg Laederach. *Dossiers spéciaux:* Lieux littéraires; Le fil à retordre de la culture suisse italienne; Les Romanches et leurs classiques. *Photographies:* Yvonne Böhler.

Viceversa Literatur 3 (2009), Limmat Verlag

Porträts: Rafik ben Salah, Rose-Marie Pagnard, Frédéric Pajak. *Übersetzen:* Jürg Laederach. *Fokus:* Literatur in der italienischen Schweiz; Literatur in Romanischbünden. *Thema:* Fiktive Orte in der Literatur. *Fotografien:* Yvonne Böhler.

Viceversa Letteratura 4 (2010), Edizioni Casagrande
Viceversa Littérature 4 (2010), Éditions d'en bas
Viceversa Literatur 4 (2010), Limmat Verlag

Porträts: Arno Camenisch, Jacques Chessex, Anne-Lise Grobéty, Christian Haller, Fleur Jaeggy, Martin Suter. *Übersetzen:* Carte blanche für Gilles Decorvet, Thomas Eggenberg, Dubravko Pušek. *Inédits:* Leopoldo Lonati, Melinda Nadj Abonji, Michail Schischkin, Mary-Laure Zoss. *Fotografien:* Yvonne Böhler.

Viceversa Letteratura 5 (2011), Edizioni Casagrande
Viceversa Littérature 5 (2011), Éditions d'en bas
Viceversa Literatur 5 (2011), Limmat Verlag

Porträts: Ernst Burren, Gaston Cherpillod, Giorgio Orelli, Angelika Overath, Claudia Quadri, Catherine Safonoff. *Übersetzen:* Carte blanche für Prisca Agustoni, Vahé Godel, Irma Wehrli. *Inédits:* Charles Lewinsky, Oscar Peer, Philippe Rahmy, Anna Ruchat. *Fotografien:* Yvonne Böhler.

Viceversa Letteratura 6 (2012), Edizioni Casagrande
Viceversa Littérature 6 (2012), Éditions d'en bas
Viceversa Literatur 6 (2012), Limmat Verlag

Porträts: Klaus Merz, Erica Pedretti, Fabio Pusterla, Jacques Roman, Alain Claude Sulzer, Yvette Z'Graggen. *Zu Gast:* Juri Andruchowytsch, Alfonsina Storni (von Hildegard Elisabeth Keller). *Übersetzen:* Carte blanche für Matteo Campagnoli, Genia Catala, Hartmut Fähndrich. *Inédits:* Dumenic Andry, Pietro De Marchi, Marcel Miracle, Wanda Schmid. *Fotografien:* Yvonne Böhler.

Viceversa Letteratura 7 (2013), Edizioni Casagrande
Viceversa Littérature 7 (2013), Éditions d'en bas
Viceversa Literatur 7 (2013), Rotpunktverlag

Porträts: Étienne Barilier, Paolo Di Stefano, Händl Klaus, Kurt Marti, Anne Perrier, Monique Schwitter, Leta Semadeni. *Hommage für Anne Perrier:* Sylviane Dupuis, Lisa Elsässer, Alberto Nessi. *Zu Gast:* Plinio Martini (von Andreas Gefe und Isabelle Pralong), Ángela Pradelli. *Übersetzen:* Carte blanche für Maurizia Balmelli, Christina Viragh, Christian Viredaz. *Inédits:* Werner Lutz, Ugo Petrini, Noëlle Revaz. *Fotografien:* Yvonne Böhler.

Viceversa Letteratura 8 (2014), Edizioni Casagrande
Viceversa Littérature 8 (2014), Éditions d'en bas
Viceversa Literatur 8 (2014), Rotpunktverlag

Fokus: »Berlin, mein Ding«, »Ancres berlinoises«, »Scrittori a Berlino«: Ursula Fricker, Christoph Geiser, Roman Graf, Thomas Hürlimann, Silvio Huonder, Stefanie Sourlier, Matthias Zschokke. *Porträts:* Anne Brécart, Bernard Comment, Giovanni Orelli. *Zu Gast:* Berlin (Fotos von Pierre-Yves Massot), Robert Walser (von Claudio Piersanti und Matthias Zschokke). *Übersetzen:* Carte blanche für Vanni Bianconi, Nathalie Sinagra, Dorothea Trottenberg. *Inédits:* Dominique de Rivaz, Pietro Montorfani, Christine Pfammatter, Leo Tuor. *Fotografien:* Yvonne Böhler.

Viceversa Letteratura 9 (2015), Edizioni Casagrande
Viceversa Littérature 9 (2015), Éditions d'en bas
Viceversa Literatur 9 (2015), Rotpunktverlag

Fokus: »Ein Schweizer Bestiarium«, »Un bestiaire suisse«, »Un bestiario svizzero«. *Porträts:* Anna Felder, Eleonore Frey, Jean-Marc Lovay, Leo Tuor. *Zu Gast:* S. Corinna Bille (von Sabine Haupt). *Übersetzen:* Carte blanche für Ulrich Blumenbach, Roberta Gado, Camille Luscher, Pedro Jiménez Morrás. *Inédits:* Eugène, Blaise Hofmann, Hanna Johansen, Ingeborg Kaiser, Julien Maret, Jérôme Meizoz, Oliver Scharpf, Tommaso Soldini, Henriette Vásárhelyi. *Illustrationen:* Jérôme Stettler, Zaric. *Fotografien:* Yvonne Böhler.

Viceversa Letteratura 10 (2016), Edizioni Casagrande
Viceversa Littérature 10 (2016), Éditions d'en bas
Viceversa Literatur 10 (2016), Rotpunktverlag

Jubiläumsausgabe »Heidi«. *Zu Gast:* Xiaolu Guo, Michail Schischkin, Johanna Spyri (von Christine Lötscher). *Übersetzen:* Carte blanche für Eva Lüdi Kong, Walter Rosselli. *Inédits:* Fabiano Alborghetti, Laurence Boissier, Katja Brunner, Julien Burri, Bérénice Capatti, Céline Cerny, Florian Eglin, Andrea Fazioli, Michael Fehr, Dagny Gioulami, Göri Klainguti, Urs Mannhart, Gerhard Meister, Antoinette Rychner, Tabea Steiner, Ulrike Ulrich. *Essays:* Johannes Binotto, Dominik Müller. *Zeichnungen:* Alexandre Loye, Camille Scherrer. *Fotografien:* Yvonne Böhler.

Viceversa Letteratura 11 (2017), Edizioni Casagrande
Viceversa Littérature 11 (2017), Éditions d'en bas
Viceversa Literatur 11 (2017), Rotpunktverlag

Fokus: »Diebeslust«, »Au voleur!«, »Al ladro!«. *Zu Gast:* Maurice Chappaz und Charles Ferdinant Ramuz (von Marions Rosselet), Friedrich Glauser und Emmy Hennings (von Christa Baumberger). *Porträts:* Irena Brežná, Philippe Rahmy, Matteo Terzaghi. *Inédits:* Yari Bernasconi, Odile Cornuz, Jérémie Gindre, Dana Grigorcea, Silvia Härri, Rolf Hermann, Thilo Krause, Stefano Marelli, Tresa Rüthers-Seeli, Dieter Zwicky. *Übersetzen:* Carte blanche für Gabriella de'Grandi, Marion Graf, Markus Roduner. *Visuell:* huber.huber, Markus Raetz. *Fotografien:* Yvonne Böhler.

Viceversa Letteratura 12 (2018), Edizioni Casagrande
Viceversa Littérature 12 (2018), Éditions d'en bas
Viceversa Literatur 12 (2018), Rotpunktverlag

Fokus: »Scham(los)«, »Pas de honte à ça«, »(Senza) vergogna«. *Zu Gast:* Hamed Abboud. *Porträts:* Pierre Lepori, Jérôme Meizoz, Ruth Schweikert. *Inédits:* Laurent Cennamo, Zora del Buono, Virginia Helbling, Rut Plouda, Levin Westermann, Francine Wohnlich. *Übersetzen:* Carte blanche für Ursula Gaillard, Ilma Rakusa, Anna Ruchat. *Zeichnungen:* Jacqueline Benz. *Fotografien:* Yvonne Böhler.

Viceversa Letteratura 13 (2019), Edizioni Casagrande
Viceversa Littérature 13 (2019), Éditions d'en bas
Viceversa Literatur 13 (2019), Rotpunktverlag

Fokus: »Listen und Inventare«, »Listes, inventaires, fragments«, »Elenchi e classificazioni«. *Zu Gast:* Serhji Zhadan. *Porträts:* Massimo Daviddi, Zsuzsanna Gahse, Claude Tabarini. *Inédits:* Giorgio Genetelli, Mathias Howald, Judith Keller, Gianna Molinari, Muriel Pic, Benedetto Vigne. *Übersetzen:* Carte blanche für Tess Lewis, Alta L. Price, John Taylor. *Zeichnungen:* Pascale Favre. *Fotografien:* Yvonne Böhler.

Viceversa Letteratura 14 (2020), Edizioni Casagrande
Viceversa Littérature 14 (2020), Éditions d'en bas
Viceversa Literatur 14 (2020), Rotpunktverlag

Fokus: »Les Jeux son faits«. *Zu Gast:* Katja Lange-Müller. *Porträts:* Andrea Fazioli, Melinda Nadj Abonji, Mary-Laure Zoss. *Inédits:* Doris Femminis, Heinz Helle, Barbara Schibli, Anne-Sophie Subilia, Marc van Dongen, Jessica Zuan. *Übersetzen:* Carte blanche für Eva Antonnikov, Mattia Mantovani, Viktoria Dimitrova Popova. *Zeichnungen:* Luca Mengoni. *Fotografien:* Yvonne Böhler.

Viceversa Letteratura 15 (2021), Edizioni Casagrande
Viceversa Littérature 15 (2021), Éditions Zoé
Viceversa Literatur 15 (2021), Rotpunktverlag

Fokus »Familiengeschichten«, »Histoires de famille«, »Di famiglia«. *Zu Gast:* Barbara Klicka. *Porträts:* Zora del Buono, Noëlle Revaz, Maria Rosaria Valentini. *Inédits:* Fabio Andina, Gianna Olinda Cadonau, Elisa Shua Dusapin, Yael Inokai, Thierry Raboud, Ivna Žic. Übersetzen: Carte blanche für Michelle Bailat-Jones, Ludmila Crippa, Naim Kryeziu. *Radierungen:* Line Marquis. *Fotografien:* Yvonne Böhler.

www.viceversaliteratur.ch
Eine Website für Schweizer Literatur

Nach fünfzehnjähriger Tätigkeit auf dem Netz wurde Culturactif im Oktober 2012 zur dreisprachigen Website www.viceversaliteratur.ch. Als Online-Schwester des Literaturjahrbuchs *Viceversa Literatur* widmet sich die Plattform den Schweizer Literaturen.

Das Projekt des Vereins Service de Presse Suisse publiziert wöchentlich neue Beiträge: Rezensionen, themenzentrierte Artikel, Interviews und anderes mehr. Dazu gehört ein Archiv mit Autorinnen und Autoren der Schweiz (unabhängig von ihrer nationalen Zugehörigkeit).

Für weitere Informationen oder Rückfragen:
Ruth Gantert, Redaktionsverantwortliche für viceversaliteratur.ch
ruth.gantert@viceversaliteratur.ch, www.viceversaliteratur.ch